DUMONT'S GROSSES

PILZBUCH

DUMONT'S GROSSES
PILZBUCH

Bestimmen · Sammeln · Genießen

Mit 100 Originalrezepten

Peter Jordan · Steven Wheeler
Beratung: Geoffrey Kibby

DUMONT

Verlag und Autor können leider keine Verantwortung für jedwede Folgen einer falsche Identifikation eines Pilzes durch den Leser dieses Buches übernehmen. Darüber hinaus sind zwar zahlreiche Wildpilze für die meisten Menschen eßbar, doch können manche Arten bei empfindlichen Personen zu allergischen Reaktionen oder Unwohlsein führen: Dies ist absolut unvorhersehbar. Daher übernehmen Verlag und Autor auch keine Verantwortung für jegliche Folgen aus dem Verzehr von Wildpilzen.

Die Deutsche Bibliothek – CIP-Einheitsaufnahme

DuMont's grosses Pilzbuch : Bestimmen – Sammeln – Geniessen; mit 100 Originalrezepten / Peter Jordan & Steven Wheeler. Beratung: Geoffrey Kibby. [Hrsg.: Joanna Lorenz. Botanische Fotogr.: Peter Henley. Rezeptfotograf.: James Duncan. Aus dem Englischen von Birgit Lamerz-Beckschäfer]. – Köln : DuMont, 1996
Einheitssacht.: The Ultimate Mushroom Book <dt.>
ISBN 3-7701-3697-7
NE: Jordan, Peter; Henley, Peter; Lorenz, Joanna [Hrsg.]; EST

Titel der englischen Originalausgabe: *The Ultimate Mushroom Book*

Herausgeberin: Joanna Lorenz
Redaktion: Clare Nicholson
Register: Alex Corrin
Entwurf: Michael Morey
Illustration: Adam Abel
Botanische Fotografie: Peter Henley
Rezeptfotografie: James Duncan

Aus dem Englischen von Birgit Lamerz-Beckschäfer

Redaktion und Satz der deutschen Ausgabe:
Hans E. Latzke Redaktionsbüro Bielefeld

Printed and bound in China
ISBN 3-7701-3697-7

Inhalt

Pilze in Wald und Flur

VORWORT

Ich lernte Wildpilze durch meinen Großvater kennen, der als Bauer im englischen Norfolk lebte. Schon als Vierjähriger ging ich mit ihm hinaus, um Pilze zu sammeln – nicht nur diejenigen, die er als eßbare Pilze bezeichnete, sondern auch einige seltsame, merkwürdig aussehende Exemplare, die ich allesamt für giftig hielt. Auf ein Kind wirkten sie in der Tat furchteinflößend. Er lehrte mich jedenfalls etwas sehr Wichtiges: Solange man einen Pilz mit absoluter Sicherheit bestimmen kann, darf man ihn guten Gewissens pflücken. Von diesen frühen Kindheitserlebnissen an haben mich Wildpilze mein Leben lang fasziniert.

Es ist aufregend und herrlich, durch den herbstlichen Wald zu streifen und vor sich am Wegesrand zwei oder drei perfekt ausgebildete Steinpilze zu finden. In den fünfzig Jahren, die ich nun Pilze sammle, habe ich meine Suche nach und nach vom relativ verbreiteten Wiesenchampignon auf die selteneren Pfifferlinge und Steinpilze ausgedehnt. Noch immer bin ich ganz aus dem Häuschen, wenn ich im Frühling die ersten Morcheln entdecke oder die ersten Pfifferlinge des Jahres unter der Laubschicht verborgen finde. Je schwieriger der Pilz zu finden ist, etwa Herbsttrompeten oder Durchbohrte Leistlinge, desto aufregender ist natürlich der Fund. Was glauben Sie, was für ein Gefühl das ist, endlich eine Trüffel zu finden, sie noch vor den Schweinen und Eichhörnchen zu erobern! Aber Pilze können nicht nur Freude bereiten und ein leckeres Mahl liefern, sie können auch gefährlich sein. Die korrekte Bestimmung ist deshalb die Voraussetzung für erfolgreiches Pilzsammeln.

Die Früchte, Nüsse und Pilze, die der Herbst uns schenkt, sind gut sichtbar und meist leicht zu finden. Ist Ihnen jedoch einmal aufgefallen, daß Winter, Frühling und Sommer ebenso fruchtbar sein können, zumindest im Hinblick auf Pilze? Sie gehören zu den wenigen Naturschätzen, die fast das ganze Jahr über zu haben sind. Selbst an einem knackig kalten Wintertag kann man ein Büschel silbergrauer Austernpilze oder die hübschen Samtfußrüblinge an einem Baumstumpf entdecken. Sie selbst zu sammeln ist viel schöner, als sie einfach im Supermarkt aus dem Regal zu nehmen, um so mehr, wenn Sie die Pilze innerhalb von Stunden oder sogar Minuten nach dem Fund in ein leckeres Pilzgericht verwandeln.

Die Pilzbestimmung ist zwar von eminenter Wichtigkeit, kann jedoch auch frustrierend sein, wenn man sich durch Hunderte von Abbildungen quälen muß, die sich vielfach sehr ähneln. Unser Buch soll Ihnen diese Aufgabe erleichtern. Es zeigt die besten eßbaren Pilze und hilft Ihnen, sie zu jeder Jahreszeit sicher zu identifizieren, indem es nicht nur das Angebot der jeweiligen Saison erläutert, sondern überdies vor giftigen Exemplaren warnt, mit denen Verwechslungen vorkommen können, darunter auch die wirklich tödlich giftigen Sorten, die so oft in direkter Nachbarschaft harmloser, wohlschmeckender Pilzen anzutreffen sind. Das Kapitel über Giftpilze hilft Ihnen bei der Bestimmung und macht den Zaghaften Mut, ihre Fundstücke nach Hause in die Küche zu tragen. Aber bitte: Befolgen Sie sorgfältig die Ratschläge in diesem Buch. Können Sie einen Pilz nicht eindeutig identifzieren, ziehen Sie andere Werke zu Rate: Einige der besten sind im Literaturverzeichnis aufgeführt. Und bitte beherzigen Sie folgende Grundregel: Wenn Sie irgendwelche Zweifel haben, lassen Sie den Pilz lieber stehen, und essen Sie wirklich niemals einen Pilz, den Sie nicht absolut sicher zuordnen können.

Peter Jordan

Einführung

Im alltäglichen Sprachgebrauch wird das Wort ›Pilze‹ zumeist wenig präzise verwendet. Der wissenschaftliche Begriff *fungi* (sing. *fungus*) bezeichnet eine Vielzahl sehr unterschiedlicher Lebensformen, die auf den ersten Blick scheinbar wenig miteinander zu tun haben, wenn man beispielsweise einmal Bierhefe und Fliegenpilze miteinander vergleicht. Andere Sprachen, etwa das Englische, unterscheiden genauer: den eßbaren Pilz (*mushroom*) vom *toadstool*, was soviel wie ›Krötenschemel‹ bedeutet und dadurch schon andeutet, daß es sich um Giftpilze, zumindest aber ungenießbare Pilze handelt.

Zusammengefaßt unter dem Oberbegriff Pilze findet man also Schimmelpilze und Hefen, Schlauch- und Ständerpilze sowie einige weitere Gattungen wie Porlinge und Boviste. Allen ist gemeinsam, daß sie kein Chlorophyll besitzen, ihr Stoffwechsel daher nicht auf eigenen Photosynthesevorgängen basiert, sondern vielmehr auf der Zersetzung toter organischer Materie. Was uns im weiteren interessieren wird, sind jedoch die Pilze im engeren Sinn, also die sichtbaren, sporentragenden Fruchtkörper der in der Regel unter der Erde wachsenden Pflanzen des Reiches ›Fungi‹.

Schlauchpilze (Ascomycetes)

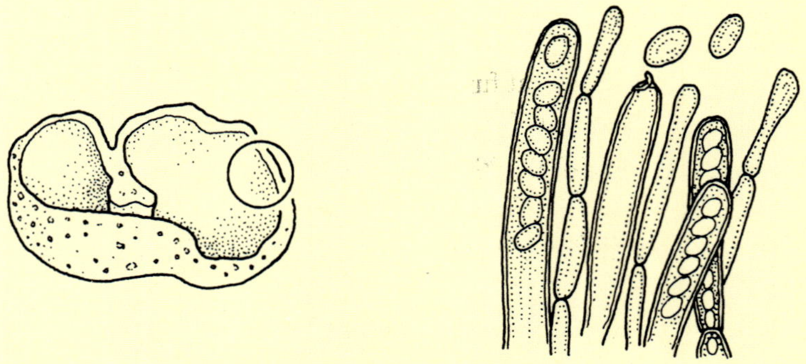

Becherpilz, der Ausschnitt zeigt vergrößert die sporentragende Oberfläche.

Ständerpilze (Basidiomycetes)

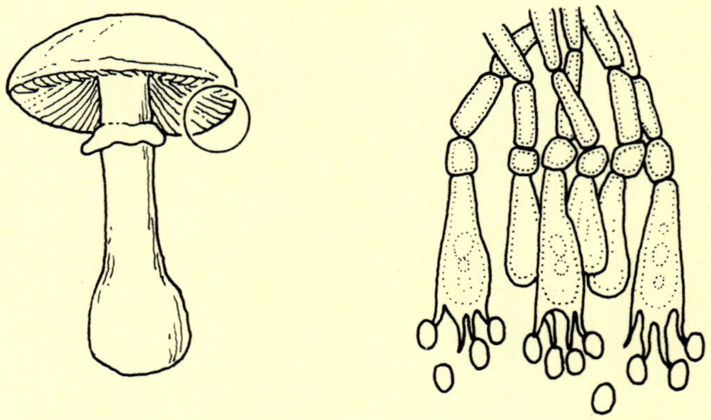

Lamellenpilz, vergrößert der sporentragende Lamellenrand.

Die Sommertrüffel, Tuber aestivum, *ist ein typischer Schlauchpilz.*

Die wichtigste Unterscheidung im Rahmen dieses Buches ist die zwischen Schlauchpilzen *(Ascomycetes)* und Ständerpilzen *(Basidiomycetes)*. Zu den Schlauchpilzen gehören die Becherlinge und Morchelartigen wie Speisemorchel und Frühjahrslorchel. Weil die Sporen vieler Vertreter dieser Gruppe vom Wind verbreitet werden, lohnt es sich, in Windrichtung vom ersten Fundort aus weiterzusuchen, denn man wird dort mit ziemlicher Sicherheit weitere finden.

Die zweite und für den Sammler bei weitem umfangreichste Gruppe sind die Ständerpilze, zu denen u. a. die Familien der Lamellen- und der Röhrenpilze gehören.

In der Zeichnung rechts werden die einzelnen Teile eines Lamellenpilzes genau bezeichnet. Manche Lamellenpilze wachsen aus einer knollenförmigen Verdickung mit Hüllresten. Bei allen Pilzen, die einen Rest dieser Hülle in Form einer Scheide *(Volva)* erkennen lassen, ist Vorsicht geboten, denn es handelt sich um Vertreter der äußerst giftigen Familie *Amanita*, zu der u. a. auch die Knollenblätterpilze zählen.

Lamellenpilz vom Agaricus-Typ

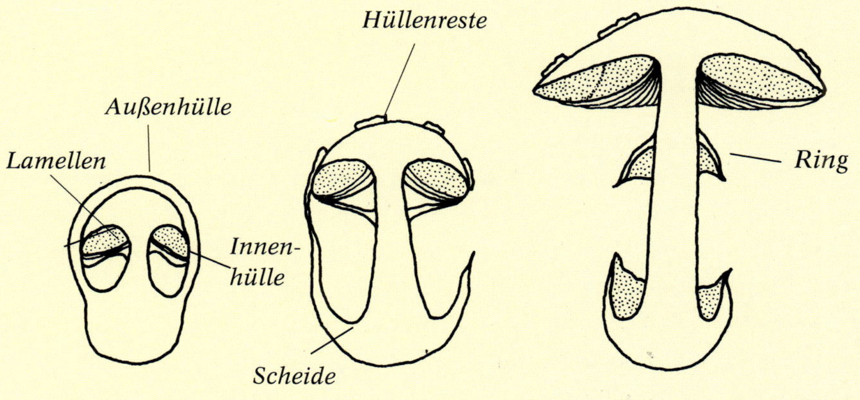

Die Außenhülle umgibt den ganzen Pilz, die Innenhülle nur die Lamellen. Wenn der Pilz wächst, zerreißt die Außenhülle und bleibt als Scheide (Volva) am Fuß zurück, während die Innenhülle einen Ring am Stiel bildet.

Röhrenpilz vom Boletus-Typ

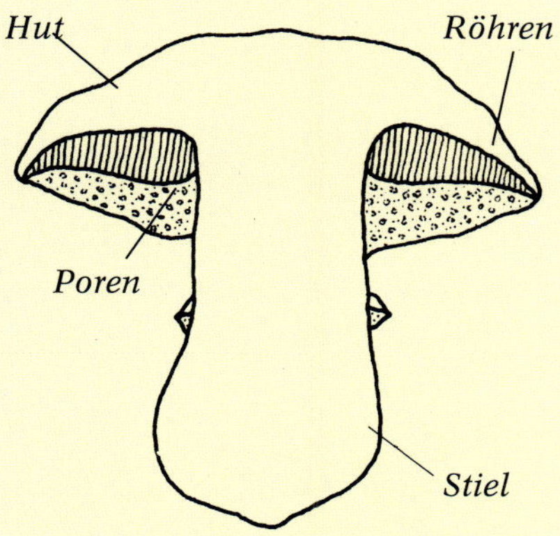

Die zweite Gruppe bilden die Röhrenpilze. Anstelle der Lamellen besitzen sie Röhren, die in Poren münden und farblich sehr unterschiedlich ausfallen können. Ebenso wie Lamellenpilze sind die Röhrlinge fleischig und verderben rasch, dadurch unterscheiden sie sich von den Porlingen. Bedeutsam ist ihre Farbe, da diese einen deutlichen Anhaltspunkt dafür gibt, um welchen Pilz es sich handelt. Der bekannteste Vertreter dieser Gruppe ist der Steinpilz.

Die dritte in diesem Buch vorgestellte Ordnung sind die Nichtblätterpilze *(Aphyllophorales)* mit Porlingen, Leistlingen sowie einer Reihe anderer, unregelmäßig geformter Pilze. Diese Gruppe umfaßt Gattungen wie den Semmelstoppelpilz, der anstelle von Lamellen winzige Stacheln besitzt, denen er seinen Namen verdankt, oder die Krause Glucke, die zwar seltsam aussieht, jedoch kulinarisch ein ausgesprochener Glücksfall ist. Weitere ungewöhnliche Gattungen sind der Leberreischling und der Schwefelporling, beides nicht nur hervorragende Speisepilze, sondern auch recht spektakuläre Funde.

Beispiele für zwei Unterarten der Ständerpilze: Oben ein Schafchampignon, rechts ein Steinpilz.

Die Krause Glucke ist ein Beispiel für die dritte Gruppe, die Nichtblätterpilze (Aphyllophorales).

DER AUFBAU VON PILZEN

Wenn man Wildpilze sammelt, muß man sich sehr genau ansehen, womit man es zu tun hat. Der Pilz selbst besteht aus mehreren Teilen. Aus der Sicht des Sammlers ebenso wie aus der des Feinschmeckers ist der Hut, also der Fruchtkörper, der interessanteste davon. Da Form, Umfang und Farbe des Pilzhutes innerhalb einer Gattung enorme Abweichungen aufweisen können, ist es oft sehr schwer, Pilze exakt zu bestimmen. Man muß auch wissen, ob der Hut Lamellen oder Poren aufweist, welche Farbe diese haben und ob sie eng oder weit stehen.

Auch die Stiele können beträchtliche Varianten zeigen, doch bieten sie ebenfalls wichtige Anhaltspunkte dafür, welchen Pilz man vor sich hat. Hat der Stiel Hüllreste oder nicht? Die Stielbasis ist ein lebenswichtiges Erkennungsmerkmal: Wenn Sie nicht ganz genau wissen, welcher Pilz es ist, graben Sie ihn vorsichtig aus und sehen Sie sich die Stielbasis an. Finden Sie dort irgendwelche Anhaltspunkte für eine Scheide, vergessen Sie den Pilz sofort und für immer. Doch gleichgültig, als was der Pilz sich letztlich herausstellt, versuchen Sie, die Myzelfäden, die den Fruchtkörper mit dem unterirdischen Teil des Pilzes verbinden, möglichst nicht zu beschädigen.

Die Farbe des Fruchtfleisches ist ebenfalls ein wichtiges Erkennungsmerkmal. Sie sollten sich den ganzen Pilz nicht nur von außen ansehen, sondern ihn auch durchschneiden und die Schnittflächen betrachten. Wichtige Details, etwa ein hohler Stiel, zeigen sich erst dann. Bei manchen Gattungen verändern die Stiele beim Durchtrennen auffällig ihre Farbe. Solche Veränderungen können Ihnen ebenfalls in vielen Fällen zuverlässige Anhaltspunkte für die Bestimmung des Pilzes liefern.

Ein Sporenabdruck ist ebenfalls ein gutes Mittel zur Bestimmung und überdies leicht anzufertigen. Legen Sie einen Pilzhut so auf ein schwarzes oder weißes Papier, daß die Luft darum zirkulieren kann. Lassen Sie ihn an einem warmen Ort bis zu drei Tage liegen, bis der Pilz alle Sporen abgegeben hat. Sie erhalten damit einen klaren Sporenabdruck. Wenn Sie nicht im voraus wissen, welche Farbe die Sporen haben, nehmen Sie ein schwarzes Blatt Papier, decken Sie es zur Hälfte mit einem weißen Bogen ab und legen Sie den Pilzhut so hin, daß er halb auf der schwarzen und halb auf der weißen Seite liegt.

Beispiele für verschiedene Stielformen

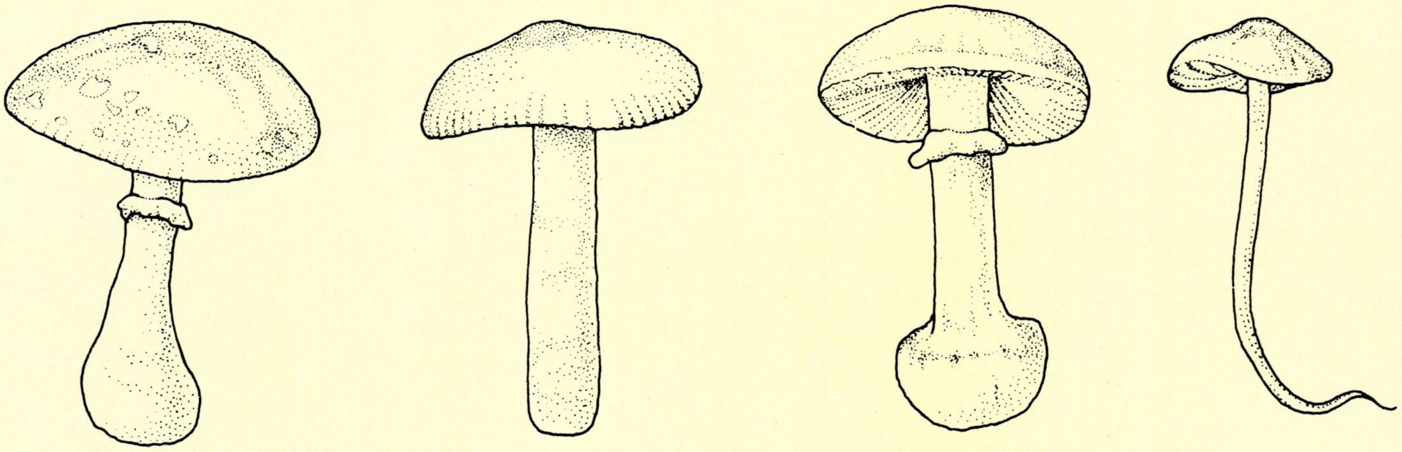

Links *Um einen Sporenabdruck anzufertigen, brauchen Sie einen reifen Pilz, weißes bzw. schwarzes und weißes Papier und einen Behälter, auf den Sie den Bogen legen.*

Links Mitte *Lassen Sie den Pilz einige Tage an einem warmen Ort liegen.*

Links unten *Wenn Sie nur weißes Papier verwenden, kommen helle Sporen nicht zur Geltung.*

Unten *Ein Sporenabdruck ist eine einfache, zuverlässige Methode zur exakten Bestimmung eines Pilzes.*

WO MAN PILZE SAMMELT

Wenn Sie Pilze sammeln gehen, achten Sie immer darauf, nicht unbefugt privates Land zu betreten – bitten Sie den Besitzer um Erlaubnis, bevor Sie ein Privatgrundstück betreten. Beim Pilzsammeln sollten Sie auf die Natur und die Tiere um Sie herum Rücksicht nehmen, denn sonst machen Sie nicht nur sich selbst bald unbeliebt, sondern werfen ein schlechtes Licht auch auf andere Sammler.

Die meisten Leute beschränken sich beim Pilzsammeln auf Wiesen, doch diese sind inzwischen häufig mit Nitraten überdüngt, so daß viele früher reiche Pilzgebiete mittlerweile verkümmert sind. Wenn Sie Wiesenpilze sammeln wollen, empfiehlt es sich, auf Weiden und in Feuchtgebieten zu suchen, die nicht mit Nitraten, sondern mit natürlichen, organischen Düngemitteln behandelt wurden. Aber warum sollten Sie sich auf Wiesenpilze beschränken, wenn doch achtzig Prozent aller Pilzarten im Umkreis von Bäumen wachsen? Versuchen Sie Ihr Glück besser einmal in den Wäldern etwas außerhalb Ihrer Stadt, auch dort lassen sich glückliche Entdeckungen machen.

Alte Waldstücke mit einer großen Artenvielfalt bieten die besten Voraussetzungen zum Pilzsammeln, und in solchen Gebieten sind auch weitaus die meisten Gattungen vertreten. Viele Pilze gehen Symbiosen mit Bäumen oder Baumwurzeln ein, wobei manche nur auf bestimmten Hölzern wachsen, andere dagegen in Verbindung mit vielen verschiedenen Baumarten. Einige Röhrenpilze sind beispielsweise nur bei einer Baumart anzutreffen, etwa die Suillus-Gattungen, die nur im Umkreis von Koniferen wachsen; die Vertreter der Familie Leccinum, sind noch wählerischer: Die Birken-Rotkappe *(Leccinum versipelle)* wächst in der Nähe von Birken, die Espen-Rotkappe *(L. aurantiacum)* unter Zitterpappeln. Pfifferlinge dagegen findet man unter Birken und Kiefern ebenso wie unter

Eichen oder sogar Buchen. Auch die Beschaffenheit des Bodens ist wichtig. Selbst wenn die Baumart, die der Pilz bevorzugt, auf unterschiedlichen Böden stehen kann, wachsen manche Pilze nur dann in ihrem Umkreis, wenn sie auch auf einem bestimmten Boden steht, nicht jedoch auf allen Böden, auf denen das Gehölz gedeiht. Der Maronenröhrling etwa wächst nur auf sauren Böden unter Buchen und Nadelbäumen, der Pantherpilz nur auf Kalkböden unter Buchen.

Oben *Die frühen Morgenstunden sind die beste Zeit zum Pilzsammeln.*

Linke Seite *Beschränken Sie sich beim Pilzsammeln nicht auf Wiesen und Wälder. Auch Sumpf- und Heidegebiete können eine erstaunliche Vielfalt bieten.*

Links *Nelkenschwindlinge wachsen in Hexenringen, die gelegentlich einen Durchmesser von mehreren Metern erreichen können.*

Wann man Pilze sammelt

Obwohl die meisten Menschen Pilze vermutlich spontan mit dem Herbst verbinden, sind sie eigentlich das ganze Jahr über zu finden.

Im Frühling gibt es Morcheln, Georgsritterlinge *(Calocybe gambosa)*, und auch der Nelkenschwindling *(Marasmius oreades)* erscheint zeitig im Jahr. Der erste Sommerpilz ist meist der Wiesenchampignon *Agaricus campestris*. Im Sommer sorgt auch der Schwefelporling *(Laetiporus sulphureus)* immer wieder für Überraschungen bei Sammlern, die so früh nicht mit diesem Pilz rechnen. In länger andauernden Hitzeperioden findet man natürlich nur sehr wenig. Solche Temperaturbedingungen sind jedoch wichtig, denn sie geben den unterirdischen Myzelfäden des Pilzes Gelegenheit, vor den explosionsartigen Wachstumsphasen im Herbst zu reifen. In einem milden Herbst kann sich die Pilzzeit bis in den frühen Winter heineinziehen. Die ersten Fröste mögen zwar den nahenden Winter ankündigen, begünstigen jedoch oft reichliche Funde sowohl des Lilastiel-Rötelritterlings *(Lepista saeva)* als auch des Violetten Rötelritterlings *(Lepista nuda)*. Beide gedeihen noch, bis es richtig frostig wird.

Wenn der Winter sich durchgesetzt hat, hören die meisten Sammler auf und geben sich mit der Vorfreude auf die nächste Pilzsaison zufrieden. Lassen Sie sich nicht beirren: Versuchen Sie Ihr Glück doch einmal an einem milden Wintertag, und Sie werden staunen, was Sie alles entdecken. Austernseitlinge *(Pleurotus ostreatus)* wachsen beispielsweise fast den ganzen Winter hindurch, ebenso das Judasohr *(Auricularia auricula-judaea)* und der leckere Samtfußrübling *(Flammulina velutipes)*, treffend auch Winterrübling genannt. Solche Funde können einen Winterspaziergang ganz schön aufregend machen und Ihnen sogar im Januar frische Pilze in Topf und Pfanne zaubern.

Pilzsammler kennen keine jahreszeitliche Beschränkung, und auch wenn Sie nicht direkt auf der ›Pirsch‹ sind, lohnt es sich, immer wieder nach neuen Stellen Ausschau zu halten. Nutzen Sie Winterspaziergänge, um Viehweiden und Waldstücke zu erkunden, die Sie noch nicht kennen, und möglicherweise Hinweise darauf zu entdecken, was im nächsten Frühling dort wohl zu finden sein wird.

Es mag Sie überraschen, daß nicht zuletzt auch die Tageszeit von aus-

schlaggebender Bedeutung ist. Das liegt daran, daß Pilze so gut wie ausschließlich in der Dunkelheit wachsen. Demzufolge sammelt man die schönsten Exemplare frühmorgens, solange sie noch ganz frisch sind und bevor die zunehmende Wärme die Fliegen zum Eierlegen anlockt und damit den Madenbefall begünstigt oder die Tiere in Wald und Feld ihren Teil der über Nacht gewachsenen Köstlichkeiten abgefressen haben – was übrigens eine ganze Menge sein kann.

Es lohnt sich auch, nach zwei oder drei Tagen noch einmal an eine Fundstelle zurückzukehren, denn meist sind Pilze nachgewachsen. Von Steinpilzen weiß man etwa, daß sie innerhalb von zwei oder drei Tagen nach dem Abschneiden wieder ein Gewicht von bis zu 750 Gramm erreichen können. Das ist schon eine ganz enorme Wachstumsrate.

Sinnvoll ist, über Ihre Funde und die dazugehörigen Stellen Tagebuch zu führen. Schreiben Sie sich auch die Wetterverhältnisse an dem Tag auf, denn die Beobachtung klimatischer Bedingungen ist nicht ganz unwichtig. Damit Pilze gut gedeihen, brauchen sie nicht nur feuchte Phasen, sondern auch trockene und kalte Perioden, nach denen besondere Wachstumsschübe erfolgen.

Linke Seite oben *Der Schwefelporling wächst vom späten Frühjahr bis in den frühen Herbst hinein.*

Linke Seite unten *Austernseitlinge findet man den ganzen Winter über.*

Oben *Nelkenschwindlinge gibt es schon im zeitigen Frühjahr.*

Links *Violetter Rötelritterling.*

WIE MAN PILZE SAMMELT

Zum Pilzsammeln braucht man keine große Ausrüstung. Wetterfeste Kleidung und stabile Stiefel sind das Wichtigste, außerdem sollten Sie darauf achten, daß in Ihrer Jackentasche Platz für ein kleines Bestimmungsbuch ist. Es ist keineswegs übertrieben, eines dabeizuhaben, denn manche Pilze sind einfach zu gefährlich, als daß man eine Verwechslung riskieren könnte. Wenn die Sonne an den kurzen Herbsttagen tief steht, ist ein breitkrempiger Hut von Nutzen. Man entdeckt die kleinen Höcker, die sich möglicherweise als aufregender Fund erweisen, einfach leichter, wenn man die Augen nicht dauernd mit der Hand gegen die Sonne schützen muß.

Ein oder zwei Körbe sind natürlich das Allerwichtigste. Sie sollten leicht, bequem zu tragen und nicht zu locker geflochten sein. Außerdem brauchen Sie ein scharfes Messer, um den Pilzstiel glatt durchzuschneiden, und eine Bürste, mit der Sie groben Schmutz wie Tannennadeln und Laubreste entfernen. Wenn Sie Ihre Fundstücke gleich vor Ort reinigen, haben Sie zu Hause weniger Arbeit damit. Sie sollten darüber hinaus ein paar Plastiktü-

Linke Seite
Ausbeute eines erfolgreichen Vormittags.

Rechts
Handgeflochtene Körbe eignen sich am besten zum Pilzsammeln.

ten oder Einmal-Handschuhe bei sich haben und überstreifen, bevor Sie Pilze anfassen, über deren Identität Sie noch im Zweifel sind. Vergessen Sie nicht, sie nach dem Gebrauch zu entsorgen. Ein Päckchen Papiertaschentücher oder ein Tuch benötigen Sie, um Ihre Hände zu säubern und um Ihr Messer abzuwischen, was Sie nach jedem Gebrauch tun sollten.

Zuletzt benötigen Sie noch einen kräftigen Stock, mit dem man Farngestrüpp und Unterholz auseinanderbiegt, um zu sehen, ob sich Pilze darunter verbergen. Sie brauchen ihn auch, um Pilze umzudrehen, die Sie lieber nicht berühren wollen, und zum Ausgraben von Exemplaren, bei denen Sie feststellen möchten, ob eine Scheide vorhanden ist.

Wenn Sie einen Pilz pflücken möchten, schneiden Sie lieber den Stiel ab, als das ganze Exemplar auszugraben. Bei Steinpilzen und Pfifferlingen beispielsweise kann man die Stiele zwar mitessen, doch besteht auch die Gefahr, daß das Wurzelgeflecht des ganzen Pilzes verletzt wird: Sie würden sich selbst schaden, wenn der Pilz an dieser Stelle nicht mehr wachsen würde. Nur wenn Sie den Verdacht haben, es könnte sich um einen Giftpilz handeln, sollten Sie ihn mit dem Stock vorsichtig ausgraben, ohne ihn jedoch zu beschädigen. Finden Sie am Stielansatz etwas, das auch nur im entferntesten an Hüllreste erinnert, lassen Sie diesen Pilz unbedingt dort, wo er ist.

Unten *Ein gutes Messer ist wesentlicher Bestandteil der Ausrüstung jedes Pilzsammlers. Zwei der Messer sind gleich mit einer Bürste versehen.*

Wenn Sie den Pilzstiel durchgeschnitten haben, wischen oder bürsten Sie den Pilz ab, bevor Sie ihn in den Korb legen. Füllt sich der Korb, können Sie Beschädigungen der Pilze verhindern, indem Sie eine Lage Farnkraut dazwischenlegen.

Lagerung von Pilzen

Zu bestimmten Jahreszeiten gibt es Pilze im Überfluß. Man muß also Mittel und Wege finden, um diese Masse für die Zeiten, in denen es nur wenige Pilze gibt, zu konservieren. Das Haltbarmachen von Nahrungsmitteln ist eine uralte Kunst, und schon lange vor der Erfindung des Kühlschranks wurde Verderbliches lagerfähig gemacht, etwa durch Einsalzen oder Dörren.

Pilze kann man auf unterschiedliche Weise aufbewahren, und manche

Gattungen sind für die eine oder andere Methode besser geeignet als andere. Angaben zum besten Verfahren finden Sie jeweils bei den einzelnen Beschreibungen.

Unabhängig davon, für welche Methode Sie sich entscheiden, müssen Sie vor allem die besten Exemplare auswählen. Achten Sie darauf, daß die Pilze absolut frei von Maden und anderen Insekten sind, denn sonst schwimmen beim Einweichen Ihrer getrockneten Pilze womöglich Maden an der Wasseroberfläche, was eine ausgesprochen unappetitliche Sache ist. Sorgen Sie auch dafür, daß keinerlei Zweige, Blätter oder grober Schmutz an den Pilzen haftet.

Beim Dörren bleiben Geschmack und Farbe recht gut erhalten, allerdings geht dabei leider meist die ursprüngliche Form der Pilze verloren. Es gibt verschiedene Dörrverfahren. In wärmeren Gegenden kann man die Pilze in Scheiben schneiden und auf Mulltüchern ausgebreitet in der Sonne trocknen lassen. In kühleren, weniger sonnigen Gegenden können sie auf einem flachen Tablett in einem Trockenschrank oder auf dem Fensterbrett ausgebreitet werden. Wichtig ist, daß die Pilze gut durchtrocknen, und das kann mehrere Tage dauern. Während dieser Zeit wird der durchdringende Pilzgeruch alles andere überlagern.

Seit einigen Jahren sind Geräte zum Dörren und Trocknen von Obst auf dem Markt. Manche fassen bis zu zehn Lagen, so daß man eine große Menge Wildpilze in ein paar Stunden gründlich trocknen kann. Der Vorteil ist dabei, daß nicht das ganze Haus noch tagelang nach Pilzen riecht, außerdem können Sie sicher sein, daß keine Feuchtigkeit mehr in den Pilzen verbleibt. Mit dieser beschleunigten Dörrmethode kann man sogar Schopftintlinge trocknen, wenn auch nur ganz junge Exemplare. Da die üblichen Trockenmethoden viel zu lange dauern, würde der Schopftintling dabei zu einer tintigen Masse zerfallen und wahrscheinlich alle Pilze in seiner Umgebung ebenfalls verderben.

Man kann Pilze auch mit einer Nadel durchstechen, auf Baumwollfäden aufziehen und die Stränge dann zum Trocknen in der Küche aufhängen. Denken Sie aber daran, daß beispielsweise Morcheln des öfteren kleine krabbelnde Untermieter haben und deshalb zunächst lieber außerhalb der Küche aufgehängt werden sollten. Dadurch vermeiden Sie, daß Ihnen irgendwelche ›Fleischeinlagen‹ unvermittelt in den Teller fallen.

Nach dem Trocknen werden die Pilze auf einem Bogen Papier ausgebreitet, verlesen und in luftdicht verschließbare Gefäße gefüllt. Die auf dem Papier zurückbleibenden Reste

können Sie zum Würzen von Suppen und Eintöpfen verwenden.

Gedörrte Pilze können so, wie sie sind, in Suppen und Eintöpfe gegeben werden. Für andere Gerichte empfiehlt es sich allerdings, die Pilze etwa zwanzig Minuten lang in lauwarmem Wasser einzuweichen. Verwenden Sie dazu jedoch niemals kochendes Wasser, denn das beeinträchtigt den Geschmack der Pilze. Das Einweichwasser kann als Fond oder Saucengrundlage verwendet werden, sollte aber vorher durchgesiebt werden, um eventuelle Fremdkörper oder Sand zu entfernen.

Eine Alternative zum Dörren ist das Einfrieren. Allerdings eignet sich diese Methode für Pilze nicht besonders gut. Am ehesten kann man noch fertig zubereitete Pilzgerichte einfrieren oder Pilzbutter herstellen. Dazu werden die Pilze blättrig geschnitten,

Rechts *Gedörrte und für späteren Gebrauch gelagerte Pilze.*

Linke Seite, außen *Wichtig ist das gründliche Säubern der Pilze vor dem Trocknen.*

Linke Seite, rechtes Bild *Ein Dörrgerät.*

in zerlassene Butter gegeben und nach dem Erkalten eingefroren. Man hat dann stets Pilze und Butter zur Hand für Saucen, zum Würzen und als I-Tüpfelchen zu Fleisch- oder Fischgerichten.

Eines der ältesten Verfahren zum Haltbarmachen von Nahrungsmitteln ist das Einsalzen oder Pökeln. Für Pilze eignet es sich hervorragend. Das Wichtigste dabei ist, nur ganz saubere, tagesfrische Pilze zu verwenden. Man benötigt ein Teil Salz auf drei Teile Pilze. Die Pilze werden in ein Gefäß geschichtet, wobei jede Lage sorgfältig einzusalzen ist. Nur die oberste Schicht muß komplett mit Salz bedeckt sein. Nehmen Sie nur Gefäße, die das Salz nicht angreifen kann. Gut geeignet sind sterilisierte Einmachgläser; Kunststoffdosen tun es aber auch. Wenn man Pilze auf diese Weise lagert, hat man auch Lake zum Würzen zur Hand. Man braucht natürlich nicht mehr zu salzen, wenn man in Salz eingelegte Pilze verwendet.

Man kann Pilze auch in Öl oder Essig marinieren. Dazu muß man sie unbedingt gründlich säubern und blanchieren. Je besser die Qualität des Essigs, desto besser ist das Ergebnis, und es wäre schade, gute Pilze in billigen Essig einzulegen. Das gleiche gilt natürlich auch für das Öl. Um den Geschmack noch zu verbessern, können ein paar Pfefferkörner und ein halbes Dutzend Knoblauchzehen sowie zwei, drei Lorbeerblätter mit in jedes Glas gegeben werden. Die Behälter müssen gut schließen und den Inhalt luftdicht versiegeln.

Nach dem Öffnen sollte das Glas im Kühlschrank aufbewahrt und der Inhalt möglichst bald verbraucht werden. Sind alle Pilze aufgegessen, kann man mit dem restlichen Öl oder Essig pikante Salatsaucen herstellen. Beim Marinieren in Essig oder Öl müssen alle Werkzeuge und Behälter vor Gebrauch sorgfältig sterilisiert werden, sonst ist die Haltbarkeit nicht allzu groß. Dazu kann man alles in kochendes Wasser tauchen oder eine Sterilisierlösung verwenden. Da diese aber unter Umständen den Geschmack der Pilze beeinträchtigt, eignet sich kochendes Wasser vermutlich besser.

Denken Sie auch daran, marinierte Pilze in regelmäßigen Abständen auf Schimmelbefall zu prüfen. Sollte dieser Fall eintreten, brauchen Sie nur die oberste Schicht wegzuwerfen, sollten den Rest aber möglichst bald verbrauchen.

Speisepilze

EINFÜHRUNG

In diesem Abschnitt finden Sie Fotos und Beschreibungen zu den besten Speisepilzen, die in unseren Wiesen und Wäldern zu finden sind. Es gibt im Prinzip über tausend eßbare Pilzgattungen, doch nur ein kleiner Teil davon ist von Geschmack und Konsistenz wirklich interessant. Bei allen individuellen Unterschieden und Präferenzen gelten als schmackhafteste Sorten der Steinpilz *(Boletus edulis)*, der Maronenröhrling *(Boletus/Xerocomus badius)*, die Spitz- und Speisemorchel *(Morchella elata* bzw. *M. esculenta)*, der Pfifferling *(Cantharellus cibarius)* und der Schwefelporling *(Laetiporus sulphureus)*. Zur leichteren Bestimmung gibt es in jedem Eintrag eine genaue Beschreibung des jeweiligen Pilzes sowie Angaben zu seinem Standort und der Jahreszeit, in der er wächst, außerdem Tips zur Aufbewahrung und Zubereitung zu Hause.

Je besser Sie Pilze kennenlernen, desto sicherer werden Sie die Bestimmungsregeln anwenden können. Kein Pilz sieht genauso aus wie ein anderer, und manchmal sind die Unterschiede sogar in derselben Gattung enorm. Viele eßbare Pilze haben einen giftigen Doppelgänger, mit dem Verwechslungen möglich sind und der daher ebenfalls aufgeführt wird. Bei diesen Gattungen muß man besonders vorsichtig sein. Sammeln Sie außerdem niemals unreife Pilze, da nur bei reifen Exemplaren eine exakte Zuordnung möglich ist.

Allerdings ist selbst bei eßbaren Pilzen Vorsicht geboten: Sogar die bekömmlichsten können Magenverstimmungen auslösen. Wenn Sie Gästen ein Pilzgericht servieren, sollten Sie deshalb auch daran denken, daß manche Menschen offenbar empfindlicher reagieren als andere.

Während bestimmte Pilze roh verzehrt werden können, müssen andere stets abgekocht werden. Hierzu zählen der Hallimasch *(Armillaria mellea)*, der Violette Rötelritterling *(Lepista nuda)*, der Lilastiel-Rötelritterling *(Lepista saeva)* sowie die Spitz- und die Speisemorchel *(Morchella elata* bzw. *M. esculenta)*. Sie alle enthalten eine geringe Menge an Gift, die beim Kochen unschädlich gemacht wird.

Eine der besten Methoden, sich mit Pilzen vertraut zu machen, ist eine pilzkundliche Exkursion unter fachmännischer Führung. Dabei hat man nicht nur Gelegenheit, den Experten über Standort, Art und Größe der einzelnen Pilzgattungen zu befragen, die man selbst findet, sondern kann sich am Schluß des Rundgangs auch das, was die übrigen Teilnehmer gesammelt haben, ansehen und vom Experten bestimmen lassen. Auf diese Weise sieht man weit mehr Pilzgattungen, als wenn man sich allein zum Sammeln aufmacht.

Solche Exkursionen werden von vielen Organisationen angeboten, unter anderem von den örtlichen Naturschutzverbänden und ortsansässigen Fachleuten, die sie auch im Einzelfall nach Bedarf durchführen. Hinweise zu solchen Führungen finden Sie oft in der Stadtbücherei, über die Volkshochschulen oder in der Tageszeitung.

Pilzsammeln soll Spaß machen. Gehen Sie aber niemals ein Risiko ein mit Pilzen, die Sie nicht eindeutig bestimmen können.

Vorangehende Seite *Leberreischling, auch Ochsenzunge genannt* (Fistulina hepatica). *Diese Pilze wachsen meist unten an Baumstämmen, können gelegentlich aber auch hoch oben auf den Ästen vorkommen.*

Links *Lilastiel-Rötelritterling* (Lepista saeva).

Gegenüber *Den schmackhaften Amethyst-Lacktrichterling* (Laccaria amethystea) *findet man vom späten Sommer bis in den frühen Winter.*

Agaricus arvensis

SCHAFCHAMPIGNON

SYN. ANISEGERLING

Dieser Pilz ist relativ groß und fleischig in der Konsistenz und weist einen deutlichen Anisgeruch auf. Schafchampignons sammelt man am besten, wenn sie jung sind, weil sie mit zunehmendem Alter von Maden befallen werden und das Fruchtfleisch dunkel wird, so daß es jedes Pilzgericht unappetitlich schmutzigbraun färbt.

Die reifen Lamellen werden dunkelbraun.

Die Oberfläche des Hutes ist manchmal etwas geschuppt.

Beim jungen Pilz ist der Ring um den Hutrand noch intakt.

Diese Pilze wachsen meistens jedes Jahr auf derselben Wiese. Wenn Sie also einmal eine gute Stelle gefunden haben, sollten Sie auch in den Folgejahren dort nachsehen.

Schafchampignons haben oft gelbliche Markierungen auf dem Hut. Wenn Sie ein solches Exemplar vor sich haben, stellen Sie sicher, daß es sich nicht etwa um einen Karbolegerling *(Agaricus xanthodermus)* handelt, der Ihnen nicht bekommen würde. Dieser Doppelgänger wird im Kapitel über Giftpilze behandelt, so daß Sie die beiden vergleichen können. Im Gegensatz zum Karbolegerling verfärbt sich der Schafchampignon nicht bei Druck oder Schnitt, denn das Gelb des Hutes ist seine natürliche Farbe.

BESTIMMUNG

Der Hut hat einen Durchmesser von 10 bis 25 cm. Er ist zunächst gewölbt, breitet sich aber später zu einer flachgewölbten Form aus. Er ist weiß, gilbt aber mit zunehmendem Alter. Der 8-10 cm hohe Stiel besitzt einen breiten zweischichtigen Ring, bei älteren Exemplaren kann er hohl sein. Die zunächst weißen Lamellen werden zartrosa und bei vollreifen Pilzen dunkelbraun. Das dicke Fruchtfleisch ist weiß, dunkelt aber nach und fasert gelegentlich unten am Stiel etwas aus. Der Geruch erinnert deutlich an Anis. Das Sporenpulver ist dunkelbraun.

VORKOMMEN UND JAHRESZEIT

Die Schafchampignons bevorzugen Wiesen und – wie schon der Name besagt – Viehweiden. Kalkwiesen liefern oft eine gute Ausbeute. Die Pilze gedeihen vom Hochsommer bis in den späten Herbst hinein und bilden oftmals recht große Hexenringe.

LAGERUNG

Der Pilz läßt sich gut dörren, man muß ihn allerdings sehr gründlich auf Madenbefall hin untersuchen. Schneiden Sie ihn blättrig und trocknen Sie ihn entweder in offenen Trockenschränken oder in einem Dörrgerät.

TIPS FÜR DIE ZUBEREITUNG

Schafchampignons sind hervorragende Speisepilze, vorausgesetzt, sie sind von Maden verschont geblieben. Denken Sie bei älteren Exemplaren daran, daß das dunkelbraune Fleisch das ganze Gericht verfärbt.

Oben *Zum Vergleich: der giftige Karbolegerling.*

Oben links *Der Pilz bevorzugt offene Weiden und Waldränder und wächst oft in großen Ringen.*

Unten *Der reife Hut des Pilzes kann mit zunehmendem Alter oder bei Nässe eine messinggelbe Farbe annehmen.*

Agaricus augustus

RIESENEGERLING

Es ist schön, einen Riesenegerling zu finden, denn er sieht nicht nur interessant aus, sondern riecht auch angenehm und schmeckt obendrein gut. Diese Champignonart wächst vielfach in Laub- und Nadelwäldern und bildet eher Büschel als Ringe.

BESTIMMUNG

Der Hut ist 10-25 cm breit und zunächst kugelig, später gewölbt und oft unregelmäßig geformt. Er ist hellbraun mit deutlich sichtbaren Ringen aus braunen, faserigen Schuppen, die in der Mitte zusammenlaufen. Der Stiel ist 10-20 cm hoch, gebrochen weiß mit Schuppen und einem breiten, losen Ring. Die Lamellen sind zunächst fast weiß und werden mit zunehmendem Alter dunkelbraun. Das dicke weiße Fleisch riecht pilzig. Das Sporenpulver ist braun.

VORKOMMEN UND JAHRESZEIT

Der Riesenegerling wächst vor allem in Nadel- und Laubwäldern, oft in Büscheln, vom Spätsommer bis zum Spätherbst.

LAGERUNG

Da diese Pilze recht groß werden, sollten Sie prüfen, ob sie in Ordnung sind, bevor Sie sie wie üblich blättrig schneiden und dörren. Der Riesenegerling läßt sich gut bis zum Winter aufbewahren und wird mit seinem Aroma jedes Pilzgericht bereichern.

TIPS FÜR DIE ZUBEREITUNG

Ein schmackhafter Pilz, der wenig Aufwand erfordert. Die Stiele sind oft etwas zäh, werfen Sie sie daher lieber weg. Der Hut braucht nicht abgezogen zu werden, wischen Sie ihn vor dem Zerschneiden mit einem feuchten Tuch ab. Der Riesenegerling eignet sich ausgezeichnet für Omelettes, schmeckt aber auch ›nur so‹ sehr gut.

Oben *Der Riesenegerling ist vorwiegend an Waldrändern, auf Lichtungen und am Wegesrand zu finden, selten weit von Bäumen entfernt.*

Agaricus bisporus

KULTURCHAMPIGNON

Der *Agaricus bisporus* schmeckt und riecht fast wie der Wiesenchampignon. Man geht davon aus, daß er der Stammvater der meisten Zuchtchampignons ist. Er wächst meist auf Brachen und Komposthaufen, oft in großen Mengen. Er ist weit verbreitet.

BESTIMMUNG

Der Hut erreicht einen Durchmesser von 5-10 cm und ist zunächst kugelig, später fast flach ausgebreitet. Er ist mittelbraun und hat flockige Schuppen. Der Stiel ist 3,5-5,5 cm hoch und weiß mit einem deutlichen Ring unterhalb der Kappe. Die zunächst rosafarbenen Lamellen werden später dunkler. Das Fleisch ist weiß, färbt sich bei Druck leicht rötlich und verströmt einen deutlichen Pilzgeruch. Die Sporenfarbe ist braun.

Oben, unten Agaricus bisporus *gilt als Stammvater der Zuchtchampignons. Die kugeligen und flachen Sorten in den Supermärkten werden oft für verschiedene Arten gehalten, sind aber nur unterschiedlich reif.*

VORKOMMEN UND JAHRESZEIT

Der Pilz wächst auf Komposthaufen, Gartenabfällen und am Straßenrand, gelegentlich an den Rändern von Hecken und kleinen Schonungen, sehr selten auf Wiesen. Man findet ihn vom Vorfrühling bis weit in den Herbst hinein.

LAGERUNG

Dieser Pilz ist recht klein und gut zu trocknen, sei es im ganzen oder in Scheiben. Der Geschmack ist sehr ausgeprägt.

TIPS FÜR DIE ZUBEREITUNG

Weil der Pilz oft auf Komposthaufen oder an unwegsamen Stellen wächst, sollte man die Hüte sehr sorgfältig sauberwischen, die Stielbasis kappen und den Pilz durchschneiden.

Agaricus campestris/campester

WIESENCHAMPIGNON

Der Wiesenchampignon ist wohl der bekannteste Wildpilz. Vor Jahren noch waren die Felder oft von Teppichen dieser kleinen weißen Pilze bedeckt, doch mittlerweile sind viele der Stellen, an denen früher Wiesenchampignons gediehen, durch moderne landwirtschaftliche Methoden und den Einsatz von Herbiziden, Pestiziden und Kunstdünger verschwunden. Wer in der Umgebung Wiesen und Weiden kennt, sollte dort die Augen offen halten nach den köstlichen Pilzen, die von Frühsommer bis Herbst auftauchen können. Am besten erntet man sie frühmorgens, und zwar nicht nur, um anderen Sammlern zuvorzukommen, sondern auch um sicherzustellen, daß sie noch nicht von Maden heimgesucht wurden.

BESTIMMUNG

Der Hut mißt 3-12 cm im Durchmesser und ist zunächst lange halbkugelig gewölbt, breitet sich aber schließlich flach aus. Er ist seidig weiß und dunkelt mit dem Alter ins Bräunliche nach. Der 3-10 cm lange weiße Stiel ist nach unten verjüngt und weist einen Ring auf, der aber auch fehlen kann. Selbst bei ungeöffneten Wie-

Links *Ein typisches Exemplar der kultivierten Spezies* Agaricus campester.

Rechts *Beachten Sie, daß die Lamellen, wie bei allen* Agaricus-*Gattungen, nicht am Stiel festgewachsen sind.*

Unten *Die Lamellen des älteren Pilzes sind braun.*

senchampignons sind die Lamellen tiefrosa, was eine gute Bestimmungshilfe darstellt. Das weiße Fruchtfleisch läuft bei Druck rosig an und riecht angenehm. Die Sporenfarbe ist braun.

VORKOMMEN UND JAHRESZEIT

Wiesenchampignons gedeihen auf üppigen Wiesen und bevorzugen oft kalkige Böden. Man findet sie von Frühsommer bis Spätherbst.

LAGERUNG

Der Pilz eignet sich bestens zum Dörren, denn er bewahrt sein Aroma dabei sehr gut. Kleinere Pilze können auf eine Schnur gezogen und im ganzen getrocknet werden, größere sollte man dagegen blättrig schneiden.

TIPS FÜR DIE ZUBEREITUNG

Wiesenchampignons brauchen nicht abgezogen zu werden. Es genügt, sie mit einem feuchten Tuch abzureiben. Allerdings sollten Sie auf Madenbefall achten. Am besten schneiden Sie den Stiel erst waagerecht und dann den ganzen Pilz senkrecht durch, dabei entdeckt man Maden sicher. Ältere Exemplare lassen sich am ehesten für Pilz-Ketchup, Saucen und Eintöpfe verwenden, denn sie färben das Gericht dunkelbraun. Junge Pilze können auf jede gewünschte Art zubereitet werden. Sie schmecken z. B. mit Eiern und Speck gut zum Frühstück.

Agaricus macrosporus

GROSSSPORIGER CHAMPIGNON

Dieser recht verbreitete Herbstpilz wächst in Hexenringen und ist ein hervorragender Speisepilz. Allerdings sollte man beim Bestimmen vorsichtig sein, da Verwechslungsgefahr mit dem gefährlichen Karbolegerling besteht. Die Form des Hutes und vor allem der Geruch sind jedoch Merkmale für den richtigen Pilz.

BESTIMMUNG

Der gewölbte Hut hat 8-10 cm Durchmesser. Er ist gebrochen weiß mit hellbraunen Schuppen. Der geschuppte Stiel ist 5-10 cm hoch, ebenfalls gebrochen weiß und relativ dick mit etwas spitz zulaufender Basis. Die Lamellen sind erst blaßrosa und werden später braun. Das weiße Fleisch duftet nach Mandeln. Die Sporenfarbe ist braun.

VORKOMMEN UND JAHRESZEIT

Der Pilz wächst in Hexenringen auf ungedüngten Viehweiden. Die Saison dauert von Spätsommer bis Herbst.

Rechts *Auf den oft ausladenden weißen Hüten können sich – wie hier – feine Schüppchen bilden.*

LAGERUNG

Der Großsporige Champignon ist ein hervorragender Speisepilz und läßt sich sehr gut dörren. Da die Exemplare recht groß werden, sollte man sie immer blättrig schneiden.

TIPS FÜR DIE ZUBEREITUNG

Die Stiele sorgfältig reinigen, Hut abbürsten; Schälen ist meistens überflüssig. Prüfen Sie vor allem die großen Exemplare sorgfältig auf Madenbefall.

Agaricus silvaticus

WALDCHAMPIGNON

SYN. KLEINER BLUTEGERLING

Der Pilz besiedelt vorwiegend Nadelwälder, und zwar jedes Jahr dieselben Stellen. Auch er ist sehr schmackhaft.

BESTIMMUNG

Der 5-10 cm breite Hut ist halbkugelig gewölbt und von braunen Schuppen überzogen, so daß er rissig wirkt. Der 5-8 cm lange Stiel ist weißlich mit braunen Streifen und braunem Ring. Die blaß-cremefarbenen Lamellen werden später dunkelrot. Das Fleisch ist weiß und wird leuchtendrot, wenn man den Stiel an der Basis oder längs durchschneidet. Schwacher Geruch, Sporenfarbe braun.

VORKOMMEN UND JAHRESZEIT

Der Pilz wächst von Frühsommer bis Spätherbst in Nadelwäldern.

LAGERUNG

Der Waldchampignon ist recht aromatisch. Am besten verwendet man ihn getrocknet, da er aber oft recht groß wird, sollte man ihn zuvor blättrig schneiden.

TIPS FÜR DIE ZUBEREITUNG

Da der Pilz vorwiegend im Nadelwald zu finden ist, sollte der Hut abgebürstet und von Nadeln befreit werden. Den unteren Teil des Stieles abschneiden und den Pilz blättrig schneiden. Waldchampignons bereichern jedes Pilzgericht, schmecken aber auch allein in Butter gebraten und mit Basilikum gewürzt auf Toast.

Ring mit Schüppchen an der Unterseite.

Die geschuppte Hutoberfläche läuft rot an, wenn sie geritzt wird.

Agaricus silvicola

Dünnfleischiger Anisegerling

Dieser Pilz ähnelt dem etwas größeren Schafchampignon sehr, wächst aber fast nur in Waldgebieten. Man muß jedoch gut achtgeben, ihn nicht mit dem Karbolegerling *(Agaricus xanthodermus)* oder einem der tödlich giftigen Vertreter der Familie *Amanita* zu verwechseln. Prüfen Sie die Unterscheidungsmerkmale sorgfältig. Dieser Pilz besitzt keine Scheide, also sollten Sie auch keine Anzeichen dafür finden, und wenn Sie ihn umdrehen oder abschneiden, werden Sie die anderen Merkmale deutlich sehen. Beim geringsten Zweifel lassen Sie den Pilz lieber, wo er ist.

Oben *Der Dünnfleischige Anisegerling ist ein schlanker, eleganter Pilz. Er wächst ausschließlich in Waldgebieten.*

BESTIMMUNG

Der Hut hat 5-10 cm Durchmesser und ist zunächst halbkugelig, breitet sich dann aber fast ganz flach aus. Sein Cremegelb dunkelt mit zunehmendem Alter nach. Der Stiel ist 5-8 cm lang, recht dünn und besitzt einen deutlich sichtbaren Ring. Die Lamellen sind kräftig rosa, werden später jedoch dunkelbraun. Das Fruchtfleisch ist weiß und duftet intensiv nach Anis. Die Sporenfarbe ist dunkelbraun.

VORKOMMEN UND JAHRESZEIT

Der Dünnfleischige Anisegerling ist in Nadel- und Laubwäldern im Herbst recht häufig anzutreffen.

LAGERUNG

Da sich dieser Pilz nicht gut lagern läßt, sollte man ihn bald verbrauchen.

TIPS FÜR DIE ZUBEREITUNG

Junge Exemplare sind besonders schmackhaft. Probieren Sie einmal folgendes köstliche Rezept aus: Die Hüte junger Pilze in gewürztem Mehl wälzen, in einen mit Bier angerührten Ausbackteig tauchen und fritieren.

Aleuria aurantia

ORANGEBECHERLING

Dieser leuchtend gefärbte Pilz ist in Geschmack und Konsistenz sehr angenehm und bietet eine willkommene Ergänzung zu allen Wildpilzgerichten.

BESTIMMUNG

Der Hut ist mit unter 0,5-5 cm recht klein, becherförmig gewölbt und an den Rändern eingebuchtet. Die Innenseite des Fruchtkörpers ist leuchtend orange gefärbt, die Unterseite dagegen viel heller; sie fühlt sich samtig an.

VORKOMMEN UND JAHRESZEIT

Der Orangebecherling wächst in recht großen Gruppen praktisch auf der nackten Erde in Trockenwiesen, an Straßenrändern und im Rasen. Vom Herbst bis zum frühen Winter findet man ihn recht oft.

LAGERUNG

Dörren eignet sich am besten.

TIPS FÜR DIE ZUBEREITUNG

Abgesehen von der gründlichen Reinigung braucht man nicht viel zu tun. Der Pilz ist recht zäh und kann deshalb ohne weiteres mit Wasser abgespült, dann blättrig geschnitten und in Mischpilzgerichten verwendet werden, denen er sowohl Farbe als auch Aroma verleiht.

Oben rechts *Orangebecherlinge wachsen oft in großen Büscheln auf anspruchslosen Böden an Fußwegen und Bahngleisen.*

Rechts *Die Fruchtschicht* (Hymenium) *enthält die Sporenbehälter, die sogenannten* Asci.

Armillaria mellea

HALLIMASCH

Der Hallimasch (*Armillaria mellea* und eng verwandte Arten) wächst aus schwarzen Myzelsträngen, Rhizomorphen genannt, die sich über große Entfernungen ausbreiten können. Sie töten den Wirtsbaum und schädigen große Waldgebiete. Zweifellos ist dies der gefährlichste Baumparasit unter den Pilzen, weil er den Baum schließlich absterben läßt. Wenn Sie ihn in Ihrem Garten finden, sollten Sie rasch einen Fachmann um Hilfe bitten. Andererseits ist der im Herbst in Massen zu findende Hallimasch ein ausgezeichneter Speisepilz.

BESTIMMUNG

Der Hut kann im Durchmesser zwischen 2 und 20 cm variieren und auch in Form und Farbe verschieden sein. Die zunächst gewölbte Kappe wird zunehmend flacher und weist später eine Vertiefung in der Mitte auf. Die Farbpalette reicht von honiggelb bis dunkelbraun. Der Stiel ist 5-15 cm hoch und kann ganz unterschiedlich dick sein, mal knollig, mal

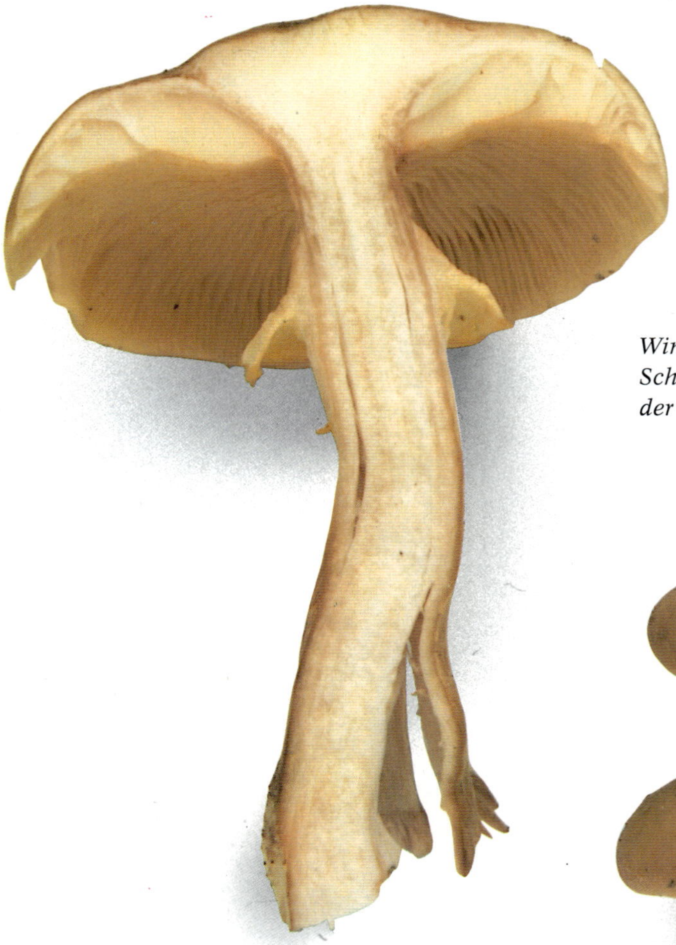

Winzige Schuppen in der Hutmitte.

Gelb-weißer, watteartiger Ring.

Am Ansatz zusammengewachsene Stiele.

sehr schlank. Der Ring ist immer deutlich ausgeformt. Die Lamellen sind gebrochen weiß bis dunkelbraun gefärbt, das Fleisch ist weiß und duftet kräftig-süßlich. Die Sporenfarbe ist weißlich. Mittlerweile unterscheidet man in Europa fünf oder sechs verschiedene Unterarten. Der Hallimasch wächst meist in großen Büscheln auf totem Holz, Stümpfen oder auch an lebenden Bäumen.

VORKOMMEN UND JAHRESZEIT

Der Hallimasch ist in Laub- und Nadelwäldern weit verbreitet und befällt lebende Bäume ebenso wie abgestorbene Stämme und Baumstümpfe. Seine Saison dauert vom Frühsommer bis zum frühen Winter, wobei die Pilze im selben Jahr mehrfach an der gleichen Stelle wachsen.

Oben *Die Schuppen der Hüte können einmal, wie hier, recht zart, ein anderes Mal ziemlich grob sein.*

Unten *Bei reifen Pilzen werden die Lamellen bräunlich, die Sporen bleiben jedoch cremeweiß.*

LAGERUNG

Durch Dörren wird der Hallimasch in der Regel zäh, deshalb empfiehlt es sich eher, die fertigen Gerichte einzufrieren.

TIPS FÜR DIE ZUBEREITUNG

Eßbar sind nur die Hüte, da die Stiele sehr zäh sind. Die Hüte 2-3 Minuten in leicht gesalzenem Wasser kochen und den Sud wegschütten, da die Pilze ein schwaches Toxin enthalten. Dann nach Geschmack zubereiten. Nach dem Abkochen schmecken die Hüte vor allem zu Nudeln gut, wenn man sie mit Zwiebeln, Knoblauch und Basilikum sautiert und die Sauce mit etwas Sahne andickt.

Auricularia auricula-judae, Syn.: Hirneola auricula-judae

JUDASOHR

Ein Pilz mit langer Wachstumssaison. Da er einige Doppelgänger hat, ist Sorgfalt bei der Bestimmung nötig.

BESTIMMUNG

Der wie eine Ohrmuschel geformte Fruchtkörper hat 2-7 cm Durchmesser und weist eine gallertartige Konsistenz auf. Bei trockener Witterung wird er hart. Er ist hellbraun mit grauen Härchen an der Innenseite. Er gedeiht extrem lange und ist praktisch das ganze Jahr über zu finden.

VORKOMMEN UND JAHRESZEIT

Der Pilz wächst auf verschiedenen Bäumen, vor allem auf Holunder. Der volkstümliche Name ›Judasohr‹ erinnert an Judas Ischariot, der sich an einem Holunderbaum erhängt haben soll.

LAGERUNG

Dörren eignet sich am besten. Wenn man Judasohren bei trockenem Wetter sammelt, wenn sie hart sind, können sie so, wie sie sind, aufbewahrt werden. Vor der Verwendung in lauwarmem Wasser einweichen.

TIPS FÜR DIE ZUBEREITUNG

Die Judasohren gründlich waschen, dabei das Wasser mehrmals erneuern. Aufgrund der gallertartigen Konsistenz sollten die Pilze unbedingt durchgegart werden. Sie schmecken sehr gut blättrig geschnitten in einer Sauce aus Zwiebeln, Knoblauch und Basilikum, die mit etwas Sahne angedickt und in Pastetenförmchen gefüllt oder mit Brotcroûtons serviert wird.

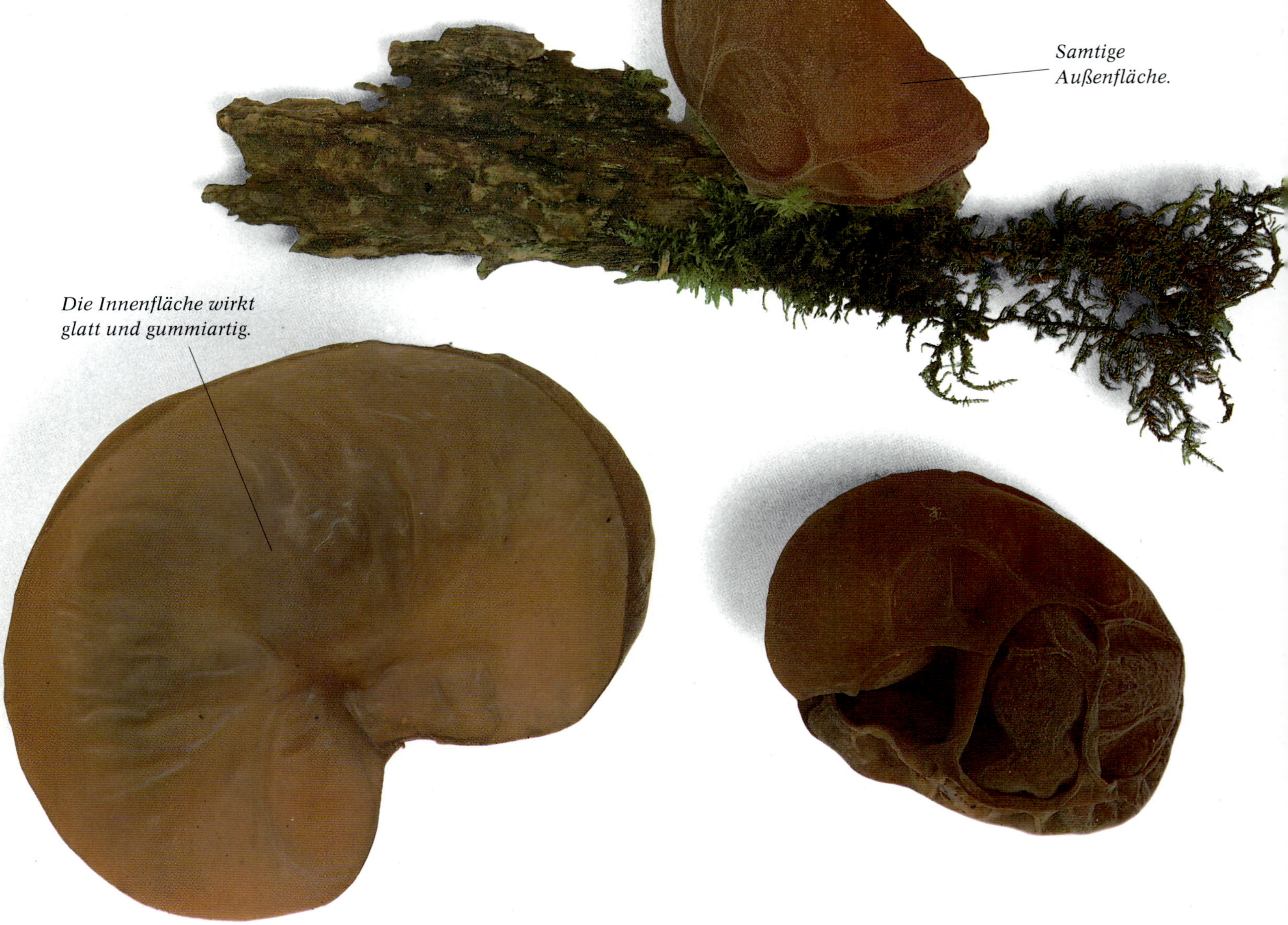

Links *Wenn Sie bei der Bestimmung im Zweifel sind, nehmen Sie ein Exemplar in die Hand und dehnen es etwas. Es sollte elastisch und gummiartig, aber keinesfalls bröckelig sein.*

Unten *Die Farbe kann variieren. Diese Pilze sind jung und daher blaß; mit zunehmendem Alter dunkeln sie purpur-braun nach.*

Boletus badius,
Syn. Xerocomus badius

MARONENRÖHRLING

Der Maronenröhrling wird nicht wie andere Röhrenpilze von Maden befallen, trotzdem empfiehlt es sich, nur saubere Exemplare zu sammeln. Der Geschmack ist ausgezeichnet.

BESTIMMUNG

Der Hut ist 4-18 cm breit und meist hell- bis mittelbraun, gelegentlich noch blasser. Er wirkt wie poliert und fühlt sich im nassen Zustand klebrig an. Der Stiel ist 4,5-12,5 cm hoch und ähnlich gefärbt wie der Hut. Die Poren sind hellgelb und verfärben sich bei Druck oder Schnitt blau, was eines der wichtigsten Erkennungsmerkmale dieses Pilzes darstellt. Das weiße Fruchtfleisch hat einen leichten Pilzgeruch und färbt sich an Schnittstellen ebenfalls bläulich, verblaßt jedoch sofort wieder. Die Sporenfarbe ist hellbraun.

VORKOMMEN UND JAHRESZEIT

Alle Mischwälder. Die Saison dauert vom Frühsommer bis zum Spätherbst.

Oben *Exemplare, die unter Nadelbäumen stehen (links) sind dunkler, glatter und eher kastanienbraun als solche in Laubwäldern (rechts).*

LAGERUNG

Der Maronenröhrling ist ein vielseitiger Pilz. Kleine Exemplare können Sie in kaltgepreßtem Olivenöl, Wein oder Apfelessig einlegen. Größere werden am besten blättrig geschnitten und gedörrt. Zuvor muß man aber die Röhren abschneiden, da diese recht feucht sind und meist nicht ausreichend trocknen; solche Reste eignen sich für Pilz-Ketchup oder Saucen.

TIPS FÜR DIE ZUBEREITUNG

Man pflückt die Pilze am besten, wenn sie trocken sind. Finden Sie feuchte Exemplare, wischen Sie die Hüte ab und lassen Sie sie trocknen. In Scheiben geschnitten, kann man die Pilze auch roh essen. Gleich, ob frisch oder gedörrt, passen sie in Suppen, Eintöpfe und Pilzgerichte.

Boletus chrysenteron, Syn. Xerocomus chrysenteron

ROTFUSSRÖHRLING

Wenn dieser Röhrling geschmacklich auch nicht ganz so hervorragend ist wie der Maronenröhrling oder der Steinpilz, eignen sich junge Exemplare doch gut für Mischpilzgerichte.

BESTIMMUNG

Der Hut hat 4-10 cm Durchmesser und ist gelbbraun, die Risse in der Oberfläche lassen jedoch oft eine darunter liegende rötliche Schicht durchscheinen. Das eigentliche Erkennungszeichen dieses Röhrlings sind jedoch die roten Markierungen am Stiel. Er ist 4-8 cm hoch und fast auf der ganzen Länge auffällig rot gestreift. Die Poren sind gelb und erheblich offener als beim Maronenröhrling. Auf Druck verfärben sie sich hell grünlich. Das Fruchtfleisch ist cremefarben bis gelb und zeigt an Schnittstellen keinerlei Farbveränderung. Die Sporenfarbe ist hellbraun. Die Konsistenz dieses Pilzes ist insgesamt viel lockerer als die des Maronenröhrlings oder des Steinpilzes.

VORKOMMEN UND JAHRESZEIT

Der Rotfußröhrling findet sich unter allen breitlaubigen Gehölzen. Saison ist den ganzen Herbst über.

LAGERUNG

Diesen Pilz sollten Sie dörren und ebenso wie andere getrocknete Pilze aufbewahren.

TIPS FÜR DIE ZUBEREITUNG

Sammeln Sie nur junge Exemplare. Wischen oder bürsten Sie den Hut ab und entfernen Sie lose Erdpartikel. Schneiden Sie den Pilz vor der Zubereitung blättrig. Da er leicht matschig wird, empfiehlt es sich, ihn in Suppen, Eintöpfen und Mischpilzgerichten, nicht jedoch ›solo‹ zu verwenden.

Oben *Mit zunehmendem Alter bekommt der Hut vor allem bei kühlem Wetter einen rötlichen Schimmer.*

Boletus edulis

STEINPILZ

SYN. HERRENPILZ

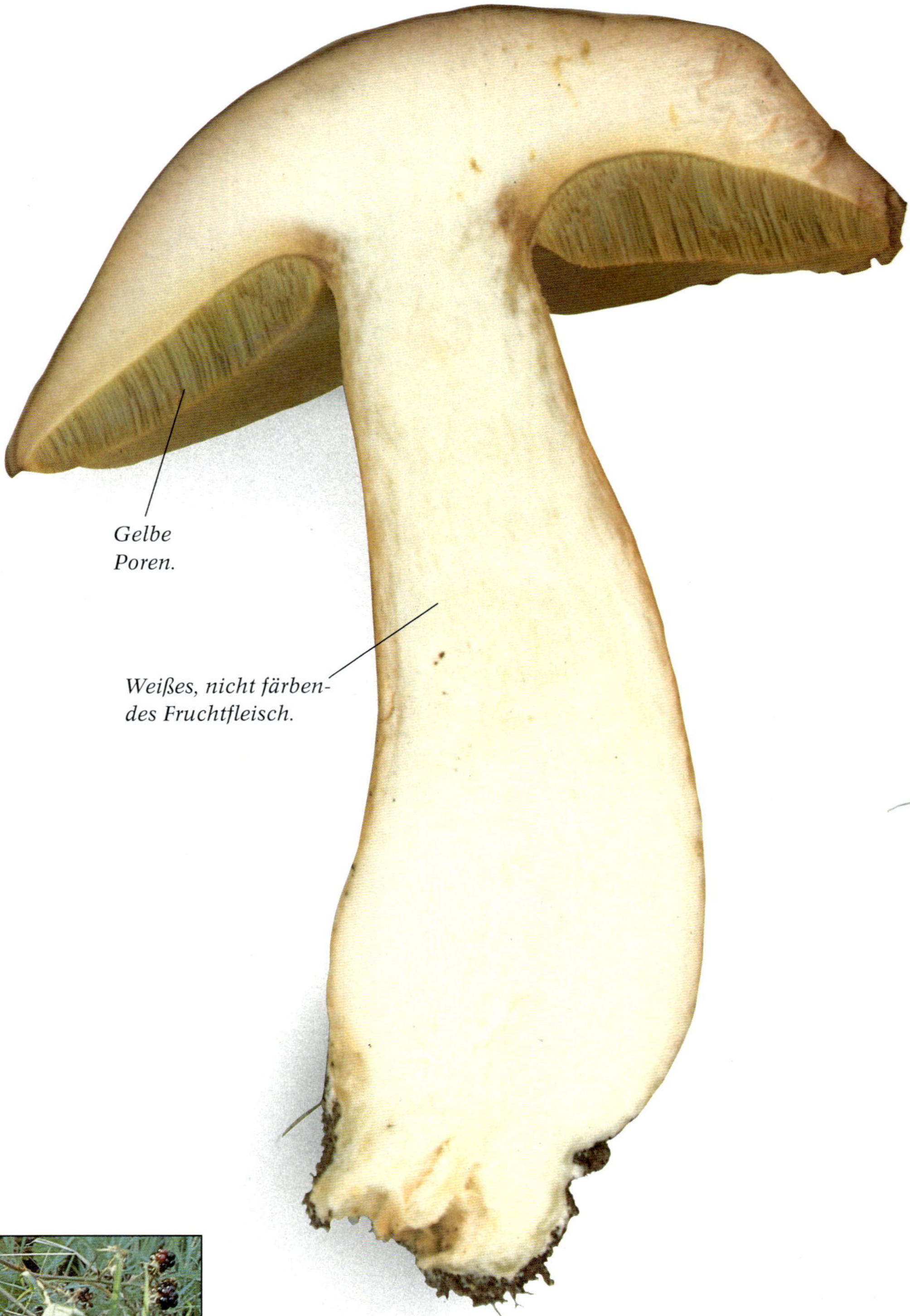

Pilzsammler schätzen diesen Pilz wegen seines nussigen Aromas und der vielfältigen Zubereitungsmöglichkeiten. Einige Exemplare können bis zu 1 kg wiegen. Der Pilz entwickelt sich über mehrere Tage; dabei legen Fliegen ihre Eier in der Stielbasis ab. Die Maden arbeiten sich von unten zum Hut und zu den Röhren vor. Um nur einwandfreie Exemplare zu sammeln, schneiden Sie bei größeren Pilzen am besten den Hut halb durch. So können Sie Madenbefall erkennen, bevor Sie sie in den Korb legen.

BESTIMMUNG

Der Hut kann 6-30 cm Durchmesser erreichen und erinnert mit seiner hellbraunen Farbe an ein frisches Brötchen. Die Farbe dunkelt etwas nach, wenn der Hut sich ausbreitet, und genau in diesem Stadium sollten Sie nach Maden schauen. Bei feuchter Witterung wirkt der Hut gelegentlich etwas klebrig, bei trockenem Wetter weist er aber einen samtigen Schimmer auf. Der Stiel kann 3-23 cm hoch werden, ist sehr knollig und von einem feinen Netz überzogen. Die dunklen Markierungen werden zum Hut hin ausgeprägter. Die Poren sind erst weiß und werden mit zunehmendem Alter gelb. Das Fleisch ist fast reinweiß und verändert sich auch mit der Reife nicht. Die Sporenfarbe ist hellbraun.

Links *Steinpilze sind eine Delikatesse und besonders schmackhaft, wenn sie klein und kompakt sind.*

VORKOMMEN UND JAHRESZEIT

Nadelwald, Laub- und Mischwald, auch Grasstreifen an Nebenstraßen. Er findet sich zudem neben Heidekraut und unter Zwergweiden. Die

Rechts *Steinpilze können ganz unterschiedlich aussehen. Vor allem unter Nadelbäumen stehende Exemplare haben manchmal bauchige Stiele und viel dunklere Hüte.*

Saison reicht von Sommer bis Spätherbst; der Pilz ist relativ häufig anzutreffen.

LAGERUNG

Blättrig geschnittene Steinpilze sind die wohl meistverkauften getrockneten Pilze der Welt. Nicht zu Unrecht – Dörren ist nämlich die beste Lagermethode auch für den Hausgebrauch. Kleine Exemplare kann man auch in kaltgepreßtes Olivenöl einlegen, doch läßt man den schmackhaften Pilz besser eine gewisse Größe erreichen.

TIPS FÜR DIE ZUBEREITUNG

Die Hüte säubern und halb durchschneiden, um Maden zu entdecken, bevor Sie die Pilze in den Korb legen. Den Stiel abbürsten und den Stielansatz abschneiden oder Erd- und Faserreste abkratzen. Steinpilze zählen zu den vielseitigsten Pilzen und lassen sich in vielen Gerichten verarbeiten.

Calocybe gambosa

MAIPILZ

SYN. GEORGSRITTERLING

Beide Namen deuten auf das erste Erscheinen des Pilzes im Jahr hin, nämlich um das Fest des hl. Georg am 23. April. Der vielseitig verwendbare Pilz ist gerade wegen seines frühen Auftauchens genauso willkommen wie die ebenso frühe Speisemorchel. Er wächst in oft recht weiten, hier und da unterbrochenen Hexenringen, von denen die größten mehrere hundert Jahre alt sein dürften.

BESTIMMUNG

Der Hut mißt 5-15 cm Durchmesser und hat einen leicht eingerollten Rand. Beim jungen Pilz ist er stark gewölbt, wird aber beim älteren unregelmäßig gewellt. Die Farbe reicht von weiß bis creme. Der weiße Stiel ist 2-4 cm hoch. Die Lamellen stehen gedrängt. Das weiche, weiße Fruchtfleisch verströmt einen stark mehligen Geruch. Das Sporenpulver ist weiß.

VORKOMMEN UND JAHRESZEIT

Der Maipilz wächst meist in Hexenringen im Gras und auf Kalkböden am Waldrand. Seine Saison dauert von April bis in den Mai hinein. Zum Gedeihen braucht der Maipilz Wärme und Feuchtigkeit, so daß ein kaltes Frühjahr sein Auftauchen verzögert, bis es wärmer wird. Schauen Sie an früheren Fundstellen immer wieder nach.

Rechts *Die Hüte sind weiß bis cremegelb.*

Unten *Diese reifen Exemplare weisen unregelmäßige, gewellte Hüte auf.*

LAGERUNG

Der Maipilz läßt sich hervorragend trocknen oder auch in kaltgepreßtes Olivenöl oder Essig einlegen.

TIPS FÜR DIE ZUBEREITUNG

Bürsten Sie die Hüte gut ab, denn sie sind oft ziemlich schmutzig, unter anderem durch die Kalkpartikel des Unterbodens. Den Maipilz sollten Sie niemals herausziehen, sondern immer abschneiden, um den Myzelring zu schonen. Der Pilz paßt sehr gut zu Hühnchen und auch zu Fisch. Probieren Sie ihn doch einmal als Zutat zu einem Hähnchenragout!

Cantharellus cibarius

PFIFFERLING

SYN. EIERSCHWAMM

Für viele Pilzsammler sind Pfifferlinge der aufregendste Fund der Pilzsaison. Der Pilz sieht nicht nur hübsch aus, sondern schmeckt auch hervorragend. Die meisten Sammler geben ihre Fundstellen nicht preis, da Pfifferlinge in der Regel jedes Jahr am selben Platz wachsen. Wichtig ist allerdings die Abgrenzung des Pfifferlings gegen den Orangegelben Gabelblättling oder sogenannten Falschen Pfifferling *(Hygrophoropsis aurantiaca)*.

BESTIMMUNG

Der Hut mißt 2-12 cm im Durchmesser. Er ist zunächst flach mit gelapptem Rand und später trichterig vertieft. Die Farbe variiert von blaß- bis tiefgelb und wird mit zunehmender Reife etwas fahl. Manche Exemplare sind fast orange. Der Stiel ist 3-8 cm hoch, stabil und nach unten verjüngt. Die gelben Leisten sind stumpf, engstehend, unregelmäßig und am Stiel

Links *Die am Stiel herablaufenden Leisten haben dieselbe Farbe wie der Hut.*

herablaufend. Das gelbliche Fleisch duftet nach Aprikosen, ein weiterer Anhaltspunkt für die Bestimmung. Die Sporenfarbe ist blaßockergelb.

VORKOMMEN UND JAHRESZEIT

In Wäldern, wo es offene, moosige Lichtungen gibt. Die Saison dieses Pilzes dauert von Frühsommer bis Spätherbst.

LAGERUNG

Der Pfifferling kann in jeder Form gelagert werden. Empfehlenswert ist die Aufbewahrung in gewürztem Alkohol, da sich der herrliche Duft gut erhält. Auch das Einlegen in kaltgepreßtes Olivenöl oder Essig und das Trocknen sind gute Methoden.

TIPS FÜR DIE ZUBEREITUNG

Pfifferlinge müssen immer vor Ort sehr gründlich gereinigt werden. Bürsten Sie die Hüte ab und wischen Sie sie notfalls mit einem feuchten Tuch ab. Schneiden Sie die Pilze am Stiel ab, damit keine Erde in Ihren Korb gelangt. Frische Pfifferlinge lassen sich gut einige Zeit im Kühlschrank oder an einem kühlen, luftigen Ort aufbewahren. Sie schmecken ausgezeichnet und sind sehr vielseitig verwendbar. Man kann sie allein, in Mischpilzgerichten oder als Beilage zu Fleisch oder Fisch zubereiten. Auch in Saucen machen sie sich hervorragend und lassen das Gericht appetitlich aussehen. Probieren Sie doch einmal, die einzelnen *Cantharellus*-Arten zu mischen. Auf diese Weise erhalten Sie ein herrliches, farbenfrohes Wildpilzgericht.

Links *Bei diesen Exemplaren sind die Leisten sehr flach, stumpf und mehrfach verzweigt. Sie wirken eher wie tiefe Furchen und kaum wie echte Lamellen.*

Cantharellus infundibuliformis, Syn. C. tubaeformis

DURCHBOHRTER LEISTLING

SYN. TROMPETENPFIFFERLING

Der Durchbohrte Leistling erscheint viel später im Jahr als der echte Pfifferling. Es ist schon ein Erlebnis, diese kleinen Prachtstücke unter buntem Herbstlaub zu entdecken. Wenn Sie sich einmal auf sie eingestellt haben, werden Sie sie in Massen an Stellen finden, wo Sie zuvor keinen einzigen ausmachen konnten. Sie wachsen meist jedes Jahr an denselben Stellen.

BESTIMMUNG

Der Hut hat einen Durchmesser von 2-5 cm und ist zunächst gewölbt, wird aber bald trichterig mit gerieftem Rand. Die Oberfläche ist dunkelbraun und paßt sich den darüberliegenden Blättern gut an. Der hohle, gelbe Stiel mißt 5-8 cm. Die Leisten sind engstehend und ziemlich unregelmäßig, zuerst gelblich und bei älteren Pilzen

Gegabelte grau-lila Leisten oder Runzeln.

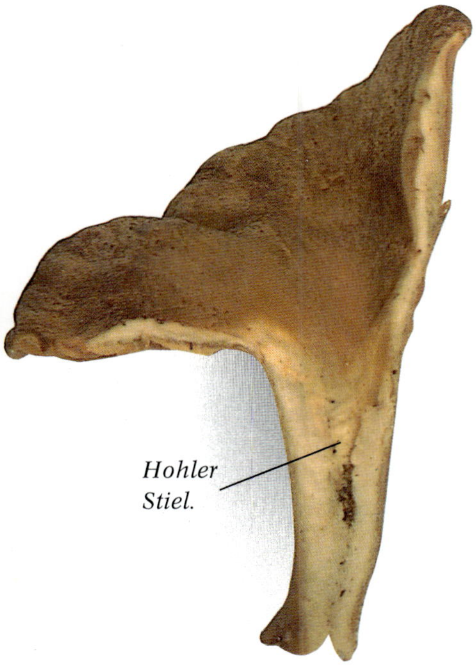

gräulich-lila. Das Fleisch ist gelblich und duftet leicht süßlich. Die Sporenfarbe ist gelb.

VORKOMMEN UND JAHRESZEIT
Der Pilz wächst in großer Zahl sowohl in Laub- als auch in Nadelwäldern, wobei er sauren Boden bevorzugt. Die Saison dauert vom Spätsommer bis zum Spätherbst.

LAGERUNG
Durchbohrte Leistlinge kann man hervorragend trocknen, aber auch in kaltgepreßtes Olivenöl oder Weinessig einlegen.

TIPS FÜR DIE ZUBEREITUNG
Da diese Pilze unter einer Laubschicht wachsen, sind sie meist recht sauber, und man braucht sie nur abzubürsten. Wenn Sie die Stiele abschneiden, statt ganz aus dem Boden zu ziehen, gelangt auch keine Erde in Ihren Korb. Die Pilze sind vielseitig zuzubereiten, ihr angenehmes, süßliches Aroma paßt sehr gut zu Fisch.

Oben *Um diese Pilze zu finden, sollte man Bachläufen im Wald folgen und die moosbewachsenen Ufer absuchen. Dies sind nämlich die bevorzugten Standorte.*

Oben *Unter Herbstlaub ist der Durchbohrte Leistling kaum zu entdecken.*

Clitocybe odora

ANISTRICHTERLING

Der Anistrichterling eignet sich am besten feindosiert als Gewürz. Seien Sie vorsichtig bei der Bestimmung, denn der Grünspanträuschling *(Stropharia aeruginosa)* sieht ihm ziemlich ähnlich, besitzt allerdings ausgebreitet einen stumpfen Knubbel in der Mitte, ist stets klebrig und eher dunkelgrün. Wie sein Name schon andeutet, verströmt der Anistrichterling einen intensiven, durchdringenden Anisgeruch.

BESTIMMUNG

Der Hut ist 3-7 cm breit, erst knopfförmig und breitet sich zu einer gelegentlich welligen Fläche aus. Die blaugrüne Farbe dunkelt mit dem Alter nach. Der 3-6 cm hohe Stiel ist an-

Rechts und unten *Der dem Anistrichterling sehr ähnliche Grünspanträuschling* (Stropharia aeruginosa) *hat einen klebrigen Hut und einen Ring am Stiel. Die Lamellen färben sich beim reifen Pilz purpurbraun. Er hat keinen spezifischen Geruch.*

Unten *Teilweise verblaßt die Farbe rasch zu fast weiß. Diese Exemplare sollte man stehenlassen wegen Verwechslungsgefahr mit dem möglicherweise gefährlichen Dufttrichterling* (Clitocybe fragrans), *der auch weiß ist und nach Anis riecht.*

deutungsweise gestreift. Die wenig ausgeprägten Lamellen stehen eng zusammen und laufen am Stiel herab. Das blasse Fleisch riecht nach Anis. Weißes Sporenpulver.

VORKOMMEN UND JAHRESZEIT

Unter Herbstlaub an den Rändern von Nadel- und Laubwäldern. In letzteren findet man ihn am ehesten unter Buchen und Edelkastanien. Die Saison dauert von Spätsommer bis Spätherbst. Dieser aromatische Pilz ist recht verbreitet.

LAGERUNG

Trocknen und wegen des Geruchs von anderen Pilzen getrennt lagern.

TIPS FÜR DIE ZUBEREITUNG

Der Pilz eignet sich am besten als Gewürz. Frische Anistrichterlinge fein hacken, getrocknete Pilze zerstoßen.

Coprinus comatus

Schopftintling

Der Schopftintling ist einer der häufigsten Pilze und wächst den ganzen Sommer über in oft dichten Büscheln auf frisch umgegrabenem Boden in Wiesen oder Gärten. Genießbar sind nur die jungen Exemplare, doch auch sie müssen sofort nach dem Sammeln verbraucht werden, da sie sonst zu einer scheußlichen tintigen Masse zerfallen. Der Pilz ist dank seines ungewöhnlichen Aussehens leicht zu identifizieren, aber man muß sich bei jungen Pilzen vor Verwechslungen mit dem Spechttintling *(Coprinus picaceus)* hüten. Letzterer hat allerdings schleierähnliche Hüllreste, die beim Schopftintling fehlen.

BESTIMMUNG

Der Hut ist 5-12 cm breit, zunächst eiförmig und öffnet sich später zu einer Glocke. Er ist weiß, in der Mitte cremefarben und mit großen, zottigen Schuppen überzogen. Der Stiel ist 10-37 cm hoch und weiß. Die Lamellen sind zunächst weiß, schwärzen aber mit der Zeit vom Rand aufwärts und verflüssigen sich schließlich zu Tinte, die sich übrigens gut als Tusche eignet. Das Fleisch ist weiß und strömt einen leicht süßlichen Geruch aus. Die Sporenfarbe ist schwarzbraun.

Unten *Der auffällige schmale Ring ist auf diesem Foto noch nicht zu erkennen. Sobald sich der Hut öffnet, wird er am Stiel sichtbar.*

VORKOMMEN UND JAHRESZEIT
Der Pilz wächst oft an Straßenrändern, auf Müllhaufen, Rasen und frisch aufgeworfener Erde bei Baustellen. Die Saison reicht von Mitte des Sommers bis Spätherbst. Schopftintlinge sind recht häufig anzutreffen.

LAGERUNG
Am besten frisch verwenden oder im Dörrgerät trocknen. Versuchen Sie gar nicht erst, Schopftintlinge an der Luft zu trocknen, denn sie zerfallen stets zu einer tintigen Masse.

TIPS FÜR DIE ZUBEREITUNG
Zwar kann der Pilz auch getrocknet werden, er schmeckt aber besser frisch, entweder allein oder mit dem Parasolpilz *(Macrolepiota procera)* zu einer köstlichen Suppe verarbeitet. Dazu die beiden Pilzsorten, Zwiebeln und zum Binden etwas Kartoffeln anschwitzen und im Mixer pürieren.

Oben *In diesem Reifestadium eignen sich Schopftintlinge am besten zum Verzehr.*

Links *Ein Spechttintling* (Coprinus picaceus), *mit dem der Schopftintling im Frühstadium leicht zu verwechseln ist.*

Craterellus cornucopioides

HERBSTTROMPETE

SYN. TOTENTROMPETE

Dieser Pilz ist ein weiterer schmackhafter Vertreter der *Cantharellus*-Familie. Wie der Pfifferling und der Durchbohrte Leistling wächst die Herbst- oder Totentrompete jedes Jahr an denselben Stellen in üppigen Büscheln. Sie sind aber oft unter Laub verborgen und wegen der dunklen Farbe schlecht erkennbar. Auch wenn der Pilz nicht sehr einladend aussieht, schmeckt er vorzüglich.

BESTIMMUNG

Der Hut mißt 2-9 cm im Durchmesser und ist röhrenförmig; der Stiel ist hohl und nach oben trompetenartig erweitert. Mit zunehmendem Alter wird die Form unregelmäßig und die Wand dünn und zäh. Die Farbe variiert von mittelbraun zu schwarz und verblaßt mit der Zeit. Das Fleisch ist grau bis schwarz. Die Sporenfarbe ist weiß.

VORKOMMEN UND JAHRESZEIT

Der Pilz wächst in großen Büscheln im Laubwald unter Herbstblättern, und zwar vom Spätsommer bis weit in den Herbst hinein.

LAGERUNG

Für die Herbsttrompete eignet sich jede Art der Lagerung. Am besten hält sie sich getrocknet.

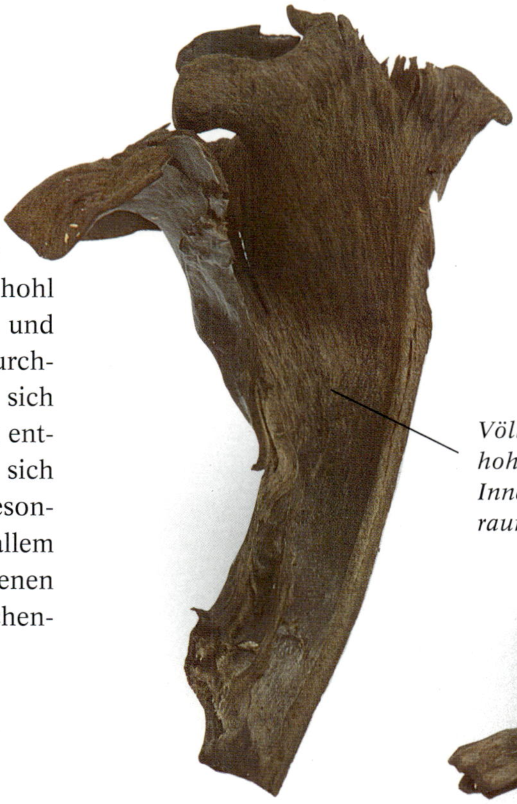

TIPS FÜR DIE ZUBEREITUNG
Denken Sie daran, daß der Pilz hohl ist. Man muß ihn stets bürsten und sollte größere Exemplare halb durchschneiden, um Schmutz, der sich unten im Stiel gesammelt hat, zu entfernen. Die Herbsttrompete läßt sich auf vielerlei Art zubereiten. Besonders gut paßt sie zu Fisch, vor allem zu weißfleischigen Fischen, zu denen ihre dunkle Farbe einen überraschenden Kontrast bildet.

Unten *Ebenso wie der Durchbohrte Leistling fühlt sich auch die Herbsttrompete auf den feuchten, moosbewachsenen Ufern von Flüssen und unter dicken Laubschichten wohl.*

SPEISEPILZE

Fistulina hepatica

LEBERREISCHLING

SYN. OCHSENZUNGE

Aus Sicht des Sammlers ist dies ein interessanter Konsolenpilz, nicht nur aufgrund seiner Farbe und Struktur, sondern auch wegen seines guten Geschmacks. Da Leberreischlinge oft ziemlich hoch oben an Bäumen wachsen, braucht man unter Umständen eine Leiter, um sie zu sammeln.

BESTIMMUNG

Der Fruchtkörper ist 8-30 cm breit und recht dick. In der Regel handelt es sich um Einzelstücke, gelegentlich wachsen aber auch mehrere übereinander. Schneidet man den Leberreischling durch, sieht er aus wie ein Stück rohes Fleisch. Die Farbe der Oberfläche ist orangerot und dunkelt mit dem Alter nach, die Poren sind dagegen weitaus heller. Das Fruchtfleisch ist dick, saftig und dunkelrot gesprenkelt. Der Geruch ist recht angenehm. Die Sporenfarbe ist braun.

VORKOMMEN UND JAHRESZEIT

Der Pilz wächst meist, jedoch nicht immer, an Kastanien und Eichen, und zwar im unteren Teil des Stammes. Die Saison dauert von Spätsommer bis Herbst, gelegentlich taucht der Leberreischling aber auch früher auf. Obwohl der Pilz das Holz des Wirtsbaumes faulen läßt, tötet er ihn nicht. Das Holz dieser Bäume ist nur weit-

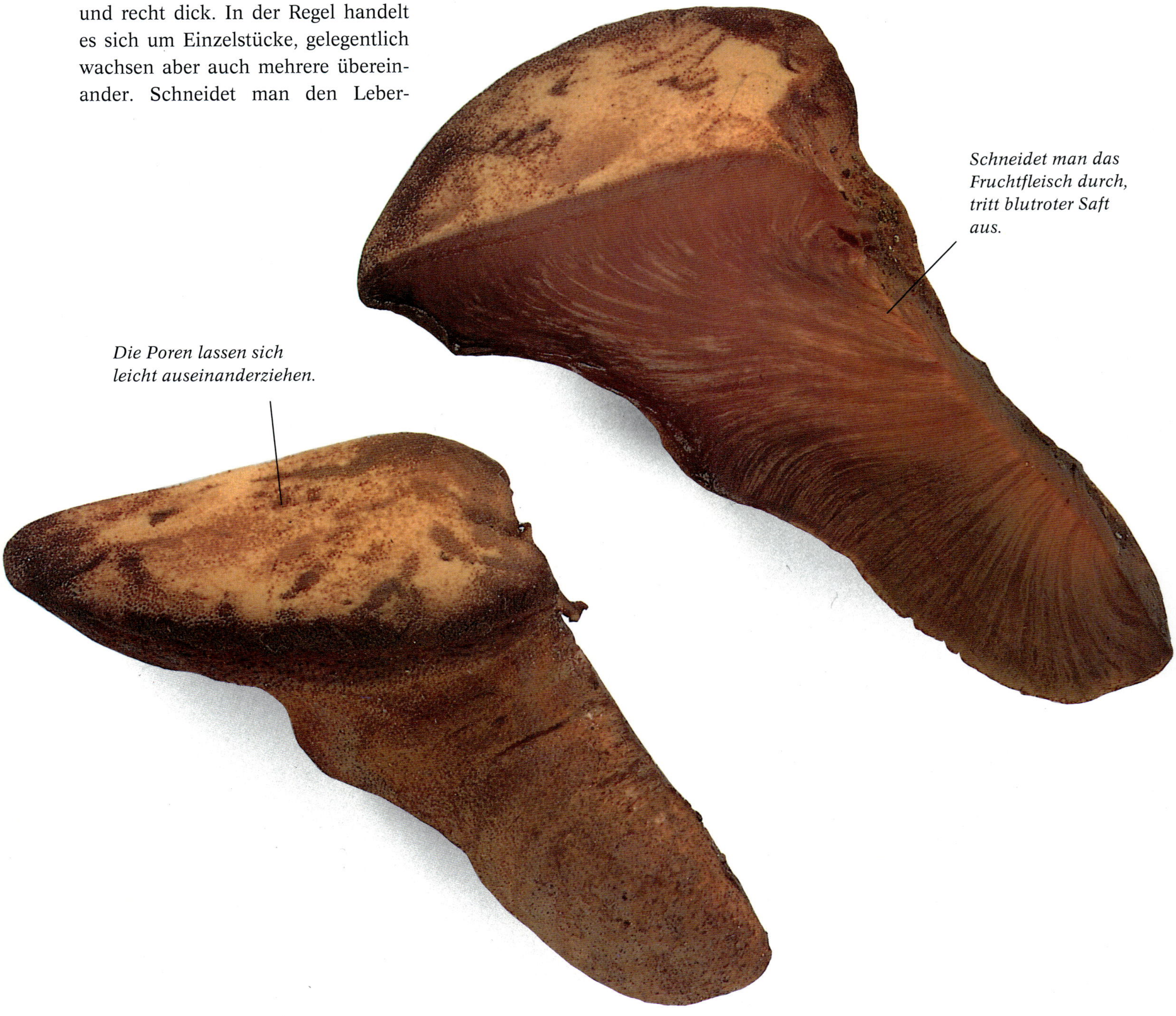

Schneidet man das Fruchtfleisch durch, tritt blutroter Saft aus.

Die Poren lassen sich leicht auseinanderziehen.

Links *Der Leberreischling wächst oft recht hoch oben an Bäumen. Ein guter Anhaltspunkt für die sichere Bestimmung dieser Art sind die im Gegensatz zu anderen Konsolenpilzen leicht voneinander trennbaren Röhren.*

Unten *Die Oberfläche kann bei frischen Exemplaren sehr feucht und schwammig sein.*

aus dunkler als sonst. Derartiges Eichenholz ist in der Möbelindustrie recht gefragt. Bei Holt in Norfolk, England, gibt es eine 980 Jahre alte Eiche, auf der Leberreischlinge bis zu einer Höhe von zwölf Metern wachsen – für den Sammler etwas schwierig, aber ein einzigartiger Anblick.

LAGERUNG

Wie auch andere Konsolenpilze wird der Leberreischling durch Trocknen schnell zäh, deshalb sollte man lieber die fertigen Gerichte einfrieren.

TIPS FÜR DIE ZUBEREITUNG

Schneiden Sie alles ab, was von der Baumrinde noch am Pilz hängt. Trennen Sie die einzelnen Schichten und wischen Sie sie mit einem feuchten Tuch ab. Wegen des leicht metallischen und bitteren Beigeschmacks schneidet man den Pilz am besten in Streifen und legt ihn zwei Stunden in Milch ein. Dann kann man ihn wie ein Steak mit Zwiebeln, Basilikum und Knoblauch grillen. Gut schmeckt er auch in Suppen und Eintöpfen, denen er abgesehen vom Aroma auch Farbe gibt.

Flammulina velutipes

SAMTFUSSRÜBLING

Wie der Name bereits andeutet, besitzt dieser Pilz einen dunklen, samtartigen Stiel. Normalerweise wächst er in den Wintermonaten und kann auch Frost vertragen, möglicherweise braucht er sogar Minustemperaturen zum Gedeihen. Selbst Dauerfrost übersteht er unbeschadet.

BESTIMMUNG

Der Hut mißt 3-10 cm im Durchmesser und ist ziemlich flach gewölbt. Die Farbe ist hellorange, an den Rändern etwas heller und zur Mitte hin etwas dunkler. Die Oberfläche ist ziemlich glatt, glänzend und etwas klebrig. Der Stiel ist 1-3 cm hoch, sehr zäh und, wie der Name sagt, vor allem an der Basis samtig und dunkel. Das Fleisch des Hutes ist gelb, das des Stieles braun und riecht praktisch nach nichts. Die Lamellen sind blaßgelb, die Sporenfarbe ist weiß.

VORKOMMEN UND JAHRESZEIT

Der Samtfußrübling wächst oft in sehr umfangreichen Büscheln auf totem oder faulendem Holz, vor allem Ulmen- oder Eichenholz und Stechginsterwurzeln. Die Saison ist lang, da der Pilz den ganzen Winter über gedeiht. Der Samtfußrübling ist deshalb ein guter Lückenfüller, wenn es wenig andere Pilze gibt.

LAGERUNG

Die beste Methode ist Trocknen und Zerstoßen.

TIPS FÜR DIE ZUBEREITUNG

Da die Pilze recht zäh sind, sollte man sie am besten trocknen. Verwendet man sie frisch, trennt man den größten Teil des Stiels ab und schneidet die Hüte blättrig. Samtfußrüblinge verleihen Suppen und Eintöpfen ein schönes Aroma, man muß sie allerdings gut durchgaren.

Links *Der Pilz ist wegen der unüblichen Jahreszeit kaum zu verwechseln. Prüfen Sie aber, ob die Manschette am Stiel fehlt, da giftige Doppelgänger einen Ring oder Hüllreste haben.*

Grifola frondosa, Syn. Polyporus frondosus
KLAPPERSCHWAMM

Dieser ungewöhnliche Pilz wächst ähnlich wie die Krause Glucke an der Basis von Baumstämmen und kann einen beträchtlichen Umfang erreichen. Die vielen Hüte sind zusammengewachsen, und ein großes Exemplar kann daher ein Festmahl für viele Esser werden. Der Pilz ist schmackhaft und recht selten. Merken Sie sich den Standort, denn er wird dort sicherlich nachwachsen.

BESTIMMUNG
Der Fruchtkörper ist 10-15 cm breit und besteht aus einem Mittelstück mit vielen Nebenstielen, die jeweils einen Hut tragen. Jeder Hut mißt 3-7 cm im Durchmesser und hat einen runzligen Rand. Der gesamte Fruchtkörper ist gräulich, färbt sich aber mit zunehmendem Alter braun. Die Stiele sind blaßgrau. Der Klapperschwamm hat keine Lamellen, sondern Röhren, die 2-3 mm lang sind und am Stiel herablaufen. Das weiße Fruchtfleisch strömt einen etwas modrigen Geruch aus.

VORKOMMEN UND JAHRESZEIT
Der Pilz wächst unten an Eichen- oder anderen Laubbaumstämmen, gelegentlich auch an Baumstümpfen. Die Saison dauert vom Herbst bis zum frühen Winter.

Unten und unten links *Die kleinen Hüte müssen sich überlagern. Das Fleisch wird bei Druck nicht braun.*

LAGERUNG
Am besten Dörren, ansonsten können Sie auch fertige Gerichte einfrieren.

TIPS FÜR DIE ZUBEREITUNG
Der Klapperschwamm muß sehr gründlich gereinigt werden, da sich viel Schmutz an ihm befinden kann. Wegen der zähen Konsistenz kann er vor der Zubereitung ohne weiteres kalt abgespült werden. Der schmackhafte Pilz kann in vielen Wildpilzgerichten Verwendung finden, sollte aber wegen der zähen Struktur immer gut durchgegart werden. Getrocknet und zerstoßen kann er Suppen und Eintöpfen zugesetzt werden.

Hydnum repandum

SEMMELSTOPPELPILZ

Diese kleinen Prachtstücke sind auf dem Waldboden meist schwer zu entdecken. Hartnäckige Suche wird jedoch belohnt, denn der Pilz ist bei Sammlern recht beliebt.

Stacheln an der Hutunterseite.

Sehr dicker, stabiler Stiel.

BESTIMMUNG

Der semmelgelbe Hut mißt 2-15 cm, ist ausgebreitet mit leichtem Nabel und eingerolltem Rand. Der flaumige Stiel ist 3,5-7,5 cm hoch und recht knollig. Seine Farbe ist weiß, an Schnittflächen jedoch gelb. Anstelle von Poren bzw. Röhren weist der Semmelstoppelpilz kleine stoppelige Stacheln auf, denen er seinen Namen verdankt. Das Fleisch ist weiß und riecht sehr angenehm. Das Sporenpulver ist cremefarben.

VORKOMMEN UND JAHRESZEIT

Der Pilz wächst in großen Gruppen unter Laub- und Nadelbäumen, meist an relativ feuchten Stellen, so etwa an Entwässerungsgräben oder auf Moospolstern. Die Saison dauert vom Spätsommer bis zum späten Herbst.

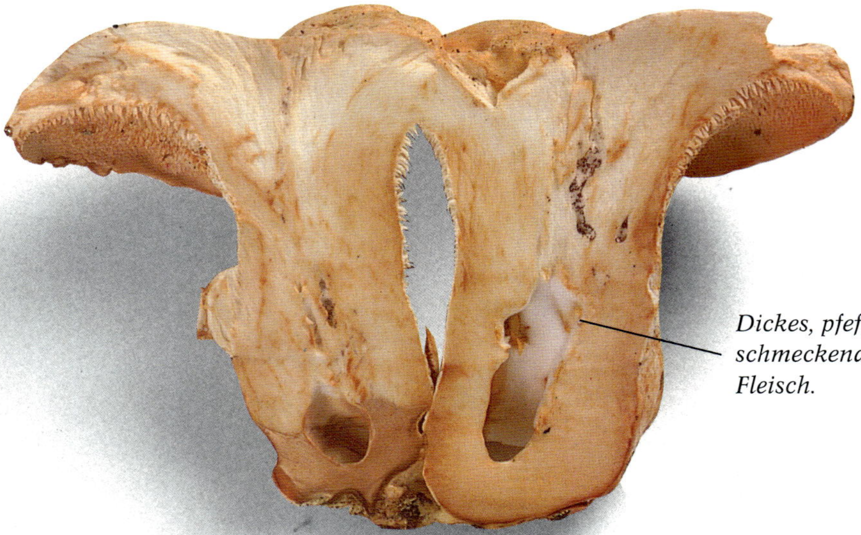

Dickes, pfeffrig schmeckendes Fleisch.

LAGERUNG

Der Pilz läßt sich am besten blättrig geschnitten und getrocknet aufbewahren, kann aber auch in Öl oder Essig eingelegt werden.

TIPS FÜR DIE ZUBEREITUNG

Nach dem Reinigen können kleinere Exemplare im ganzen zubereitet oder auch blättrig geschnitten werden. Bei größeren Pilzen sollte man die Stacheln entfernen, denn obwohl sie im Prinzip eßbar sind, wirken sie wie Härchen, die im fertigen Gericht unappetitlich aussehen. Der Semmelstoppelpilz ist vielseitig und paßt gut zu Fleisch und Fisch, kann aber wegen seines ausgezeichneten Aromas auch allein zubereitet werden.

Links *Die Hutfarbe reicht von rosiggelbbraun bis zu dieser seltenen weißen Variante.*

Hypholoma sublateritium

ZIEGELROTER SCHWEFELKOPF

Diese schmackhaften kleinen Pilze tauchen im Herbst büschelweise auf. Eine Verwechslung mit dem giftigen Grünblättrigen Schwefelkopf *(Hypholoma fasciculare)* ist jedoch leicht möglich, so daß man diesen Pilz sehr sorgfältig bestimmen muß.

BESTIMMUNG

Der Hut ist 4-10 cm breit und stark gewölbt, bei reifen Exemplaren oft auch ganz flach. Der Hut ist ziegelrot, in der Mitte dunkler und am Rand meist blasser gefärbt. Der 5-18 cm lange Stiel ist weißlich, verfärbt sich aber an Schnittflächen oft dunkler und ist mit schuppigen Resten der Innenhülle überzogen. Die Lamellen sind grau-purpurfarben, das Fleisch ist blaßgelb und zum Stiel hin etwas dunkler. Der Ziegelrote Schwefelkopf weist einen deutlichen Pilzgeruch auf.

Unten *Die Hüllreste an den Huträndern, die robusten, fleischigen Hüte und Stiele sind hier deutlich zu sehen. Die abgebildeten Exemplare sind ungewöhnlich naß und klebrig.*

VORKOMMEN UND JAHRESZEIT

Dieser Pilz wächst in Büscheln auf Stümpfen alter Laubbäume. Die Saison dauert vom Spätherbst bis zum Winter. Der Pilz ist recht verbreitet.

LAGERUNG

Zum Lagern eignen sich nur die Hüte, am besten im ganzen getrocknet.

TIPS FÜR DIE ZUBEREITUNG

Sammeln Sie nur junge Exemplare, denn die schmecken am besten. Leicht angebraten bereichern sie jedes Gericht.

Ganz unten *Wenn die Sporen reifen, werden die Lamellen purpurfarben, sind aber nie grünlich-gelb wie beim Grünblättrigen Schwefelkopf.*

Laccaria amethystea

Amethyst-Lacktrichterling

Der Amethyst-Lacktrichterling gedeiht in großen Gruppen, ist ein farbenprächtiger, guter Speisepilz und läßt sich hervorragend zubereiten.

BESTIMMUNG
Der Hut ist 1-5 cm breit, zunächst gewölbt, breitet sich aber mit zunehmendem Alter aus, wobei sich ein kleiner Nabel in der Mitte bildet. Wird der eigentlich tief lilafarbene Pilz trocken, färbt er sich fast gelbbraun. Der 4-10 cm hohe Stiel ist hohl und weist unter dem Hut kleine weiße Fasern auf. Die Lamellen haben die gleiche Farbe wie der Hut. Das dünne Fruchtfleisch ist lilafarben. Einen besonderen Geruch hat der Pilz nicht. Das Sporenpulver ist weiß.

VORKOMMEN UND JAHRESZEIT
Den Amethyst-Lacktrichterling findet man in Nadel- und Laubwald, oft unter Buchen und Kastanien. Saison ist vom Spätsommer bis zum frühen Winter. Er ist sehr verbreitet.

LAGERUNG
Der Pilz läßt sich gut trocknen. Man kann ihn auch mit Gewürzen in Alkohol einlegen und die Mischung als ungewohnte, aber leckere Zutat über Eiscreme oder andere Desserts geben.

TIPS FÜR DIE ZUBEREITUNG
Da diese Pilze recht dicht wachsen und entfernt stehende Lamellen besitzen, kommt es oft zu Verschmutzungen. Man muß sie daher gut reinigen. Sollen Amethyst-Lacktrichterlinge in Alkohol eingelegt werden, muß man sie erst blanchieren und nach dem Einlegen unbedingt im Kühlschrank aufbewahren, damit sie nicht gären. Sie schmecken auch frisch exzellent.

Bei trockenem Wetter verblaßt die Hutfarbe stark.

Links *Die Pilze sind am Waldboden gut zu erkennen.*

Laccaria laccata

Rötlicher Lacktrichterling

Ebenso wie der Amethyst-Lacktrichterling wächst auch der Rötliche Lacktrichterling in großen Gruppen.

BESTIMMUNG

Der Hut des Rötlichen Lacktrichterlings ist meist etwas größer als beim amethystfarbenen, jedoch ebenfalls zunächst gewölbt und später ausgebreitet. In offenem Zustand ähnelt er manchmal dem Pfifferling. Die Farbe ist goldbraun bis blaßrot und wird heller, wenn der Pilz trocknet. Der Stiel ist 5-10 cm hoch, farblich dem Hut ähnlich und oft gedreht. Die Lamellen stehen weit entfernt. Das Fleisch ist blaß rotbraun und weist keinen besonderen Geruch auf. Das Sporenpulver ist weiß.

VORKOMMEN UND JAHRESZEIT

In Nadel- und Laubwäldern vom Spätsommer bis zum frühen Winter.

LAGERUNG

Die beste Methode ist das Dörren.

TIPS FÜR DIE ZUBEREITUNG

Wie der Amethyst-Lacktrichterling muß auch dieser Pilz zunächst gründlich gereinigt werden. Für das Einlegen in Alkohol gilt das gleiche wie für den Amethyst-Lacktrichterling.

Rechts und unten *Der Rötliche Lacktrichterling ist ungemein variabel. Es kann Jahre dauern, bis man ihn in jeder Gestalt sicher erkennt.*

Lactarius deliciosus

EDELREIZKER

SYN. KIEFERNBLUTREIZKER

Der Edelreizker ist ein leuchtend bunt gefärbter Pilz. Da er sehr niedrig bleibt und häufig auf sandigen Böden wächst, ist die Reinigung oft nicht ganz einfach. Der hohle Stiel begünstigt Parasitenbefall. Daher sammelt man am besten nur junge Exemplare, die natürlich andererseits reif genug für eine sichere Bestimmung sein müssen, da es sonst leicht zu Verwechslungen mit den beiden giftigen Verwandten dieses Reizkers kommen kann, dem Birkenreizker *(Lactarius torminosus)* und dem Flaumigen Milchling *(Lactarius pubescens)*.

Oben *Hier sieht man, daß der Hut mit steigendem Alter fast zu silberweiß oder zu einem matt-grünlichen Ton verblaßt. Pflücken Sie Edelreizker, solange der Hut noch orangegelb ist.*

BESTIMMUNG

Der Hut ist 3-12 cm breit, gewölbt und in der Mitte trichterförmig vertieft. Er weist konzentrische Ringe auf und ist safrangelb gefärbt. An Schnitt-

Hut mit konzentrischen Ringen.

Druckstellen verfärben sich grün.

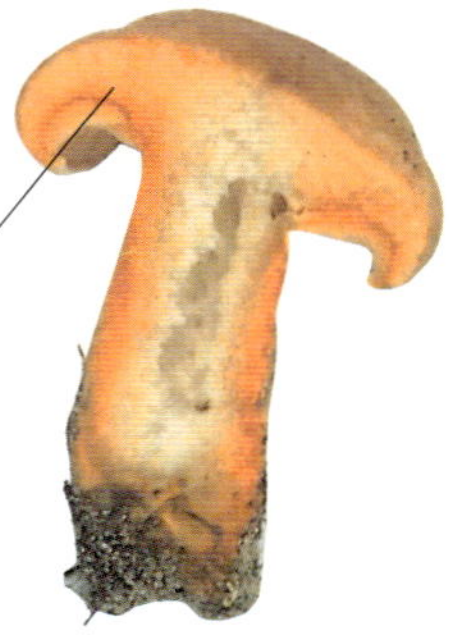

Aus Schnittflächen tritt orangefarbener Saft aus.

flächen tritt ein safrangelber Saft aus. Der glatte, eingerollte Rand ist ein gutes Erkennungsmerkmal, denn weder beim Flaumigen Milchling noch beim Birkenreizker ist der Rand glatt. Der hohle Stiel wird 3-6 cm hoch, blaßgelb mit orangefarbenen Flecken und verfärbt sich an Schnitt- und Druckstellen grünlich. Die gedrängt stehenden Lamellen sind safrangelb, das Fleisch etwas heller. Der Edelreizker ist kräftiger gefärbt als seine beiden Doppelgänger; auch dies ist ein wichtiges Unterscheidungsmerkmal.

VORKOMMEN UND JAHRESZEIT
Der Pilz wächst immer unter Kiefern oder Fichten, in sandigem Heideland auch am Wegesrand. Die Saison zieht sich vom Frühsommer bis weit in den Herbst hinein.

LAGERUNG
Der Reizker läßt sich ausgezeichnet lagern, am besten getrocknet oder in Öl bzw. Essig eingelegt.

TIPS FÜR DIE ZUBEREITUNG
Da der Edelreizker oft mit Sand und Kiefernnadeln verschmutzt ist, muß er gründlich gereinigt werden. Mitunter ist es sogar notwendig, die Pilze abzuwaschen; dies aber nur unmittelbar vor der Zubereitung. Auch sollten sie dann gründlich getrocknet werden, bevor man sie blättrig schneidet und gart. Der Pilz ist wegen seiner festen Konsistenz und seines guten Geschmacks sehr beliebt.

Unten *Bei jungen Exemplaren ist der Rand eingerollt.*

Rechts *Der Edelreizker ist von kräftigerer Farbe als die giftigen* Lactarius-*Arten.*

Laetiporus sulphureus

SCHWEFELPORLING

Der Schwefelporling ist einer der auffälligsten Konsolenpilze und wächst oft recht früh in der Pilzsaison in großen Büscheln. Kulinarisch ist der Pilz interessant, man sollte sich aber auf junge Exemplare beschränken.

BESTIMMUNG

Der Fruchtkörper kann 15-50 cm breit werden und ist oft fächerig halbkreisförmig mit glatt abgerundeten Kanten. Die Farbe ist auffällig zitronen- bis orangegelb, dunkelt aber später etwas nach. Die Fruchtkörper wirken wie mit Samt überzogen. Die Poren sind gelb. Das Fleisch des jungen Pilzes ist zart, an Schnittstellen tritt gelber Saft aus. Der Geruch ist durchdringend und etwas beißend.

VORKOMMEN UND JAHRESZEIT

Der Pilz wächst an Laubbäumen, vor allem an Eichen und Edelkastanien, oft jedoch auch an Eiben, Kirschbäumen und Weiden. Die Saison dauert meist vom späten Frühling bis zum frühen Herbst, nach milden Wintern lohnt es sich jedoch auch früher, nach ihm Ausschau zu halten.

LAGERUNG

Beim Dörren wird der Schwefelporling zäh, deshalb sollte man ihn lieber frisch verwenden und das fertige Gericht einfrieren.

TIPS FÜR DIE ZUBEREITUNG

Lassen Sie ältere, zähe Pilze stehen und wählen Sie ausschließlich junge Exemplare. Die Reinigung kann etwas schwierig sein. Man trennt dazu am besten die einzelnen Schichten und bürstet sie vorsichtig ab. Aufgrund seiner festen Konsistenz kann man diesen Pilz auch ohne weiteres abwaschen, um Insekten oder Schmutz zu entfernen. Um ihm den etwas bitteren Beigeschmack zu nehmen, sollte man den Pilz vor der weiteren Zubereitung zwei bis drei Minuten in kochendem Salzwasser blanchieren. Konsistenz und Aroma des gegarten Pilzes erinnern an Hühnchen, er wird deshalb von Köchen sehr geschätzt. Der Schwefelporling eignet sich vorzüglich für vegetarische Gerichte, beispielsweise in einem Risotto oder in einem Curry.

Unten *Der Riesenporling* (Meripilus giganteus) *kann einen Durchmesser von 90 cm erreichen. Das Fruchtfleisch schwärzt auf Druck, ist aber bei sehr jungen Exemplaren eßbar.*

Unten links und unten *Im ganz jungen Zustand haben die merkwürdigen Klumpen des* Laetiporus sulphureus *noch wenig Ähnlichkeit mit dem späteren eleganten Konsolenpilz.*

Ganz unten *Der Fruchtkörper hält sich ziemlich lange, wird aber mit zunehmendem Alter weich, schwammig und blaß. Sammeln sollte man nur die leuchtend gelben jungen Pilze.*

Langermannia gigantea

RIESENBOVIST

Links *Hecken und Gräben gehören zu den bevorzugten Standorten des Riesenbovistes.*

Der Riesenbovist kann zu enormer Größe heranreifen. In der Zubereitung ist er sehr vielseitig, allerdings sollte man darauf achten, frische, junge Exemplare zu sammeln, die hohl klingen, wenn man oben auf den Fruchtkörper klopft. Hat sich das Fruchtfleisch verfärbt, ist der Riesenbovist als Speisepilz wertlos. Das Reifestadium stellen Sie fest, indem Sie den Pilz in der Mitte durchschneiden. Das Messer sollte das Fleisch nicht reißen, sondern hindurchgleiten.

BESTIMMUNG

Der Fruchtkörper wird 5-80 cm groß, man hat sogar schon Exemplare von 120 cm Durchmesser entdeckt. Im jungen Zustand sieht der Bovist appetitlich weiß aus, später wird die Außenhaut gelb, reißt auf und gibt die

Beim jungen Pilz ist das Fruchtfleisch fest und weiß.

Sporen frei. Dann sollte man den Pilz nicht mehr verwenden.

VORKOMMEN UND JAHRESZEIT
Der Riesenbovist wächst in Gärten, auf Viehweiden, in Wäldern und an verschiedenen anderen Standorten, etwa an Dämmen. Man findet ihn vom Frühsommer bis zum späten Herbst, es sei denn, das Wetter ist sehr trocken, dann gedeiht er nicht. Meist stehen mehrere Exemplare relativ dicht beieinander. Der Pilz wächst jedes Jahr an derselben Stelle.

LAGERUNG
Riesenboviste kann man schlecht aufbewahren. Daher sollte man sie am besten sofort zubereiten und das fertige Gericht einfrieren.

TIPS FÜR DIE ZUBEREITUNG
Der Pilz erfordert so gut wie keine Mühe. Man wischt die Fruchtkörper feucht ab und schlägt sie in Frischhaltefolie ein, sofern man sie nicht sofort verarbeitet. Im Kühlschrank halten sie sich bis zu drei Tage. Der Riesenbovist paßt hervorragend in alle Mischpilzgerichte, Suppen und Eintöpfe. In Scheiben geschnitten, paniert und in Speck gebraten ergibt er ein leckeres ›englisches Frühstück‹.

Links und oben *Hier ist ein anderer großer eßbarer Bovist abgebildet, der Beutelstäubling* (Calvatia excipuliformis), *den man oft in Gruppen in Waldgebieten findet.*

Leccinum scabrum

BIRKENPILZ

SYN. BIRKENRÖHRLING

Wenn auch nicht so sehr geschätzt wie die Heide-Rotkappe, ist der Birkenpilz doch recht schmackhaft. Man sollte sich allerdings ausschließlich auf junge Exemplare beschränken, da ältere Pilze meist sehr feucht und schwammig sind.

BESTIMMUNG

Der Hut ist 5-12 cm breit und mittelbraun. Er ist trocken, kann jedoch bei feuchter Witterung auch etwas klebrig werden. Der 7-20 cm hohe Stiel ist weiß mit braun-schwärzlich gesprenkelten Schuppen. Die Poren sind braun. Das Fleisch ist weiß und strömt einen angenehmen Geruch aus. Das Sporenpulver ist weiß.

VORKOMMEN UND JAHRESZEIT

Der Pilz wächst unter Birken, daher sein Name. Die Saison dauert vom Sommer bis zum Spätherbst.

LAGERUNG

Birkenpilze sollte man am besten dörren. In Stücke geschnitten entweder an der Luft oder im elektrischen Dörrgerät trocknen.

TIPS FÜR DIE ZUBEREITUNG

Da dieser Pilz relativ weich ist, verwendet man ihn vorzugsweise mit anderen Sorten zusammen in Mischpilzgerichten oder in Pilzsuppen.

Rechts *Der Birkenpilz wird neuerdings in mehrere eng verwandte Unterarten unterteilt, die jedoch alle eßbar sind.*

Leccinum versipelle

HEIDE-ROTKAPPE

SYN. BIRKEN-ROTKAPPE

Dieser Röhrling ist ein echter Leckerbissen. Er kann recht groß werden und ist vorwiegend unter Birken zu finden.

BESTIMMUNG

Der Hut mißt 6-25 cm im Durchmesser und weist eine hübsche orangerote Farbe auf. Er wirkt zunächst etwas flaumig, wird dann aber je nach Witterung glatt oder sogar geschuppt, meist fühlt er sich trocken an. Der Stiel kann bis zu 20 cm lang werden, er ist weiß bis gräulich und mit braunen bis schwärzlichen Schuppen bedeckt. Bei jüngeren Exemplaren erscheinen an Druckstellen leuchtend stahlblaue Flecken. Die Poren sind gebrochen weiß bis grau. Das Fleisch ist hell und mit zunehmendem Alter schwärzlich. Der Geruch ist recht appetitlich. Schneidet man den Pilz längs durch, färbt er sich innen schwarz. Das sollte Sie aber nicht abschrecken, denn er schmeckt sehr gut. Das Sporenpulver ist hellbraun.

VORKOMMEN UND JAHRESZEIT

Der Pilz wächst vom Hochsommer bis zum Spätherbst unter Birken und in Gebüschen.

LAGERUNG

Da die Heide-Rotkappe einen beträchtlichen Umfang erreicht, wird sie am besten blättrig geschnitten, bevor man sie trocknet.

TIPS FÜR DIE ZUBEREITUNG

Meist reicht es, wenn man den Hut mit einem feuchten Tuch abwischt und losen Schmutz vom Stiel abbürstet. Der vielseitige Pilz wird von Chefköchen sehr geschätzt.

Schnittstellen werden rötlich-lila und später schwarz.

Die Schuppen am Stiel werden beim Anfassen dunkler.

Birkenblätter sind ein Hinweis auf den bevorzugten Standort des Pilzes.

Oben *Die Hüte erreichen oft eine viel größere Spannweite im Vergleich zum Stiel als hier gezeigt. Die Farbe verblaßt gelegentlich zu einem matten Gelbbraun.*

Oben *Der Hut kann mit zunehmendem Alter recht filzig und schuppig werden, vor allem in der Mitte.*

Lepista nuda

VIOLETTER RÖTELRITTERLING

Der Violette Rötelritterling freut den Sammler, weil er spät im Pilzjahr auftaucht. Allerdings muß man vorsichtig sein, da gelegentlich allergische Reaktionen auftreten. Probieren Sie erst nur ein kleines Stück und seien Sie auch vorsichtig, wenn Sie den Pilz Gästen servieren wollen. Achten Sie darauf, ihn nie roh, sondern stets gut durchgegart zu verzehren.

BESTIMMUNG

Der Hut ist 6-12 cm breit, zunächst gewölbt und schließlich flach ausgebreitet, mitunter mit deutlich eingerolltem Rand. Zu Beginn ist der Hut kräftig blauviolett gefärbt, wird jedoch mit zunehmendem Alter fast glänzend hellbraun, im trockenen Zustand noch blasser. Der 5-9 cm hohe Stiel weist eine violette Zeichnung auf. Die Lamellen stehen gedrängt und sind kräftig lilafarben, werden jedoch niemals braun, auch wenn sie im Alter etwas ausblassen. Am besten wählt man junge Exemplare, die noch leuchtend violett gefärbt sind, da diese am aromatischsten

Die Lamellen bleiben lila und verfärben sich niemals braun.

Glatte Hutoberfläche.

Zäher, faseriger Stiel.

sind. Das bläuliche Fleisch duftet gut, die Sporenfarbe ist blaßrosa.

VORKOMMEN UND JAHRESZEIT
Der Violette Rötelritterling wächst überall im Mischwald, in Hecken und in Gärten, gelegentlich auch auf Brachflächen. Seine Saison dauert vom Herbst bis in den frühen Winter hinein. Der Pilz ist recht verbreitet und tritt oft in Massen auf.

LAGERUNG
Da der Violette Rötelritterling vor der Zubereitung abgekocht werden muß, sollte man ihn lieber nicht trocknen. Er hält sich aber gut, wenn man ihn blanchiert und in Weinessig, kaltgepreßtes Olivenöl oder mit Gewürzen in Alkohol einlegt. In Alkohol muß er allerdings im Kühlschrank aufbewahrt werden, damit es nicht zur Gärung kommt. Farbe und Duft dieses Pilzes passen zu süßen ebenso wie zu pikanten Gerichten.

TIPS FÜR DIE ZUBEREITUNG
Der Pilz läßt sich gut reinigen. Wischen Sie einfach den Hut ab und entfernen Sie den Stiel. Der Violette Rötelritterling eignet sich für alle Pilzgerichte, paßt aber wegen seines kräftigen Duftes besonders gut zu würzigen Gemüsen wie Zwiebeln und Lauch. Bedenken Sie aber, daß manche Menschen allergisch auf diesen Pilz reagieren.

Oben *Man sieht hier, daß die Hüte glatt und nicht klebrig sind. Die Lamellen bleiben lila und werden niemals braun wie bei einigen ähnlichen Arten, etwa* Cortinarius.

Rechts *Diese Exemplare stehen zwar unter Kiefern, doch findet man den Violetten Rötelritterling auch in Laubwäldern und sogar in Gärten.*

Lepista saeva, Syn. L. personata

LILASTIEL-RÖTELRITTERLING

SYN. MASKIERTER RÖTELRITTERLING

Der Lilastiel-Rötelritterling ist meist auf Wiesen zu finden und oft im hohen Gras wegen seiner geringen Stielhöhe nicht leicht auszumachen. Der Name weist auf seinen leuchtend violett gefärbten Stiel hin. Am besten sammelt man nur junge Exemplare, da der Pilz oft von Maden befallen wird. Denken Sie auch daran, daß dieser Pilz ebenso wie sein violetter Namensvetter stets vor dem Verzehr abgekocht werden muß und manche Leute allergisch auf ihn reagieren.

BESTIMMUNG

Der Hut mißt 6-12 cm im Durchmesser. Er ist zunächst gewölbt, wird schließlich aber flacher und weist dann manchmal eine leichte Vertiefung in der Mitte auf. Der Hut hat eine unscheinbar gelbbraune Färbung, glänzt dafür aber hübsch. Der 3-6 cm hohe Stiel ist der interessanteste Teil dieses Pilzes. Oft ist er knollig und mit einer lila Zeichnung versehen. Die gedrängten Lamellen sind weißlich. Das Fleisch ist relativ dick und weiß bis fleischfarben. Es duftet so ähnlich wie der Violette Rötelritterling. Das Sporenpulver ist blaßrosa.

Diese beiden Exemplare sind genau im richtigen Reifestadium zum Pflücken.

VORKOMMEN UND JAHRESZEIT

Der Pilz wächst oft in vielköpfigen Hexenringen auf Wiesen und Weiden.

Die Saison dauert bis zu den ersten Winterfrösten, manchmal sogar noch länger, da der Pilz leichten Frost verträgt.

LAGERUNG

Auch der Lilastiel-Rötelritterling muß vor dem Verzehr abgekocht werden. Am besten blanchiert man ihn und legt ihn in Weinessig oder kaltgepreßtes Olivenöl ein. Soll er als Dessert serviert werden, kann man ihn auch mit Gewürzen in Alkohol einlegen.

TIPS FÜR DIE ZUBEREITUNG

Der Lilastiel-Rötelritterling ähnelt seinem violetten Namensvetter und gibt, blättrig geschnitten, genau wie dieser Eintöpfen ein schönes Aroma.

Oben *Hier sieht man deutlich, daß der Hut im Gegensatz zum Violetten Rötelritterling keine Spur einer lila Färbung zeigt.*

S P E I S E P I L Z E

Macrolepiota procera

PARASOLPILZ

SYN. RIESENSCHIRMLING

Unten *Der Pilz gedeiht meist nicht im Wald, sondern auf Wiesen.*

Unten links *Achten Sie auf die dunklen Schuppen auf dem Hut, den weißen Ring und die Bänderung am Stiel.*

Der Parasolpilz kann recht groß werden und hat eine lange Saison. Der Pilz erscheint Jahr für Jahr an denselben Stellen und wächst mehrfach im selben Jahr nach. Der Name Parasolpilz weist auf seine wie ein Sonnenschirm geformte Silhouette hin.

BESTIMMUNG

Der 10-25 cm breite oder sogar noch ausladendere Hut ist zunächst kugelig, wird dann aber zunehmend flacher mit aufgewölbter Hutmitte. Er ist blaß gelbbraun und mit dunkleren, rauhen Schuppen in symmetrischen Mustern bedeckt. Der Stiel ist 15-30 cm hoch, weiß und besitzt einen breiten Ring. Die Lamellen sind weiß. Das dünne Fleisch ist weiß und riecht leicht süßlich, wenn auch nicht sehr ausgeprägt. Auch das Sporenpulver ist weiß. Dieser Pilz bleibt in der Regel von Maden verschont, sollte allerdings nur in trockenem Zustand gesammelt werden, weil er Feuchtigkeit aufsaugt und dann ziemlich matschig wird.

VORKOMMEN UND JAHRESZEIT

Lichte Wälder und Viehweiden, auch in Hecken am Straßenrand. Die Saison dauert vom Frühsommer bis zum Spätherbst.

LAGERUNG

Der Parasolpilz eignet sich gut zum Trocknen. Werfen Sie die zähen Stiele weg, zerteilen Sie die Hüte und dörren Sie sie. Die getrockneten Stücke lassen sich gut einweichen und eignen sich hervorragend für Suppen und Eintöpfe.

TIPS FÜR DIE ZUBEREITUNG

Dieser Pilz ist meist sauber und frei von Maden, so daß die Reinigung kaum Aufwand erfordert. Achten Sie aber darauf, daß kein Schmutz auf dem Hut verbleibt, drehen Sie den Stiel aus dem Ansatz heraus und schneiden Sie den Hut in Stücke. Etwas ungewöhnlich, aber schmackhaft ist es, die Pilzstücke in einen Bierteig zu tauchen und zu fritieren. Man kann die Stücke auch in gewürztem Mehl wenden und braten oder fritieren. Das Ergebnis ist eine knusprige Vorspeise oder leckere Beilage.

Macrolepiota rhacodes

SAFRANSCHIRMLING

SYN. RÖTENDER SCHIRMLING

Der Safranschirmling ist etwas kleiner als der Parasolpilz oder Riesenschirmling. Er ist zwar eßbar, kann aber zu Magenverstimmungen führen.

BESTIMMUNG

Der Hut ist 5-12 cm breit, zunächst eiförmig und entfaltet sich dann zu einem fast flachen Schirm. Die Zeichnungen auf der Hutoberseite sind nicht so ausgeprägt wie beim Parasolpilz, dafür hat der Hut aber eine recht faserige Konsistenz. Der 10-15 cm hohe Stiel ist gebrochen weiß und rosigbraun überhaucht. Die Lamellen sind erst weiß, färben sich aber mit zunehmendem Alter rot. Das weißliche Fleisch färbt sich an Druckstellen rötlich-braun oder rosa, Schnittflächen röten. Der Pilz duftet aromatisch. Das Sporenpulver ist weiß.

VORKOMMEN UND JAHRESZEIT

Der Pilz wächst in Waldgebieten und Gebüsch aller Art, oft in Verbindung mit Nadelhölzern oder unter Hecken, auch an Straßenrändern, von Frühsommer bis Spätherbst.

LAGERUNG

Der Safranschirmling läßt sich hervorragend trocknen. Werfen Sie die Stiele weg, schneiden Sie die Hüte klein und dörren Sie sie. Nach dem Einweichen eignen sie sich ausgezeichnet als Zutat für Suppen, Eintöpfe und Mischpilzgerichte aller Art.

TIPS FÜR DIE ZUBEREITUNG

Auch der Safranschirmling braucht kaum gereinigt zu werden; Abbürsten genügt meist völlig. Wenn Sie frische Pilze zubereiten, werfen Sie die Stiele weg und schneiden Sie die Hüte klein. Fritieren oder Pilzgerichten zugeben; kleinere Hüte eignen sich gut zum Füllen.

Oben *Hier sehen Sie die typische dunkelbraune Waldform. In Gärten findet sich mitunter eine größere, weiße Form mit sehr knolliger Stielbasis.*

Links *Die Stiele sind oft tief in der Laubschicht verborgen. Achten Sie auf die typische knollig verdickte Stielbasis.*

Marasmius oreades

FELDSCHWINDLING

SYN. NELKENSCHWINDLING

Dieser Pilz erscheint als einer der ersten im Frühling und ist ebenso hübsch anzusehen wie schmackhaft. Doch Vorsicht: Er hat einen giftigen Doppelgänger, den Rinnigbereiften Trichterling *(Clitocybe rivulosa)*, der in sehr ähnlicher Weise an den gleichen Standorten vorkommt. Die Unterschiede zwischen beiden muß man genau kennen. Auch wenn beim ausgewachsenen Pilz nur noch wenig Ähnlichkeit besteht, sollte man ausgesprochene Vorsicht walten lassen.

BESTIMMUNG

Der Hut ist 2-5 cm breit, zunächst konvex und später ausgebreitet mit leicht gewölbter Mitte. Die Farbe ist gelbbraun und wird bei Trockenheit erheblich blasser. Der 2-10 cm hohe Stiel ist zäh, deshalb sollte man ihn gleich beim Pflücken ganz abschneiden. Die Lamellen sind weiß bis gelbbraun und ziemlich entfernt stehend. Das Fleisch ist dick, die Sporenfarbe weiß.

VORKOMMEN UND JAHRESZEIT

Feldschwindlinge bilden vom Frühling bis zum Spätherbst Hexenringe im kurzen Gras alter Wiesen und Weiden, der Pilz ist recht verbreitet. Wichtig ist die Unterscheidung zwischen dem Feldschwindling und dem Rinnigbereiften Trichterling. Letzterer wächst ebenfalls in Ringen, oft in weniger als einem Meter Abstand zum Feldschwindling. Farbe und Lamellen sind allerdings ziemlich unterschiedlich: So laufen die Lamellen beim Feldschwindling nicht am Stil herab. Außerdem taucht der Rinnigbereifte Trichterling nicht so früh auf wie der Feldschwindling.

Die Hüte junger Pilze sind dunkler gefärbt.

Zähe, faserige Stiele.

Entfernt stehende, dicke hellbraune Lamellen.

Die Lamellen laufen nicht am Stiel herab.

Links *Ein klassischer Hexenring von mehreren Metern Durchmesser, manche Ringe können jedoch bis zu hundert Meter erreichen!*

LAGERUNG

Diese Pilze sind frisch eine Delikatesse, lassen sich aber auch gut dörren. Blanchiert und in gewürzten Cinzano, kaltgepreßtes Olivenöl, Wein oder Apfelwein eingelegt schmecken sie ausgezeichnet.

TIPS FÜR DIE ZUBEREITUNG

Wenn Sie nur saubere Exemplare sammeln und die Stiele gleich vor Ort abschneiden, brauchen Sie aller Wahrscheinlichkeit nach allenfalls ein paar Grashalme zu entfernen. Gelegentlich ist ein leichtes Abbürsten nötig, waschen sollten Sie den Pilz jedoch nicht, weil ihm das absolut nicht bekommt. Ansonsten ist er vielseitig verwendbar und paßt insbesondere gut zu Fleisch und Fisch sowie zu Mischpilzgerichten.

Unten *Oft ist das Gras dort, wo die Pilze stehen, kürzer, weil das Pilzmyzel viele Nährstoffe absorbiert.*

Morchella elata

Spitzmorchel

Syn. Hohe Morchel

Wie alle Vertreter der Morchelfamilie ein höchst delikater Speisepilz. Ebenso wie die Speisemorchel wächst die Spitzmorchel im Frühjahr. Sie sollten deshalb schon frühzeitig die Augen offenhalten.

BESTIMMUNG

Die Spitzmorchel sieht der Speisemorchel sehr ähnlich, ist jedoch viel dunkler, oft fast schwarz; die Rippen und Waben sind zu Längsreihen angeordnet. Der Hut ist häufig hoch und spitz zulaufend, der Pilz insgesamt 5-15 cm hoch.

VORKOMMEN UND JAHRESZEIT

Die Morchel wächst den ganzen Frühling hindurch in Gärten, auf Wiesen, an Straßenrändern und stillgelegten Bahngleisen.

LAGERUNG

Ebenso wie die Speisemorchel sollte die Spitzmorchel am besten getrocknet werden.

TIPS FÜR DIE ZUBEREITUNG

Vor der Zubereitung sorgfältig reinigen, dabei den Fruchtkörper halb durchschneiden und auf Befall mit Bohrasseln und anderem Ungeziefer achten. Ebenso zubereiten wie die Speisemorchel *(M. esculenta)*. Auch die Spitzmorchel muß vor dem Verzehr gut durchgegart werden.

Unten links, rechts *Eine ähnliche Unterart der Speisemorchel ist* M. vulgaris. *Man erkennt bei beiden Pilzen die zwar dunklen, dabei im Gegensatz zur Spitzmorchel aber unregelmäßigen Waben.*

Rechts *Spitzmorcheln findet man oft in großen Gruppen in Laub- und Nadelhölzern, an Bahngleisen und in Gärten.*

Morchella esculenta

SPEISEMORCHEL

Morcheln sind wundervolle Frühlingsboten. Mögliche Standorte sollte man sorgfältig untersuchen, da die Pilze sich farblich hervorragend an den jeweiligen Untergrund anpassen. Meist stehen sie allein, gelegentlich findet man zwei oder drei Exemplare auf engem Raum nebeneinander, selten jedoch mehr. Die Morchel ist ein exzellenter Speisepilz, muß jedoch unbedingt vor dem Verzehr abgekocht werden. Essen Sie Morcheln unter keinen Umständen roh.

BESTIMMUNG

Der Fruchtkörper ist 5-20 cm hoch. Er ist mit tiefen Waben überzogen und spitz zulaufend. Die Farbe ist zunächst blaßbraun und altert dann zu orangegelb nach. Der Pilz ist vollkommen hohl, das Fruchtfleisch weiß bis cremefarben.

VORKOMMEN UND JAHRESZEIT

Morcheln findet man im Gebüsch und auf Waldlichtungen, auf Brachen, am Wegesrand und an stillgelegten Bahngleisen. Ihre Jahreszeit ist der Frühling. Da Morcheln den Wind brauchen, um ihre Sporen zu verbreiten, lohnt es sich immer, von einem gefundenen Exemplar aus in Windrichtung weiterzusuchen. Meist wird man dort fündig.

LAGERUNG

Am besten getrocknet. Aufgrund der tiefen Waben mit ihren Ecken und Winkeln werden Morcheln gern von Bohrasseln und anderem Getier heimgesucht. Gründliche Reinigung ist deshalb vor dem Trocknen und Lagern unverzichtbar.

TIPS FÜR DIE ZUBEREITUNG

Am einfachsten reinigt man Morcheln, indem man sie halb durchschneidet, um eventuell im hohlen Innern verborgene unangenehme Überraschungen zu entfernen, und dann mit klarem Wasser abspült und trocknen läßt. Frische Morcheln kann man sehr gut füllen, sie passen aber auch gut zu Fleischgerichten und pikanten Saucen. Das durch das Dörren noch intensivere Aroma verleiht den Gerichten eine wunderbare Note.

Oben *Beim jungen Pilz ist der Fruchtkörper noch hell gelbbraun oder braun, die Stege der Waben sind stumpf.*

Oben *Bei der reifen Morchel verlagert sich die Farbe dagegen zu Ocker oder Orangegelb, die Stege werden schärfer.*

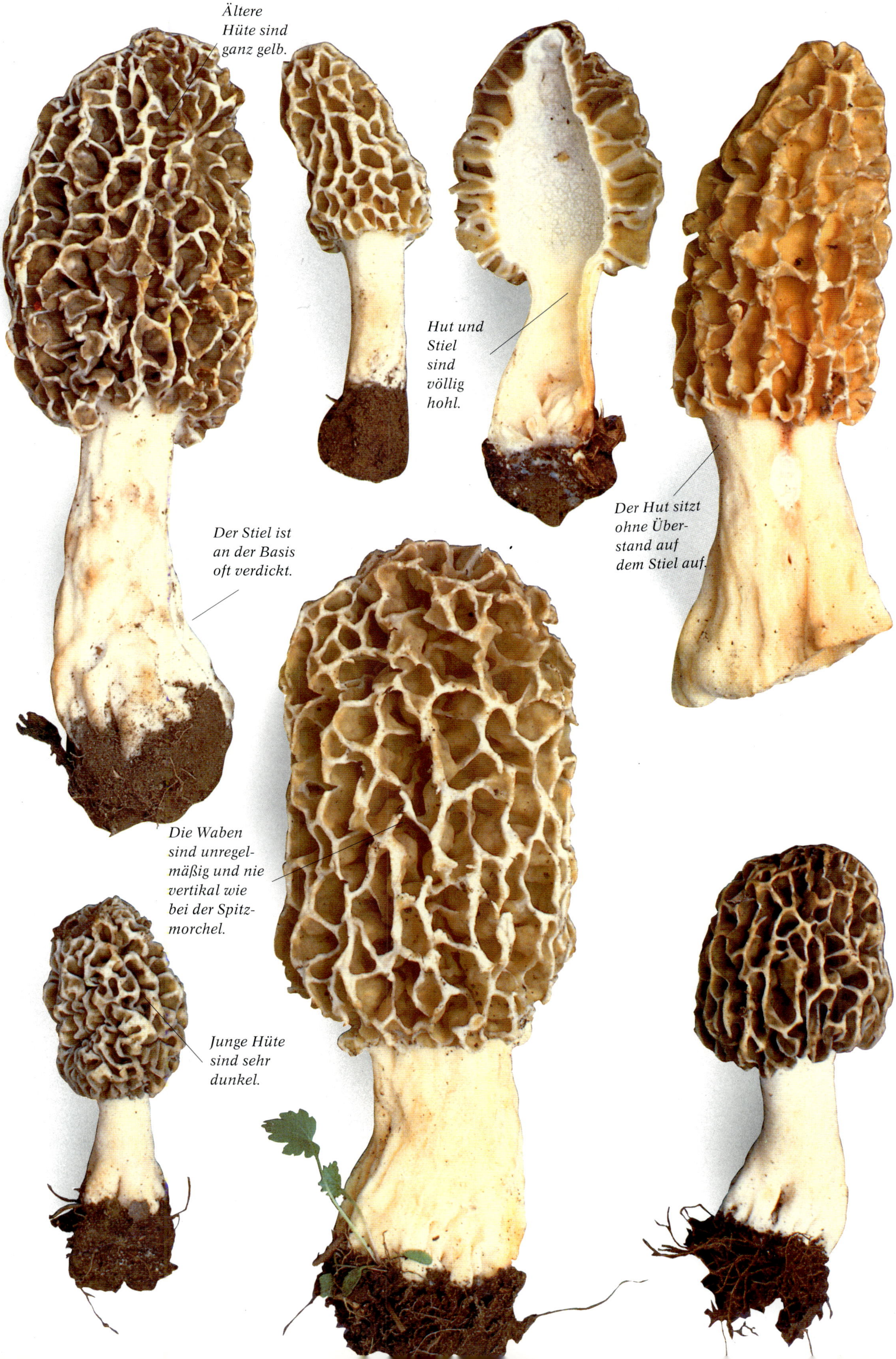
Ältere Hüte sind ganz gelb.
Hut und Stiel sind völlig hohl.
Der Hut sitzt ohne Überstand auf dem Stiel auf.
Der Stiel ist an der Basis oft verdickt.
Die Waben sind unregelmäßig und nie vertikal wie bei der Spitzmorchel.
Junge Hüte sind sehr dunkel.

Pleurotus cornucopiae

RILLSTIELIGER SEITLING

Unten *Die Stiele auf diesem Bild sind kürzer als sonst, denn sie erreichen in der Regel 5-8 cm. Typisch ist die Art, wie sie zusammengewachsen sind.*

Diese Unterart der Austernpilz-Familie ist recht weit verbreitet. Man findet sie zur gleichen Zeit und an den gleichen Baumarten wie den Austernseitling.

BESTIMMUNG

Der Hut ist 5-12 cm breit und gewölbt. Er nimmt oft eine trichterige Form an und franst an den Rändern etwas aus. Die Farbe ist weißlich mit einem magnolienfarbenen Schimmer und wird mit zunehmendem Alter fast dunkelbraun. Der Stiel ist 5-8 cm hoch. Wie bei Blumen können an einem Stiel mehrere der fächerförmigen Hüte wachsen. Die tief eingeschnittenen Lamellen laufen weit am Stiel herab; sie sind weiß bis hellbraun. Das weiße Fleisch riecht etwas mehlig. Das Sporenpulver ist lila.

VORKOMMEN UND JAHRESZEIT

Der Rillstielige Seitling wächst in dichten Büscheln auf den Stümpfen der meisten Laubbaumarten, vor allem Ulmen, Eichen und Buchen. Die Saison dauert vom Frühjahr bis zum Spätherbst.

LAGERUNG

Der Pilz trocknet gut an der Luft.

TIPS FÜR DIE ZUBEREITUNG

Wenn man den Rillstieligen Seitling vorsichtig abpflückt, braucht man nur kurz die Hüte abzuwischen. Den Stiel sollte man größtenteils wegwerfen, da er recht zäh ist, vor allem an der Ansatzstelle. Aufgrund seines sehr angenehmen Aromas bietet sich der Seitling für alle Mischpilzgerichte an.

Pleurotus ostreatus

AUSTERNSEITLING

Unten *Die graubraune Form* Pleurotus ostreatus *ist im Spätherbst und Winter zu beobachten. Im Sommer findet man eher die cremefarbene Version,* P. pulmonarius.

Austernpilze werden heute für den Handel gezüchtet und sind daher wohlbekannt. Wildwachsende Austernseitlinge zu finden ist trotzdem aufregend. Sie wachsen, teilweise in Mengen, auf toten Baumstämmen, meist jedes Jahr an derselben Stelle. Merken Sie sich daher den Fundort.

BESTIMMUNG

Der Hut ist 6-12 cm breit und fächerförmig, bei älteren Exemplaren sind die Ränder etwas gerieft. Die Farbpalette reicht vom normalen Schiefergrau über Brauntöne bis zu bläulichen Nuancen. Der Stiel ist wenig ausgeprägt. Die daran herunterlaufenden Lamellen sind zunächst reinweiß, werden aber später cremefarben. Das Fleisch ist weiß und strömt einen angenehmen Geruch aus. Das Sporenpulver ist lila. Die Pilze wachsen in Gruppen jeweils übereinander und sind meist recht sauber, wenn man beim Abschneiden vorsichtig vorgeht.

VORKOMMEN UND JAHRESZEIT

Austernseitlinge findet man das ganze Jahr über in großen Gruppen an lebenden Bäumen oder gefällten Stämmen, meist Buchen, aber auch auch anderen Holzarten, oft Ulmen.

LAGERUNG

Alle Lagerungsmethoden sind möglich. Wenn man die Hüte trennt, kann man sie sogar gut lufttrocknen.

TIPS FÜR DIE ZUBEREITUNG

Wenn Sie beim Abschneiden vorsichtig sind, brauchen Sie die Pilze vermutlich nur noch mit einem feuchten Tuch abzuwischen. Der Austernseitling paßt zu fast allen Fleisch- und Fischgerichten und ist ein exzellenter, vielseitig verwendbarer Speisepilz.

Die Stiele sind wenig ausgeprägt.

Die gedrängt stehenden Lamellen laufen am Stiel herab.

Russula cyanoxantha

FRAUENTÄUBLING

Der Frauentäubling ist ein hervorragender Speisepilz, gehört aber zu einer weitverzweigten Familie. Die Unterscheidung zwischen den einzelnen Täublingen fällt manchmal sehr schwer, dabei ist eine sichere Identifizierung wichtig, weil einige *Russula*-Arten giftig sind, insbesondere der Buchen-Speitäubling *(Russula mairei)* und der Speitäubling *(Russula emetica)*. Auch hier gilt: im Zweifelsfall lieber stehenlassen.

BESTIMMUNG

Der Hut mißt 5-18 cm im Durchmesser und wirkt etwas fettig. Er ist zunächst gewölbt und breitet sich später aus, wobei sich in der Mitte ein Nabel bildet. Manche Hüte sind einfarbig, meist weisen sie jedoch verschiedene Farbtöne auf, die von Purpur bis zu einem ausgeblichenen Hellgrün reichen können. Der 5-10 cm hohe Stiel ist weiß. Die Lamellen laufen am Stiel herab und sind ebenfalls weiß, im Alterszustand hell cremefarben. Ein eindeutiges Unterscheidungsmerkmal des Frauentäublings ist die Tatsache, daß die Lamellen bei Berührung nicht abbrechen. Sie sind fest am Hutrand angewachsen, im Gegensatz zu einigen anderen *Russula*-Arten. Das Fleisch ist weiß und riecht gut. Das Sporenpulver ist weiß.

VORKOMMEN UND JAHRESZEIT

Meist findet man den Pilz unter Laubbäumen, teilweise auch unter Kiefern, und zwar von Sommer bis Spätherbst. Der Pilz ist vielerorts recht verbreitet.

LAGERUNG

Trocknen ist eine gute Methode, den Frauentäubling haltbar zu machen.

TIPS FÜR DIE ZUBEREITUNG

Man findet nur selten ein perfektes Exemplar, da die meisten Frauentäublinge praktisch vom Moment ihres Auftauchens an von Ungeziefer heimgesucht werden. Deshalb ist gründliches Putzen bei diesem Pilz unerläßlich. Dafür ist er frisch und getrocknet sehr lecker und verleiht Mischpilzgerichten ein interessantes Aroma, zumal er beim Garen recht fest bleibt. Versäumen Sie aber niemals eine sichere Bestimmung, da Verwechslungen des Frauentäublings mit giftigen Mitgliedern der Familie *Russula* nicht ausgeschlossen sind.

Rechts und unten *Der hier gezeigte mattviolette Hut ist typisch für diesen Pilz. Aber Vorsicht, es gibt auch völlig grüne Hüte. Am besten bestimmt man den Frauentäubling anhand der Lamellen. Wenn man mit dem Finger darüberstreicht, sollten sie nachgeben und nicht bröckeln wie bei den meisten* Russula-*Arten.*

Unten *Die Familie der Täublinge,* Russula, *ist groß und vielfältig. Die Pilze dieser Familie sind mit am schwersten zu unterscheiden.*

Sparassis crispa

KRAUSE GLUCKE

SYN. FETTE HENNE

Die Krause Glucke sieht völlig anders aus als die übrigen Pilze in Wald und Flur. Wenn man sie sieht, kann man sich vorstellen, warum die Engländer sie *cauliflower fungus* (Blumenkohlpilz) nennen. Sie ist recht selten, wächst aber jedes Jahr an derselben Stelle, deshalb sollten Sie sich den Fundort merken. Ein großes Exemplar hält sich frisch mehrere Tage, wenn Sie es kühl aufbewahren und die Stielbasis feucht halten.

BESTIMMUNG

Die Krause Glucke besitzt keinen Hut im eigentlichen Sinne. Der Fruchtkörper besteht aus vielen Schichten, die an einen Blumenkohl oder Schwamm erinnern. Der kurze Stiel sitzt auf der Baumrinde auf. Der Fruchtkörper kann einen Durchmesser von 20-50 cm erreichen. Jung ist der Pilz hellgelb-weißlich, alt wird er braun. Der Geruch ist würzig, das Aroma nussig.

VORKOMMEN UND JAHRESZEIT

Die Krause Glucke wächst nah am Stamm im Wurzelbereich von Kiefern. Dringen Sie beim Abschneiden mit der Klinge nicht zu tief ein, um das Myzel nicht zu zerstören, denn Sie möchten ja im nächsten Jahr neue Pilze vorfinden. Vielleicht entdecken Sie sogar eine Breitblättrige Glucke *(Sparassis brevipes)*, eine Unterart von *S. crispa*, die auf Eichenstümpfen und Kiefern lebt; ihre Farbe spielt eher ins Rosige. Die Breitblättrige Glucke sollten Sie stehenlassen, da sie überaus selten und geschützt ist.

Die Krause Glucke wächst von Spätsommer bis Spätherbst, ist jedoch frostempfindlich und übersteht die ersten kalten Wintertage nicht.

LAGERUNG

Der Pilz läßt sich sehr gut dörren, am besten lufttrocknen. Hängen Sie ihn mehrere Tage lang an einer Schnur an einem hellen, luftigen Ort auf. Sehr große Exemplare sollte man zerteilen, weil sie dann schneller abtrocknen. Da beim Trocknen das verborgene Ungeziefer herausfällt, sollten Sie nicht gerade Ihre Küche als Lager-

Die Farbe variiert von gelbbraun bis cremeweiß.

Links *Hier sieht man die flachen, festen Segmente. Sind sie aber spitz zulaufend und verzweigt, haben Sie vermutlich einen Vertreter der Gattung* Ramaria *erwischt, von denen viele giftig sind.*

Rechts *Die Fruchtkörper sind fast immer unten an Bäumen oder auf Baumstümpfen zu finden.*

platz wählen, sondern lieber einen luftigen Schuppen oder Lagerraum. Jegliche Feuchtigkeit würde allerdings den Trockenvorgang stören. Der Pilz muß gründlich getrocknet werden, aber Ihre Geduld wird reich belohnt.

TIPS FÜR DIE ZUBEREITUNG

Sammeln Sie nur cremeweiße Exemplare, denn in diesem Stadium ist der Pilz am schmackhaftesten. Die Reinigung ist etwas schwierig, da die Krause Glucke viele Ecken hat und nah am Boden wächst, so daß sich auch Kiefernnadeln hineinverirren können. Vermeiden Sie, den Pilz mit Wasser zu reinigen, sondern bürsten Sie groben Schmutz vorsichtig ab und schneiden Sie die Glucke in Stücke, die Sie vor der Zubereitung einzeln nochmals reinigen. Wenn Sie den Pilz waschen müssen, sollten Sie ihn vor der Weiterverwendung gründlich abtrocknen. Empfehlenswert ist es, den Pilz in Scheibchen zu schneiden, in Bierteig zu tauchen und zu fritieren. Dabei kommt die bißfeste Konsistenz ebenso zur Geltung wie der nussige Geschmack, und Sie haben eine wunderbare Vorspeise oder Beilage. Gut schmeckt der Pilz auch frisch zerteilt in Eintöpfen und Schmorgerichten.

Die Ränder der einzelnen Lappen werden im Alter braun.

Suillus luteus

Butterröhrling

Syn. Butterpilz

Der Butterröhrling ist weitverbreitet und ein guter Speisepilz. Seine lockere Konsistenz macht ihn aber anfällig für Maden. Der geschätzte Pilz kann auf vielerlei Weise zubereitet werden.

BESTIMMUNG

Der Hut mißt 5-15 cm im Durchmesser. Er ist mittelbraun und glänzt. Wenn er feucht wird, ist er recht klebrig, daher sollte man ihn nur bei trockenem Wetter sammeln. Der Stiel ist 5-10 cm hoch, blaßgelb und hat einen breiten, ausgeprägten Ring. Die Poren sind blaßgelb, das Fleisch weiß. Einen besonderen Geruch hat der Pilz nicht. Das Sporenpulver ist hellbraun. Wählen Sie nur reife, frische Exemplare.

VORKOMMEN UND JAHRESZEIT

Der Pilz steht meist unter Nadelbäumen, vor allem Föhren. Saison ist von Spätsommer bis Spätherbst.

LAGERUNG

Wegen der weichen Konsistenz den Pilz blättrig schneiden, trocknen und für winterliche Gerichte verwenden.

Bei Feuchtigkeit ist die Hutoberfläche schmierig.

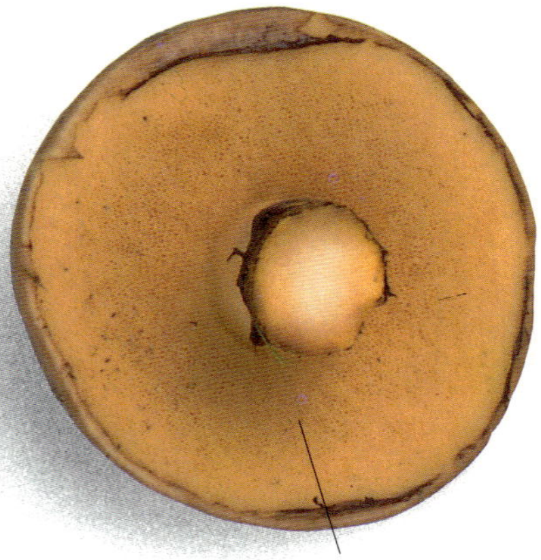

Die Poren verändern sich an Druckstellen nicht.

Ausgeprägter Ring in der Farbe des Hutes.

Unten *Der Butterröhrling wächst ebenso wie andere* Suillus-*Arten unter Nadelbäumen.*

Ganz unten *Hier sehen Sie die Farbunterschiede zwischen jungen und alten Butterpilzen. Das Purpurbraun verblaßt mit der Zeit zu Orangebraun.*

TIPS FÜR DIE ZUBEREITUNG

Der Hut fühlt sich etwas klebrig an und sollte daher abgezogen werden. Prüfen Sie die Pilze auf Madenbefall. Da beim Kochen viel Flüssigkeit austritt, sollte er allein angeschwitzt werden. Gießen Sie die Flüssigkeit ab und bewahren Sie sie für eine Sauce auf. Geben Sie die Butterröhrlinge zum fertigen Gericht hinzu. Man kann sie auf vielerlei Art verwenden. Sehr gut schmeckt es z. B., die vorgegarten Pilze mit gebratenen oder gegrillten durchwachsenen Speckstreifen zu mischen, den gesiebten Pilzsaft hinzuzugeben und mit Mehl anzudicken. Auf Toast servieren.

Suillus variegatus

SANDRÖHRLING

Unten *Die rauhe, fast trockene Hutoberfläche ist hier gut zu erkennen.*

Der *Suillus variegatus* ist ein weiterer brauchbarer Röhrling, wenn auch nicht so schmackhaft wie ein Steinpilz oder Maronenröhrling. Sammeln Sie nur junge Exemplare. Sie sind recht locker strukturiert und werden deshalb leicht von Maden befallen. Daher ist eine gründliche Untersuchung nötig.

BESTIMMUNG

Der Hut ist 5-12 cm breit und rostbraun. Bei Feuchtigkeit ist er klebrig. Der Stiel ist 5-9 cm hoch. Die Poren sind gelbbraun, das Fleisch reinweiß. Das Sporenpulver ist hellbraun.

VORKOMMEN UND JAHRESZEIT

Sandröhrlinge findet man vom Spätsommer bis zum Spätherbst fast nur unter Nadelbäumen.

LAGERUNG

Am besten getrocknet.

Trockene, leicht filzige, schuppige Oberfläche.

TIPS FÜR DIE ZUBEREITUNG

Meist brauchen Sie nur den Hut abzuwischen, doch empfiehlt es sich, den Pilz halb durchzuschneiden und auf Ungeziefer zu untersuchen. Er ist eine gute Ergänzung zu Mischpilzgerichten.

Das weiße Fleisch färbt sich manchmal blaßblau.

Die Besonderheit bei den dunklen Poren ist, daß in den größeren weitere kleinere Poren sitzen.

Tricholoma ponderosa

Matsutake

Unten *Diese Art hat einen einfachen Ring weit oben am Stiel, während größere, ähnliche Unterarten einen doppelten Ring aufweisen.*

Der recht große Pilz ist in der japanischen Küche sehr beliebt und frisch wie getrocknet eine Delikatesse.

BESTIMMUNG

Der Hut ist 4-25 cm breit, zunächst gewölbt und später flacher, mit rissigem Rand. Beim jungen Pilz ist der Hut etwas eingerollt, öffnet sich später jedoch ganz. Die Oberfläche ist glatt und fühlt sich auch im trockenen Zustand etwas schmierig an. Die Farbe ist weiß, gelegentlich hellbraun gezeichnet. Der robuste Stiel kann bis zu 15 cm hoch sein und ist vom Hut bis zur Basis mit einem *Velum* bescheidet. Es zerreißt zu Fetzen, wird manchmal rosig-braun und am Wurzelansatz recht faserig. Die Lamellen sind weiß, angewachsen und stehen gedrängt. Das weiße Fleisch färbt sich gelegentlich hellbraun und strömt einen leicht würzigen Geruch aus. Das Sporenpulver ist weiß.

VORKOMMEN UND JAHRESZEIT

Man findet den Pilz vereinzelt in Küstengebieten auf Sandböden, meist in der Nähe von Nadelbäumen. In Europa unbekannt, ist er in Nordamerika weit verbreitet. Er wächst von Spätsommer bis Mitte Herbst.

LAGERUNG

Die beste Methode ist das Trocknen. Die Pilze können problemlos im ganzen an Schnüren, auf Rosten oder in elektrischen Geräten gedörrt werden. Getrocknete Matsutake werden bei uns häufig in japanischen oder chinesischen Lebensmittelgeschäften angeboten.

TIPS FÜR DIE ZUBEREITUNG

Meist ist der Pilz recht sauber und braucht lediglich etwas abgewaschen zu werden. Er verleiht Wildpilzgerichten ein interessantes Aroma, ist allerdings recht durchdringend, so daß man sich gut überlegen muß, in welcher Menge man ihn zu welchem Gericht verwendet. Die ausladenden Hüte eignen sich auch sehr gut zum Füllen.

Tuber aestivum

SOMMERTRÜFFEL

Obwohl es weit mehr Sommertrüffeln gibt, als die meisten Leute annehmen, sind sie doch schwer zu finden, da sie unter der Erdoberfläche wachsen. Viele Tiere, u. a. Eichhörnchen und Rehe, sind verrückt danach. Wenn Sie also grabendes Wild beobachten, ist das unter Umständen ein Anhaltspunkt für ein Trüffelvorkommen.

BESTIMMUNG
Der Fruchtkörper mißt 2-10 cm im Durchmesser und ist, wenn auch unregelmäßig, in etwa kugelig geformt und mit zahlreichen schwarzen Warzen überzogen. Die Farbe ist schwarzbraun. Nach dem Durchschneiden sieht man das rötlich-braun marmorierte Innere der Trüffel. Typisch sind der etwas süßliche Geruch und der nussige Geschmack.

VORKOMMEN UND JAHRESZEIT
Die Sommertrüffel bevorzugt Kalkböden und ist im Erdreich unter Buchen, seltener unter Edelkastanien oder Steineichen zu finden. Saison ist vom Spätsommer bis zum Herbst.

Das Innere ist rötlich-braun marmoriert, der Geschmack nussig.

LAGERUNG
Trüffeln lagert man am besten in Olivenöl eingelegt. Putzen Sie zunächst die Trüffel gründlich. Schälen Sie die äußere Schale ab (sie kann zum Würzen für andere Gerichte verwendet werden). Blanchieren Sie die Trüffel ganz kurz und legen Sie sie dann in einem luftdicht verschließbaren Gefäß in Öl ein.

TIPS FÜR DIE ZUBEREITUNG
Trüffeln haben ein sehr ausgeprägtes Aroma und sollten deshalb nur in geringen Mengen verwendet werden. Schon eine Spur kann ein Gericht vollkommen verändern. Ganz hervorragend passen sie zu Eiergerichten und Nudeln.

Tuber magnatum

Weisse Trüffel oder Piemonttrüffel

Für jeden Pilzsammler geht mit einer Weißen Trüffel ein Traum in Erfüllung. Der sehr begehrte Pilz gedeiht nur in ganz bestimmten Gebieten, die schönsten findet man in Norditalien. Leider benötigt man gut geschulte Hunde oder Schweine, um diese Prachtstücke ausfindig zu machen.

BESTIMMUNG

Der Fruchtkörper mißt in der Regel 5-8 cm im Durchmesser, gelegentlich gibt es aber auch sogar tennisballgroße Exemplare. Die Form ist unregelmäßig, die Farbe gelbbraun. In Farbe und Form ähnelt die Weiße Trüffel ein bißchen einer neuen Kartoffel. Das Fruchtfleisch ist marmoriert und leicht rötlichbraun überhaucht. Der Geruch ist stark ausgeprägt und sehr süß.

VORKOMMEN UND JAHRESZEIT

Die Trüffel wächst direkt unter der Erdoberfläche in moosigen Mischwaldgebieten. Die Saison dauert vom Spätherbst den Winter über bis zum Vorfrühling. Wegen ihres ausgeprägten Duftes läßt man Trüffeln meist von Hunden oder Schweinen suchen.

LAGERUNG

Weiße Trüffeln lagert man am besten in geschlossenen Gefäßen. Sie sollten bald nach dem Sammeln verbraucht werden. Das intensive Aroma überträgt sich auf andere Lebensmittel, daher kann man damit rohe Eier veredeln. Eine weitere Möglichkeit ist, sie zusammen mit frisch zubereiteten Nudeln in ein luftdichtes Gefäß zu geben und über Nacht in den Kühlschrank zu stellen. Die Nudeln übernehmen das Trüffelaroma. Die beste Lagermethode ist das Einlegen in kaltgepreßtes Olivenöl. Dabei bleibt nicht nur die Trüffel erhalten, sondern der Duft teilt sich auch dem Öl mit. Weiße Trüffeln gehören zu den begehrtesten Wildpilzen. Man zahlt horrende Preise dafür. Hervorragende Qualitäten bekommt man bei spezialisierten Importeuren, bei denen man neben frischen Trüffeln auch Trüffelöl und in Öl eingelegte Trüffeln erhält.

TIPS FÜR DIE ZUBEREITUNG

Außer leichtem Abbürsten braucht man bei Weißen Trüffeln praktisch nichts zu tun. Sollen sie frisch verarbeitet werden, schneidet man sie in hauchdünne Scheiben. Sehr rasches Überbrühen verstärkt das Aroma etwas; meist ißt man sie aber roh.

Das feste, marmorierte Fleisch strömt einen kräftigen Geruch aus.

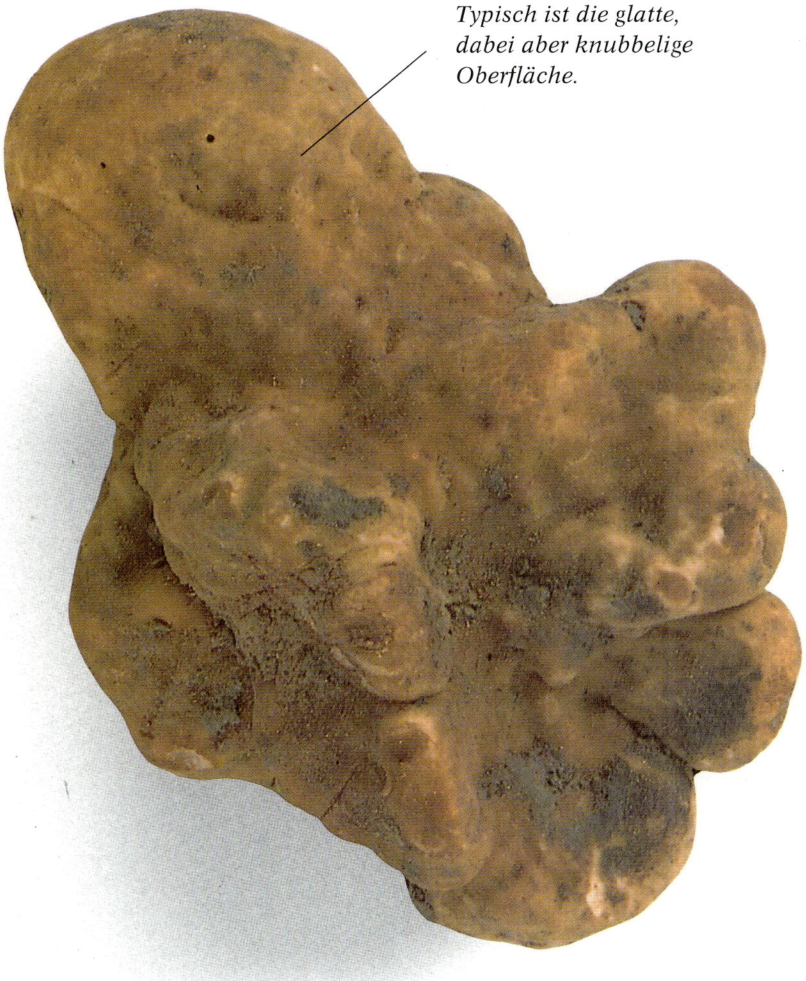

Typisch ist die glatte, dabei aber knubbelige Oberfläche.

Giftige Pilze

EINFÜHRUNG

Obwohl immer wieder gewarnt wird, sterben jedes Jahr Menschen an Pilzvergiftungen. Diese Fälle verdeutlichen, wie ungeheuer wichtig die korrekte Bestimmung Ihrer Fundstücke ist. Laien nehmen häufig an, Pilze, die Tiere fressen können, seien auch für den Menschen genießbar. Leider ist das nicht richtig. Nacktschnecken etwa vertragen Grüne Knollenblätterpilze und andere Vertreter der *Amanita*-Familie ohne weiteres. Wenn Sie also Anzeichen dafür finden, daß Vögel oder andere Tiere sich bereits an einem Pilz gelabt haben, dürfen Sie nicht glauben, er sei auch für Sie ungefährlich. Das gilt vor allem für Knollenblätterpilze, deren Sporen giftig sind und nach dem Verzehr die Leber und das Zentralnervensystem schädigen. Wenn Sie den Verdacht hegen, einen Knollenblätterpilz vor sich zu haben, graben Sie ihn ganz mit einem Stock aus und schauen Sie nach, ob eine Scheide (*Volva*) vorhanden ist. Ziehen Sie dabei vorsichtshalber Handschuhe an.

Legen Sie unter keinen Umständen einen giftigen oder auch einen nicht identifizierten Pilz in Ihren Korb. Wenn Sie ein Exemplar zur späteren Bestimmung mitnehmen wollen, legen Sie es in einen separaten Behälter. Waschen Sie sich stets die Hände, wenn Sie einen nicht identifizierten Pilz angefaßt haben. Wenn Sie versehentlich einen Knollenblätterpilz mitgebracht haben, vernichten Sie Pilz und Behälter anschließend.

Es gibt im Volksmund viele ›Tips‹, wie man giftige von eßbaren Pilzen unterscheiden kann, aber sie sind alle grundfalsch. Gefährlich ist vor allem die Vorstellung, ein Pilz sei dann eßbar, wenn man den Hut abziehen kann. Das kann man beim Grünen Knollenblätterpilz auch, und der ist bekanntlich alles andere als eßbar. Andere Volksweisheiten berufen sich darauf, giftige Pilze würden Silberlöffel schwarz färben. Vergessen Sie diese Sprüche einfach allesamt und verwenden Sie lieber große Sorgfalt auf eine exakte Bestimmung, denn dann können Sie wirklich sicher sein, daß Ihnen Ihre selbstgesammelte Ausbeute nicht nur gut schmecken, sondern auch gut bekommen wird. Zwischen den guten Speisepilzen und den tödlich giftigen Exemplaren gibt es eine Unmenge anderer Pilze, die als ungenießbar oder nicht schmackhaft gelten. Soweit sie nicht in diesem Buch erwähnt werden, halten Sie sich an die im Anhang aufgeführten Bestimmungsbücher.

Auch wenn die meisten Leute die in diesem Buch vorgestellten Speisepilze vertragen, muß man immer bedenken, daß eine noch so nahrhafte Speise, in großen Mengen genossen, häufig Magenverstimmungen auslöst und daß darüber hinaus manche Leute allergisch auf bestimmte Pilze reagieren. Zu dieser Kategorie gehören etwa der Violette Rötelritterling (*Lepista nuda*) und der Lilastiel-Rötelritterling (*Lepista saeva*). Sollten Sie je nach dem Verzehr von Pilzen krank werden, müssen Sie unverzüglich einen Arzt aufsuchen. Eine Pilzvergiftung kann sich sofort bemerkbar machen, tritt in manchen Fällen aber auch mit einer Verzögerung von bis zu vierzehn Stunden nach dem Verzehr auf. Es ist unbedingt notwendig, ärztliche Hilfe in Anspruch zu nehmen und möglichst eine Probe der verdächtigen Pilze aufzubewahren. Eine korrekte Identifizierung des Giftes kann entscheidend sein, und schon viele Knollenblätterpilz-Vergiftungen wurden früh genug erkannt, um dem Opfer das Leben zu retten.

Ein weiterer Pilz, vor dem man sich hüten muß, ist der Karbolegerling (*Agaricus xanthodermus*). Er gehört zur Familie *Agaricus* und wächst an ähnlichen Standorten wie gewöhnliche Wiesen- oder Schafchampignons. In guten Pilzjahren kommt er sehr häufig vor. Sicherheit ist für jeden Sammler das wichtigste, und wenn Sie sich bei einem Pilz nicht absolut sicher sind, lassen Sie ihn lieber, wo er ist.

Vorhergehende Doppelseite *Eine typische Gruppe von Fliegenpilzen (*Amanita muscaria*). Man sieht deutlich, daß das rote Pigment mit zunehmendem Alter und nach Regengüssen an den Rändern verblaßt.*

Links Clitocybe rivulosa, *der Rinnigbereifte Trichterling, ein hochgiftiger Doppelgänger des Feldschwindlings.*

Linke Seite *Der Grüne Knollenblätterpilz (*Amanita phalloides*). Die strahlenförmigen leichten Streifen sind hier gut zu erkennen.*

Agaricus xanthodermus

KARBOLEGERLING, SYN. KARBOLCHAMPIGNON

Der Karbolegerling ist für etwa die Hälfte aller Vergiftungen bei Sammlern verantwortlich, die eigentlich Wiesenchampignons suchen. Er verströmt einen unangenehmen Karbolgeruch, schmeckt scheußlich und muß unter allen Umständen gemieden werden. Die Bestimmung ist manchmal schwierig, deshalb muß man sich die typischen Merkmale gut einprägen. Die Symptome einer Vergiftung sind Schweißausbrüche, Rötungen und schmerzhafte Magenkrämpfe. Das Gift des Karbolegerlings wirkt nicht bei jedem, aber es lohnt sich wirklich nicht, das selbst auszuprobieren.

BESTIMMUNG

Der Hut mißt 5-15 cm im Durchmesser. Er ist zunächst gewölbt und breitet sich später flach aus; in der Mitte

Druckstellen und Kratzer verfärben sich leuchtend gelb.

Der Hut wird später gräulich und etwas geschuppt.

Die reifen Lamellen sind braun.

Links *Der Karbolegerling bevorzugt Gärten, Hecken und Waldränder.*

Ein dicker Ring verbindet Hut und Stiel.

ist ein Nabel. Jung ist er ganz weiß, wird jedoch später dunkler und entwickelt einen breiten, graubraun geschuppten Hut. Druckstellen verfärben sich leuchtend gelb: Bei aller Ähnlichkeit mit anderen Vertretern der Familie *Agaricus* ist diese Gelbfärbung ein sicheres Erkennungszeichen. Der 5-15 cm hohe Stiel ist weiß und verfärbt sich an der Basis ebenfalls leuchtend gelb. Die Lamellen des Pilzes sind fleischfarben und werden mit zunehmendem Alter dunkler. Das Fleisch ist weiß. Der deutliche Geruch nach Karbol ist ein wichtiges Erkennungsmerkmal dieses Pilzes. Das Sporenpulver ist purpurbraun.

Sollten Sie versehentlich einen Karbolegerling gepflückt und in Ihren Korb gelegt haben, werden die anderen Pilze darin oft schleimig-grellgelb. In der Küche entfaltet der Karbolegerling zudem einen durchdringenden, unangenehmen Geruch.

VORKOMMEN UND JAHRESZEIT

Der Karbolegerling wächst in Wäldern, Wiesen und Gärten, und zwar vom Sommer bis weit in den Herbst hinein. In manchen Gebieten ist er häufig anzutreffen.

Amanita citrina und *Amanita citrina var. alba*

GELBLICHER KNOLLENBLÄTTERPILZ

Vom Gelblichen Knollenblätterpilz gibt es zwei Unterarten, *Amanita citrina* und *Amanita citrina var. alba*. Keine davon ist tödlich giftig, da sie jedoch leicht mit dem gefährlichen Weißen Knollenblätterpilz zu verwechseln sind, sollte man sie vorsichtshalber meiden.

BESTIMMUNG

Es gibt zwei deutlich unterschiedliche Versionen dieses Pilzes, einmal mit blaß grünlich-gelbem Hut (*A. citrina*) und einmal mit reinweißem Hut (*A. citrina var. alba*). Bei beiden ist der Hut 4-10 cm breit und meist mit Hüllresten übersät. Dadurch unterscheiden sie sich vom Weißen Knollenblätterpilz, der kaum Hüllreste aufweist. Der Stiel ist 6-8 cm hoch und besitzt an der Basis eine ausgeprägte Knolle mit Velumresten sowie einen deutlichen Ring. Die Lamellen sind zunächst weißlich und werden im Alter dunkler. Fleisch und Sporenpulver sind weiß.

VORKOMMEN UND JAHRESZEIT

Der Pilz wächst in Laub- und Nadelwäldern, bevorzugt unter Buchen, jedoch auch an vielen anderen Standorten. Vom Sommer bis zum Spätherbst ist der Pilz recht häufig anzutreffen.

Ausgeprägte Knolle mit Hüllresten.

Die Lamellen dunkeln im Alter nach.

Rechts *Der Gelbliche Knollenblätterpilz wächst unter Nadelbäumen ebenso wie im Laubwald. Die reinweiße Form bevorzugt Buchen. Typisch ist der Kartoffelgeruch.*

Die Hüllreste werden oft vom Regen abgewaschen.

Die knollige Stielbasis besitzt eine umlaufende Rinne.

Unten *Bei diesem Exemplar sind die weißen Hüllreste vom Regen abgewaschen worden, die Hutoberfläche ist ganz glatt.*

Amanita muscaria
FLIEGENPILZ

Zweifellos ist dies für jeden der Inbegriff des Giftpilzes. Durch die kleinen weißen Sprenkel auf dem bis zu 20 cm breiten roten Hut ist er gut erkennbar. Der Fliegenpilz kommt in vielen Märchen und Sagen vor. Auch wenn es ebenfalls wie ein Märchen klingt, stimmt es, daß man den Pilz in Lappland tatsächlich beim Zusammentreiben der Rentierherden verwendet. Man macht sich dabei die Vorliebe der Rentiere für Fliegenpilze zunutze und füttert sie mit getrockneten Exemplaren; die Tiere lassen sich dadurch williger führen. Die in *Amanita muscaria* enthaltenen Toxine, darunter Muscarin, wirken auf das Zentralnervensystem und rufen bei Verzehr Halluzinationen und Euphorie wie bei einem Alkoholrausch hervor. Obwohl das Gift mehrere Monate lang im Organismus bleibt, klingen die Symptome innerhalb von zwölf Stunden ab. Es kann allerdings mehrere Tage bis zur völligen Erholung dauern.

Der einzige Pilz, mit dem eine Verwechslung möglich wäre, ist *Amanita caesarea*, der Rothütige Kaiserling, der jedoch eine ausgeprägte Knolle besitzt, die beim Fliegenpilz fehlt. Schneidet man beide Pilze halb durch, ist der Fliegenpilz innen weiß, der Kaiserling dagegen gelb. Ein weiterer Unterschied ist die Tatsache, daß auf dem Hut des Kaiserlings keine Hüllreste zu sehen sind, da er beim Aufreißen der Gesamthülle glatt bleibt. Jedoch wächst der Rothütige Kaiserling nur an wenigen Stellen über ganz Europa verteilt.

BESTIMMUNG

Der Hut des Fliegenpilzes ist 8-20 cm breit, zunächst kugelig gewölbt, später flach ausgebreitet. Meist weist er ein leuchtendes Scharlachrot auf und ist mit hellen Hüllresten gesprenkelt,

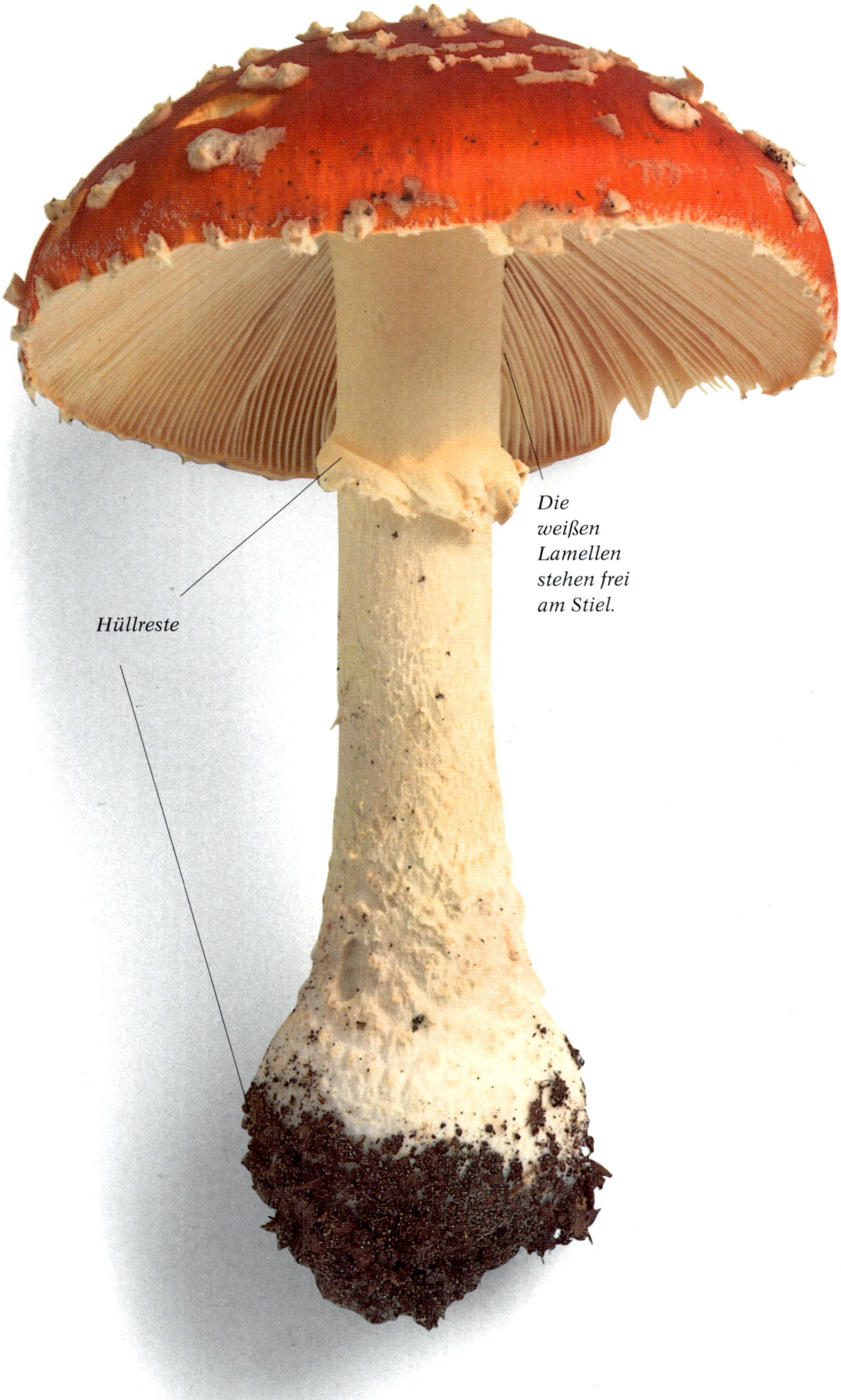

Unten *Der eßbare Rothütige Kaiserling. Im Gegensatz zum Fliegenpilz hat er einen glatten Hut und wächst aus einer sackartigen Knolle.*

Ganz unten *Bei heftigen Regenschauern werden die Hüllreste manchmal abgewaschen, die Farbe verblaßt zu Orange.*

die Farbe kann allerdings bei feuchtem Wetter auch ausbleichen, gelegentlich ist sogar ein ziemlich helles Orange zu finden. Der weiße Stiel ist 8-18 cm hoch. Dreht man einen Pilz im ganzen aus dem Boden, erkennt man die gerundete, knollige Basis. Die Lamellen sind weiß. Der Geruch ist undefinierbar. Fliegenpilze findet man häufig in recht großen Gruppen aller Reifestadien. Das Sporenpulver ist weiß.

VORKOMMEN UND JAHRESZEIT

Der Fliegenpilz steht vielfach unter Birken, kann aber unter vielen Baumarten und an unterschiedlichsten Standorten vorkommen. Er wächst vom Spätsommer bis zum Spätherbst und ist relativ weit verbreitet.

Amanita pantherina

Pantherpilz

Der Pantherpilz ist seltener als der Fliegenpilz, aber ebenfalls hochgiftig. Er ist deshalb so gefährlich, weil er leicht mit dem Perlpilz (*Amanita rubescens*) verwechselt werden kann, der nach dem Zerstören der Giftstoffe durch Abkochen verzehrt werden kann. Die Jugendformen des Panther- und des Perlpilzes kann jedoch nur ein Fachmann unterscheiden, deshalb sollte man vorsichtshalber lieber beide Arten meiden.

BESTIMMUNG

Der Hut mißt 5-10 cm im Durchmesser, ist fast bronzefarben und mit kleinen, reinweißen flockigen Hüllresten bedeckt, auch am Rand. Der 9-12,5 cm hohe Stiel ist weiß und hat einen ausgeprägten Ring. Die Basis ist sehr knollig und mit einem weiteren schmalen Ring versehen, der sich deutlich als freier Bund weit unten

um den Stiel zieht. Meist bilden direkt oberhalb der Basis ein bis zwei weitere Ringe, das sogenannte Bergsteigersöckchen. Das Sporenpulver ist weiß.

VORKOMMEN UND JAHRESZEIT
Der Pantherpilz ist äußerst selten. Er wächst in Nadel- und Laubwäldern vom Hochsommer bis zum Spätherbst.

Oben *Buchenwälder und Kalkböden sind bevorzugte Lebensräume für den Pantherpilz, man findet ihn aber auch bei Nadelgehölzen.*

Rechts *Dieses Bild zeigt deutlich den schmalen reifenförmigen Ring in der Stielmitte.*

Amanita phalloides

GRÜNER KNOLLENBLÄTTERPILZ

Die meisten tödlichen Pilzvergiftungen werden Jahr für Jahr durch den Verzehr des Grünen Knollenblätterpilzes verursacht. Schließlich wirkt er völlig harmlos, riecht angenehm und seine Haut kann vom Hut abgezogen werden. Doch ein einziger Pilz reicht aus, um eine tödliche Vergiftung hervorzurufen. Die Farbe kann sehr unterschiedlich ausfallen, von tiefgrün über dunkelbraun bis fahlweiß. Deshalb muß die Identifikation überaus sorgfältig erfolgen. Wenn Sie an einer Exkursion teilnehmen, lassen Sie sich vom Pilzexperten unbedingt einen Grünen Knollenblätterpilz zeigen. Wenn Sie den Pilz ausgraben, sehen Sie die Basis mit der Scheide sehr deutlich. Denken Sie daran: Bereits ein einziges großes Exemplar kann mehrere Menschen das Leben kosten!

BESTIMMUNG

Der Hut ist 3-15 cm breit, zunächst kugelig gewölbt und später flach. Die Oberfläche ist glatt und leicht glänzend. Die Farbe ist meist grünlich und wird mit der Zeit schmutzigbraun. Vorsicht ist jedoch geboten, da der Hut bei feuchtem Wetter ziemlich hell ausblassen kann. Der weiße Stiel ist 5-12,5 cm hoch. Die Lamellen stehen frei und recht gedrängt. Sie sind jung weiß, bei Reife fast fleischfarben überhaucht. Das Fleisch selbst ist weiß, das des Hutes weist einen Stich ins Gelbliche auf. Es riecht durchaus angenehm. Die *Volva* ist relativ ausgeprägt, das Sporenpulver weiß.

VORKOMMEN UND JAHRESZEIT

Der Pilz ist recht häufig in Mischwäldern, vor allem unter Eichen. Seine Saison dauert vom Frühsommer bis in den Spätherbst.

Der Grüne Knollenblätterpilz ist der tödlichste bekannte Giftpilz, und

Weiße, nicht einfärbende Lamellen.

Eine weiße, sackartige Scheide umgibt die Stielbasis.

Der Hut ist olivgrün, kann jedoch auch weiß oder gelblich ausfallen.

Rechts *Oft weisen die Hüte eine strahlenförmige Streifung oder Maserung auf.*

trotz jahrelanger Forschungstätigkeit konnte bisher kein Gegengift (*Antidot*) entwickelt werden. In einigen wenigen Fällen war eine Blutreinigung mit Aktivkohle erfolgreich, sofern das behandelnde Krankenhaus *Amanita phalloides* früh genug als Auslöser der Vergiftung identifiziert hatte. Die Symptome einer Vergiftung erscheinen mit einer Verzögerung von 10 bis 24 Stunden, in dieser Zeit hat das Gift allerdings bereits Leber und Nieren angegriffen. Die ersten Anzeichen einer Vergiftung sind anhaltende Übelkeit und Durchfall mit starken Leibschmerzen. Danach folgt meist eine Phase scheinbarer Besserung, es sieht aus, als sei das Schlimmste überstanden. Der Tod tritt jedoch innerhalb weniger Tage durch Leber- und Nierenversagen ein. Eine seltene Unterart des Grünen Knollenblätterpilzes ist *Amanita phalloides var. alba*, die vollständig weiß ist und deshalb wie ein ganz harmloser Pilz wirkt. Die übrigen Merkmale sind jedoch genauso wie beim Grünen Knollenblätterpilz, er ist auch ebenso tödlich giftig.

Oben *Vorsicht! Die Scheide an der Stielbasis ist wie hier sehr häufig vollständig unter Laub verborgen.*

Links *Räumen Sie stets um die Stielbasis herum das Laub vorsichtig weg. Sie werden dann die Basis mit der ausgeprägten* Volva *(Scheide) entdecken.*

Amanita virosa

WEISSER KNOLLENBLÄTTERPILZ

Wie viele *Amanita*-Arten wächst auch diese aus einer knolligen Scheide heraus. Der Pilz ist tödlich giftig und hochgefährlich. Die Vergiftungserscheinungen gleichen denen beim Grünen Knollenblätterpilz (*Amanita phalloides*).

BESTIMMUNG

Der Hut ist 5-15 cm breit, zunächst glockenförmig und später sehr unregelmäßig ausgebreitet. Die Farbe ist reinweiß. Der Stiel ist 9-12 cm hoch und wächst aus einer recht großen, unregelmäßig geformten Scheide heraus. Der Stiel hat einen weißen, sehr brüchigen, oft unvollständigen Ring. Die Lamellen sind reinweiß. Das Fleisch ist weiß und riecht etwas widerlich. Das Sporenpulver ist weiß.

VORKOMMEN UND JAHRESZEIT

Der Pilz wächst in Mischwäldern und ist erfreulicherweise nicht so verbreitet wie sein grüner Vetter. Man findet ihn meist vom Hochsommer bis zum Herbst. Bei einer Exkursion sollten Sie sich auch diesen Pilz vom Fachmann ausdrücklich zeigen lassen, denn wenn Sie ihn einmal gesehen haben, werden Sie ihn vermutlich nicht so schnell vergessen.

Rechts *Der Hut des Pilzes weist in der Mitte oft einen deutlichen Buckel auf – deshalb nennt man ihn auch Kegelhütigen Knollenblätterpilz.*

Clitocybe dealbata

WEISSER GIFTTRICHTERLING

Unten *Hier sieht man die ›bereift‹ wirkende Oberfläche der weißen Hüte und die teilweise am Stil herablaufenden Lamellen.*

Lassen Sie sich von unschuldigen Aussehen dieses kleinen Pilzes nicht täuschen, er ist hochgiftig. Der Gifttrichterling wächst häufig auf Weiden oder Rasenflächen, gerade dort, wo auch viele eßbare Pilze stehen.

BESTIMMUNG

Der Hut ist 2-5 cm breit, flach und weist eine leichte Vertiefung auf. Der Rand ist etwas eingerollt und gerieft. Die Farbe ist gebrochen weiß, am 2-3 cm hohen Stiel weißlich. Die cremefarbenen Lamellen stehen ziemlich gedrängt und laufen etwas am Stiel herab. Das Fleisch ist weiß und riecht mehlig. Das Sporenpulver ist weiß.

VORKOMMEN UND JAHRESZEIT

Der Pilz wächst auf Rasenflächen, Viehweiden und alten Wiesen, vielfach in Gruppen oder Hexenringen. Man findet ihn auch in lichten Wäldern, und zwar vom Sommer bis zum Spätherbst. Er ist recht verbreitet.

Die Lamellen laufen am Stiel herab.

Die Oberfläche des Hutes wirkt seidig oder wie von Rauhreif überzogen.

Clitocybe rivulosa

RINNIGBEREIFTER TRICHTERLING

Auch dieser Pilz sieht auf den ersten Blick ganz harmlos aus, ist aber hochgiftig. Er wird leicht mit dem eßbaren Feldschwindling (*Marasmius oreades*) verwechselt, zumal beide in Ringen, an ähnlichen Standorten und weitgehend zur gleichen Jahreszeit wachsen. Man findet beide Arten sogar nicht selten in nur wenigen Metern Abstand voneinander. Seien Sie also vorsichtig. Es wäre sicher empfehlenswert, wenn Sie vor dem Sammeln von Feldschwindlingen einmal Exemplare beider Gattungen *in natura* vergleichen würden.

Unten *Der Rinnigbereifte Trichterling ist normalerweise seidig grauweiß wie diese Exemplare.*

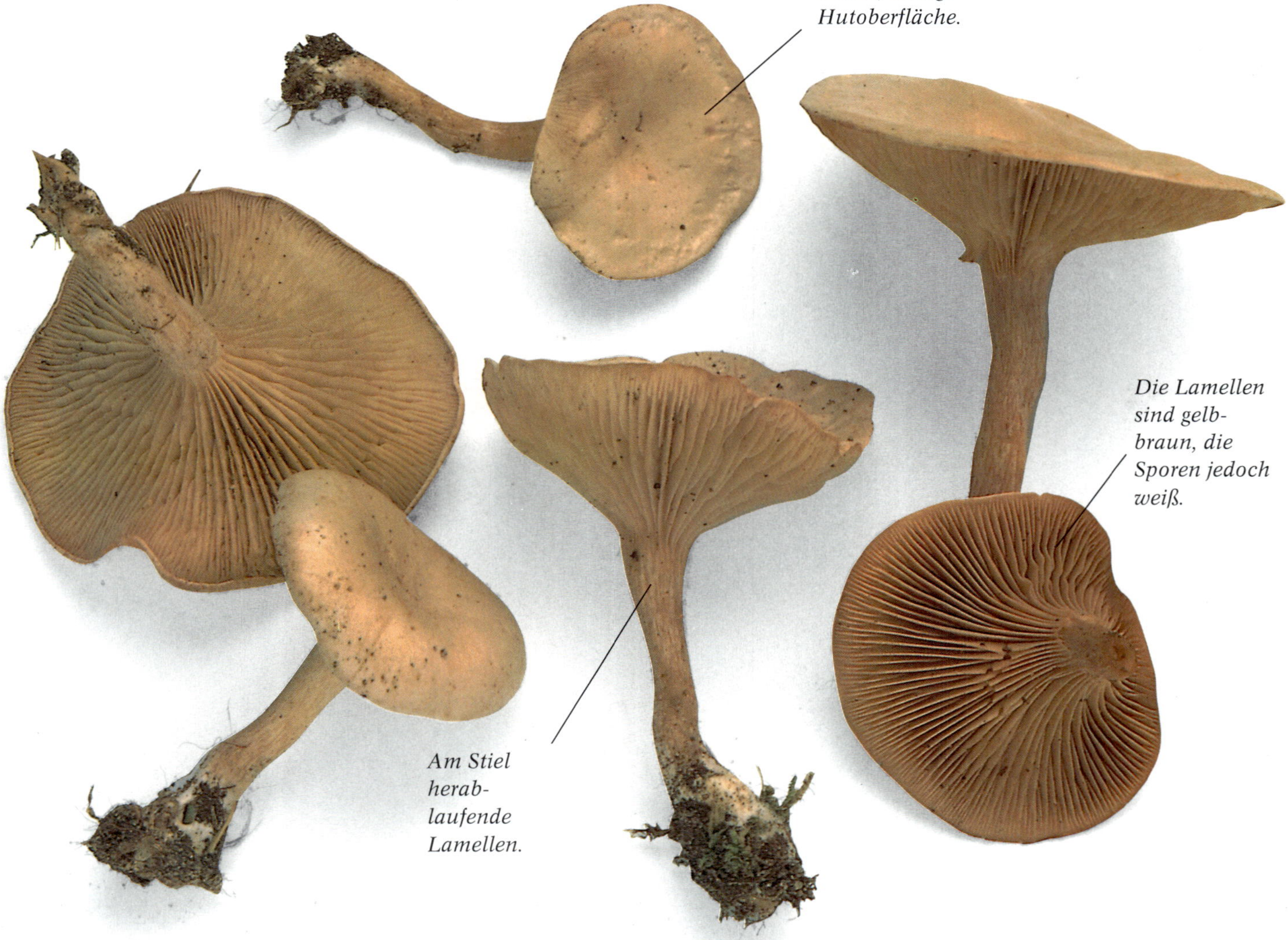

Glatte, seidige Hutoberfläche.

Die Lamellen sind gelbbraun, die Sporen jedoch weiß.

Am Stiel herablaufende Lamellen.

VORKOMMEN UND JAHRESZEIT

Der Rinnigbereifte Trichterling ist in Gruppen oder Hexenringen auf Sandböden zwischen Gras und am Wegesrand vom Spätsommer bis zum Spätherbst recht häufig anzutreffen.

Unten *Die Hüte dieser Exemplare sind verwaschen und wirken bräunlicher als sonst. Meist weisen sie ein seidiges Grauweiß auf.*

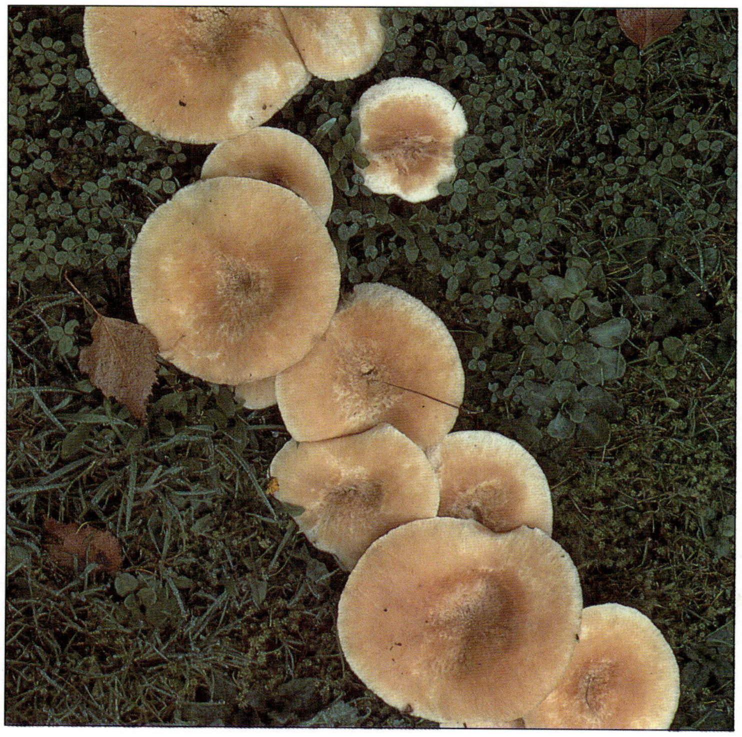

BESTIMMUNG

Der Hut ist 2-5 cm breit, zunächst becherförmig und später flach mit einem kleinen Nabel in der Mitte. Der Rand bleibt leicht eingerollt. Der Hut ist grau mit deutlichen konzentrischen Ringen. Der 2-4 cm hohe Stiel hat etwa die gleiche Farbe wie der Hut. Die gedrängt stehenden grauen Lamellen laufen ein Stück am Stiel herab. Das Fleisch ist schmutzigweiß bis grau. Wichtige Unterscheidungsmerkmale im Vergleich zum Feldschwindling sind die beim Rinnigbereiften Trichterling gedrängt stehenden Lamellen sowie Farbe und Form des Hutes. Das Sporenpulver ist weiß.

Coprinus atramentarius

FALTENTINTLING

SYN. KNOTENTINTLING

Der Faltentintling ist zwar nicht giftig im eigentlichen Sinn, kann jedoch in Verbindung mit Alkohol schwerwiegende Störungen hervorrufen mit Symptomen wie Übelkeit, Herzklopfen und Magenkrämpfen. Der Faltentintling wurde früher von Mönchen zur Herstellung einer äußerst feinen Tusche verwendet; dazu ließen sie den Tintling in etwas Wasser, dem ein paar Gewürznelken zugesetzt wurden, zerfallen. Die Unterschiede zwischen dem Faltentintling und dem Schopftintling sind zwar recht deutlich sichtbar, verwenden Sie jedoch viel Sorgfalt auf die Bestimmung, denn es gäbe eine Katastrophe, wenn Sie Ihren Gästen bei einem gemütlichen Abendessen Faltentintlinge zusammen mit Alkohol servieren würden. Jugendformen des Spechttintlings (*Corpinus picaceus*) sind dem Faltentintling ebenfalls recht ähnlich. Wenn auch nicht ganz so häufig wie der Faltentintling, findet man den Spechttintling vom Spätsommer bis zum Herbst ebenfalls relativ oft. Auch ihn sollte man lieber meiden, da er bei manchen Menschen Übelkeit und Erbrechen auslöst.

BESTIMMUNG

Der glockenförmige Hut mißt 2-4 cm im Durchmesser. Er ist hellgrau bis graubräunlich und mit Hüllresten bedeckt. Der Stiel ist 7-17 cm hoch und weiß. Die gedrängt stehenden Lamellen sind zunächst weiß, werden dann braun und zerfließen später zu einer braunschwarzen, tintigen Masse. Der Geruch ist nicht charakteristisch. Das Sporenpulver ist braun.

VORKOMMEN UND JAHRESZEIT

Der Faltentintling wächst büschelig, oft auf moderndem Holz, vom Frühjahr bis zum Spätherbst. Er ist sehr häufig und bildet oft große Kolonien.

Die Lamellen werden schwarz und zerfließen vom Rand aus nach innen.

Beachten Sie die geschuppte braune Stielbasis.

Links *Der Faltentintling ist einer der häufigsten Pilze in Städten, Gärten und Wäldern. Er wächst oft in Verbindung mit totem oder moderndem Holz.*

Galerina autumnalis
HERBSTHÄUBLING

Dieser Pilz ist tödlich giftig und muß unbedingt gemieden werden. Die Vergiftungserscheinungen ähneln denen der Knollenblätterpilze.

BESTIMMUNG

Der Hut ist 2,5-7 cm breit, zunächst gewölbt und später flach ausgebreitet und in der Mitte gebuckelt. Die Farbe ist dunkelbraun, wird jedoch mit zunehmendem Alter gelblich braun, bei Feuchtigkeit ist die Oberfläche klebrig und glänzend. Der hohle Stiel ist 2-10 cm hoch und an der Basis recht knollig. An der Stielbasis sind feine braune bis schwarze Zeichnungen zu sehen, die Myzelfäden sind an der Unterseite deutlich erkennbar. Die Hülle bricht leicht auf und ist ziemlich klein. Die Lamellen sind angewachsen und stehen recht gedrängt. Ihre Farbe ist gelblich, später rötlich. Das Fleisch ist schmutzigweiß. Der Herbsthäubling strömt keinen spezifischen Geruch aus. Das Sporenpulver ist matt orange-braun.

VORKOMMEN UND JAHRESZEIT

Der Herbsthäubling wächst vor allem auf moderndem Nadel- oder Laubholz, oft in großen Gruppen. Er ist vom späten Frühjahr bis zum Herbst und sogar in den Winter hinein zu entdecken. In Europa ist der Pilz unbekannt, in Nordamerika jedoch ausgesprochen häufig. Der sehr ähnliche und ebenso giftige Nadelholzhäubling (*Galerina marginata*) ist dagegen in Europa durchaus nicht selten anzutreffen.

Oben *Deutlich zu sehen sind die gelblich braunen Lamellen, die den Herbsthäubling von eßbaren Gattungen wie dem Hallimasch mit hellen Lamellen unterscheiden. Die Lamellen des Hallimasch dunkeln zwar oft mit der Reife nach, behalten dabei jedoch ihre weißen Sporen.*

Hygrophoropsis aurantiaca

FALSCHER PFIFFERLING

SYN. ORANGEGELBER GABELBLÄTTLING

Dieser Pilz ist zwar nicht so giftig wie ein Karbolegerling oder die Vertreter der Familie *Amanita*, verursacht jedoch Magen-Darm-Beschwerden.

BESTIMMUNG

Der Hut mißt 2-8 cm, ist zunächst flach und weist einen eingerollten Rand auf. Mit zunehmendem Alter wird der Hut dann trichterförmig. Bei großen Exemplaren ist der Rand gelappt, so daß der Pilz einem Pfifferling ähnelt. Beim Orangegelben Gabelblättling ist jedoch die Farbe, wie der Name schon andeutet, eher orange als ockergelb wie beim echten Pfifferling. Die Lamellen sind dunkelorange, stehen gedrängt und laufen am Stiel herab. Die Sporen sind weiß.

Oben und rechts *Der Falsche Pfifferling ist sehr oft unter Kiefern und Birken anzutreffen. Bei der Reife vertieft sich der Hut zum Trichter.*

Gedrängt stehende Lamellen, weich und oftmals gegabelt.

Der Hutrand ist bei jungen Pilzen eingerollt.

VORKOMMEN UND JAHRESZEIT

Der Pilz wächst in Nadelwäldern und Heidegebieten. Er ist weit verbreitet und oft in Gruppen ganz in der Nähe von echten Pfifferlingen anzutreffen. Seine Saison dauert vom Sommer bis zum späten Herbst.

Hypholoma fasciculare

GRÜNBLÄTTRIGER SCHWEFELKOPF

Dieser äußerst verbreitete Pilz wächst das ganze Jahr über, selbst im Winter. Er ist nicht gerade tödlich giftig, sollte jedoch trotzdem unbedingt gemieden werden. Da er leicht mit dem wohlschmeckenden Hallimasch (*Armillaria mellea*) und dem Ziegelroten Schwefelkopf (*Hypholoma sublateritium*) zu verwechseln ist, sollten Sie sich vor ihm hüten.

BESTIMMUNG

Der Hut ist 2-9 cm breit und gewölbt, am Rand hängen oft noch Reste der gelben Hülle. Er ist leuchtend gelb mit dunkel-orangefarbener Mitte. Der 4-10 cm lange, gebogene Stiel hat die gleiche Farbe wie der Hut. Die Lamellen sind zunächst leuchtend gelb, werden später aber schwefliggdunkelgrün und schließlich braun. Das Fleisch ist leuchtend gelb und nahe der Stielbasis bräunlich. Der Geruch ist eindeutig pilzig. Das Sporenpulver ist purpurschwarz.

VORKOMMEN UND JAHRESZEIT

Der Pilz wächst in dichten Büscheln auf verrottendem Holz und den Stümpfen von Nadel- und Laubhölzern. Er gedeiht das ganze Jahr über.

Achten Sie auf die purpurbraunen Sporenablagerungen am Stiel.

Unten *Der Grünblättrige Schwefelkopf ist einer der verbreitetsten Pilze und überall auf verfaulendem oder absterbendem Holz in üppigen Büscheln zu finden.*

Inocybe pantouillardii, Syn. Inocybe erubescens

Ziegelroter Risspilz

Der Ziegelrote Rißpilz ist hochgiftig und darf keinesfalls verzehrt werden. Viele andere Vertreter der Familie Inocybe sind ebenfalls giftig, wenn auch nicht in so starkem Maße wie dieser. Man sollte deshalb alle Rißpilze tunlichst meiden.

BESTIMMUNG

Der Hut ist 3-10 cm breit, leicht konisch und unregelmäßig geformt. Die Ränder sind oft eingerissen, daher der Name. Die Oberfläche ist cremefarben mit rötenden Fasern. Der 3-10 cm hohe Stiel ist recht dick und an der Basis etwas knollig. Die Lamellen sind in der Jugend rosa wie bei eßbaren Pilzen, dunkeln dann aber zu hellbraun nach. Das Fleisch ist weiß und strömt keinen besonderen Geruch aus. Das Sporenpulver ist stumpfbraun.

VORKOMMEN UND JAHRESZEIT

Der Ziegelrote Rißpilz wächst am Wegesrand in Mischwäldern auf Kalkböden, vor allem in Verbindung mit Buchen, seltener mit Kastanien. Man findet ihn vom Frühling bis zum Spätherbst.

Rechts *Hut und Stiel sind faserig und weiß, röten aber an Druck- und Rißstellen deutlich. Dieser Rißpilz bevorzugt lichte Wälder und Kalkböden.*

Lactarius pubescens

Flaumiger Milchling

Unten *Der Hut muß blaßrosa bis weiß sein. Ist er tiefrosa, handelt es sich vermutlich um einen Birkenreizker.*

Dieser Pilz gehört zur großen Familie der Milchlinge oder Reizker. Den Flaumigen Milchling muß man genau kennen, weil er Übelkeit verursacht und leicht mit dem eßbaren Edelreizker verwechselt werden kann. Die wolligen Ränder des Flaumigen Milchlings sind ein wichtiges Unterscheidungsmerkmal.

BESTIMMUNG

Der Hut ist 4-10 cm breit, konvex und leicht genabelt. Der Rand ist deutlich eingerollt und flaumig. Oft ist er recht hell und hat bisweilen einen rosigen Hauch, der aber unter direkter Sonneneinstrahlung verblaßt. Der Stiel ist 3-6 cm hoch und blaßrosa. Die Lamellen sind gedrängt stehend, hellrosa und im Alter dunkler. Sie laufen am Stiel herab. Das recht dicke Fleisch ist weißlich, kann aber auch rosig überhaucht wirken. Der Geruch ist nicht charakteristisch. Ebenso verbreitet und geflaumt wie der Flaumige Milchling ist der Birkenreizker (*Lactarius torminosus*); er ist leuchtender rosa in der Farbe, aber ebenso unbekömmlich wie sein Vetter.

VORKOMMEN UND JAHRESZEIT

Dieser Pilz wächst an vielerlei Standorten, oft in der Nähe von Birken, selbst auf recht mageren, sandigen Böden vom Spätsommer bis weit in den Spätherbst hinein.

Paxillus involutus

Kahler Krempling

Der Kahle Krempling ist sehr verbreitet und ein hochgiftiger Pilz. Gelegentlich wirkt er wie ein Röhrling, was die Sache verschlimmert, denn einige Röhrlinge sind als gute Speisepilze bekannt. Die Giftstoffe des Kahlen Kremplings sind noch nicht identifiziert; sie bewirken leukämieähnliche Schädigungen.

BESTIMMUNG

Der Hut ist 5-15 cm breit, beim jungen Pilz relativ flach, später jedoch gebuckelt und im Alter vertieft. Der Name kommt vom eingerollten Rand. Der Hut ist mittel- bis rotbraun, bei Feuchtigkeit schmierig und bei Trockenheit glänzend. Der Stiel wird bis zu 7,5 cm hoch und weist etwa die gleiche Färbung auf wie der Hut. Die schmalen, gedrängt stehenden Lamellen sind gelb, verfärben sich aber an Druckstellen braun bis rotbraun. Sie laufen am Stiel herab. Das Sporenpulver ist hell rostbraun.

VORKOMMEN UND JAHRESZEIT

Der Kahle Krempling wächst am Wegrand in Laubwäldern, vor allem unter Birken, und auf saurem Heideboden. Die recht lange Saison dauert vom Sommer bis zum Spätherbst.

Oben *Ein reifer Hut mit nicht mehr eingerolltem Rand.*

Oben *Der Rand des noch unreifen Hutes ist fest eingerollt.*

Russula emetica

SPEITÄUBLING

Die Familie der Täublinge (Russula), eine der größten Pilzfamilien überhaupt, umfaßt mindestens 150 Arten. Einige davon, etwa der Frauentäubling, sind eßbar, viele jedoch hochgiftig. Der Speitäubling und der ähnliche Buchen-Speitäubling (*Russula mairei*) tragen ihre Namen sehr zu recht. Am besten meiden Sie die Familie der Täublinge ganz.

BESTIMMUNG

Der Hut mißt 3-10 cm im Durchmesser und ist zunächst konvex, später ausgebreitet und schwach trichterförmig. Die Oberfläche ist leuchtend rot mit weißen Stellen. Zieht man die Haut ab, zeigt sich darunter rotes Fleisch. Der weiße Stiel ist 4-9 cm hoch. Die Lamellen sind cremeweiß, dunkeln im Alter aber leicht nach. Das Fleisch ist dünn und brüchig, oft auch klebrig. Außer direkt unter dem Hut ist es weiß. Der Speitäubling strömt einen süßlichen Geruch aus. Das Sporenpulver ist weißlich.

Unten *Der Speitäubling findet sich unter Kiefern, vor allem an feuchten Stellen.*

VORKOMMEN UND JAHRESZEIT

Der Speitäubling wächst ausschließlich unter Kiefern, und zwar vom Sommer bis zum Spätherbst. Er ist weit verbreitet. Der mit ihm verwandte Buchen-Speitäubling findet sich zur gleichen Jahreszeit, aber fast ausschließlich unter Buchen.

Die Haut des rein roten Hutes läßt sich gut abziehen.

Bröckeliges Fleisch.

Weit entfernt stehende Lamellen.

Kochen mit Pilzen

EINFÜHRUNG

Wildpilze sind für passionierte Köche unwiderstehlich. Die in diesem Buch präsentierten Rezepte bringen die Vorzüge von über dreißig Speisepilzen zur Geltung und zeigen, wie man sie am besten zubereitet.

Pilzsammeln ist schon allein deshalb interessant, weil viele wohlschmeckende Sorten in Wäldern und auf Wiesen in der Umgebung zu finden sind. Allerdings ist die Begeisterung über das Aufspüren von Wildpilzen stets von der Gefahr überschattet, einen Giftpilz zu erwischen, wie etwa den Grünen oder Weißen Knollenblätterpilz *(Amanita phalloides* bzw. *virosa)* oder auch den Karbolegerling *(Agaricus xanthodermus)*. Gerade diese tödlichen Giftpilze sind leicht mit dem eßbaren Wiesenchampignon *(Agaricus campestris)* zu verwechseln. Einen Pilz, den Sie nicht exakt identifizieren können, sollten Sie nie anfassen. Wenn es möglich ist, begleiten Sie einen Pilzkenner, der Ihnen die eßbaren Pilze zeigt, und lassen Sie von unbekannten lieber die Finger.

Bekannt sind über tausend eßbare Pilzgattungen. Welche die besten Speisepilze sind, ist Geschmackssache, generell zählen aber Steinpilz *(Boletus edulis)*, Maronenröhrling *(Boletus* oder *Xerocomus badius)*, Speisemorchel *(Morchella esculenta)*, Pfifferling *(Cantharellus cibarius)* und Schwefelporling *(Laetiporus sulphureus)* zu den beliebtesten. Diese Pilze sind teuer und werden oft an Restaurants verkauft, doch man findet sie auch in Feinkostgeschäften. Die teuersten Pilze aber sind frische Trüffeln, die aus Norditalien und Südfrankreich importiert werden. Schwarze und Weiße Trüffeln wachsen in älteren Waldgebieten unter der Erdoberfläche und sind wegen ihres eigenwilligen Geruchs geschätzt, der dem Hormon Pheromon ähneln soll.

Allein der Duft, den Pilze bei Feuchtigkeit im Wald verbreiten, verleitet viele Menschen dazu, das Unterholz zu durchstöbern. Auch wenn man kaum das Glück hat, eine Trüffel zu finden, gibt es viele andere Speisepilze zu entdecken, und ein selbst zubereitetes Pilzgericht ist die richtige Belohnung für den Pilzsammler. Selbst wenn man nur wenige Exemplare findet, reicht das schon, um etwa Rühreiern zu einem ungewöhnlichen Aroma zu verhelfen. Den reinen Pilzgeschmack bringen Petersilie, Thymian und Kerbel ebenso zur Entfaltung wie ein Schuß Sherry. Mittags oder abends können Wildpilze vorzüglich in Suppen und klarer Brühe serviert werden, denen sie eine besondere Note geben.

Pilzaromen entfalten sich aber auch vorzüglich in Geflügelgerichten. Zu Hühnerfleisch eignet sich das delikate Aroma des Pfifferlings, des Edelreizkers *(Lactarius deliciosus)*, des Semmelstoppelpilzes *(Hydnum repandum)* und des Maipilzes *(Calocybe gambosa)*. Perlhuhn und Fasan vertragen sogar das Aroma frischer oder getrockneter Steinpilze, Parasolpilze und Rötelritterlinge. Das rauchige Aroma von Morcheln paßt sehr gut zu Wildente und läßt sich mit einem Glas Madeira verstärken. Der Schwefelporling ist in Geschmack, Konsistenz und Aussehen Hühnerfleisch so ähnlich, daß er dieses ohne weiteres in Geflügelrezepten ersetzen kann.

Zu Rindfleisch passen ausgezeichnet Wiesenchampignons, Schafegerlinge und Parasolpilze. Auf kleiner Flamme mit Rotwein, Zwiebeln und Fond gegart, ergeben sie einen saftigen Pilztopf. Lammfleisch verträgt sich hervorragend mit der an Aprikosen erinnernden Milde von Pfifferlingen und Edelreizkern, während Schweinefleisch sich sehr gut in einem Schmortopf mit Herbsttrompeten *(Craterellus cornucopioides)* und pürierten grünen Oliven macht.

Wildpilzaromen verbinden sich besonders intensiv mit anderen nicht gezüchteten Nahrungsmitteln – neben Wildtieren vor allem auch Meeresfrüchte. Vorausgesetzt, sie werden frisch verwendet, sind Fische und Krustentiere die idealen Begleiter von Wildpilzgerichten. Bei edlen Zutaten sollte die Zubereitungsart einfach sein, wobei Sie vor allem Saucen und Garnierungen viel Aufmerksamkeit widmen sollten. Als Faustregel gilt: Hat der Fisch ein delikates Aroma, wählen Sie einen milden Pilz als Beilage. Plattfische wie Seezunge, Scholle und Steinbutt lassen sich gut mit jungen Wiesenchampignons, etwas Petersilie, Zitrone und Thymian kombinieren. Kräftigere Fettfische wie Lachs, Thunfisch und Forelle vertragen sogar die intensiveren Aromen von Steinpilzen, Maronenröhrlingen, Shiitake und Rötelritterlingen.

Seit Jahrhunderten gelten Wildpilze auch deshalb als Delikatesse, weil sie eine nahrhafte Alternative zu Fleisch darstellen. Fleisch zu kaufen war schon immer ein teures Vergnügen, und seit jeher dienen Pilze zum ›Strecken‹ von Fleischgerichten. In der heutigen Zeit mit ihren gesundheitlichen und ökologischen Bedenken entdecken Vegetarier die ausgezeichneten Geschmacks- und Ernährungsqualitäten von Wildpilzen. Pilze enthalten die lebenswichtigen Mineralien Kalium, Magnesium und Eisen und sind reich an Niacin und anderen Vitaminen aus dem B-Komplex. Sie enthalten bis zu 8 Prozent Eiweiß und pro 100 Gramm nur etwa 35 Kilokalorien. In diesem Buch ist ein ganzes Kapitel den fleischlosen Gerichten vorbehalten, doch auch viele der Frühstücksrezepte und Vorspeisen sind für Vegetarier bestens geeignet.

Gute Speisepilze

Amanita caesarea
Rothütiger Kaiserling

Armillaria mellea
Hallimasch

Boletus edulis
Steinpilz

Cantharellus cibarius
Pfifferling

Agaricus campestris bzw. *bisporus*
Wiesen- bzw. Zuchtchampignon

Boletus/Xerocomus badius
Maronenröhrling

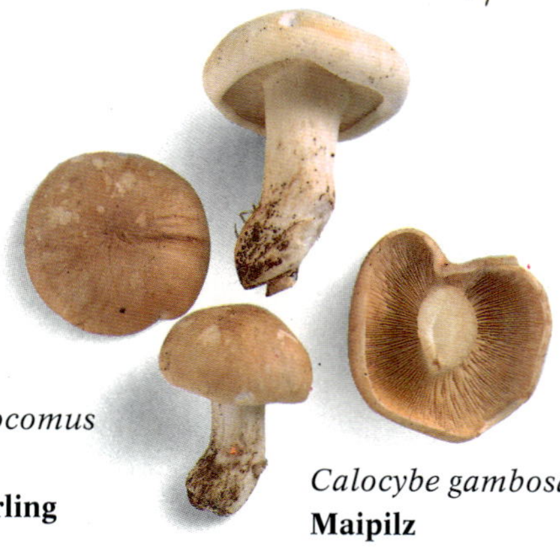

Calocybe gambosa
Maipilz

Die Beurteilung eßbarer Pilze ist Geschmackssache. Erfahrene Köche verwenden milde Pilze für zarte Gerichte und geben keine schwarzfärbenden Pilze in Sahnesaucen, die dadurch unappetitlich dunkeln. Nachfolgend meine ganz persönliche Bewertung einiger Speisepilze.

Agaricus campestris bzw. *bisporus*
Wiesen- bzw. Zuchtchampignon
Champignons sind beliebte Zutaten für vielerlei Gerichte. Achten Sie darauf, den Pilz nicht mit seinen giftigen Doppelgängern zu verwechseln, nämlich dem Karbolegerling *(Agaricus xanthodermus)* und dem Weißen oder dem Frühlings-Knollenblätterpilz *(Amanita virosa* bzw. *verna)*.

Amanita caesarea
Rothütiger Kaiserling
Der Kaiserling wird wegen seiner Ähnlichkeit mit Edelkastanien geschätzt. Die Farbe ist glänzend orange-rostrot bis gelb. Im nördlichen Europa kommt er nicht vor. Jüngere Exemplare ißt man am besten roh in Salaten.

Armillaria mellea
Hallimasch
Dieser Pilz hat einen kräftigen, oft durchdringenden Geruch. Eßbar ist er nur nach Abkochen, wobei man das Kochwasser wegschütten muß. Danach ist er allerdings weich und etwas fade – und daher nicht jedermanns Sache.

Boletus/Xerocomus badius
Maronenröhrling
Der Maronenröhrling ähnelt in vieler Hinsicht dem Steinpilz. Junge Exemplare schmecken hervorragend und lassen sich sowohl roh in Salaten verwenden als auch knapp gegart, wobei ihr Aroma noch verstärkt wird.

Boletus edulis
Steinpilz
Der Steinpilz ist besonders dann sehr delikat, wenn er noch klein und fest ist. Gute Exemplare fühlen sich schwer an und haben roh ein butterzartes Aroma. Größere Exemplare brät man am besten mit Kräutern in Butter an.

Calocybe gambosa
Maipilz
Maipilze riechen würzig und fleischig und entwickeln beim Garen ein nussiges Aroma. Sie schmecken lecker roh, eventuell mit etwas Knoblauch, Schnittlauch und Olivenöl-Dressing.

Cantharellus cibarius
Pfifferling
Die orangeroten Trichter des Pfifferlings riechen nach getrockneten Aprikosen und auch ein wenig nach Zitrone. Pfifferlinge sollte man kurz

Coprinus comatus
Schopftintling

Craterellus cornucopioides
Herbsttrompete

Hydnum repandum
Semmelstoppelpilz

Flammulina velutipes
Enokitake

Cantharellus infundibuliformis
Durchbohrter Leistling

Laccaria amethystea
Amethyst-Lacktrichterling

Lactarius deliciosus
Edelreizker

in Butter anbraten, Farbe und Geschmack bleiben beim Schmoren erhalten. Hüten Sie sich vor dem Falschen Pfifferling *(Hygrophoropsis aurantiaca)*, der Halluzinationen hervorrufen kann.

Cantharellus infundibuliformis
Durchbohrter Leistling
Der Durchbohrte Leistling riecht intensiv nach Moos und läßt sich gut mit anderen Pilzen kombinieren. Man schneidet das Stielende ab und verwendet den Pilz im ganzen.

Coprinus comatus
Schopftintling
Dieser Pilz schmeckt ein wenig wie der Wiesenchampignon. Sammeln Sie junge Exemplare, die noch keine schwarzen Ränder aufweisen. Den ähnlichen Faltentintling *(Coprinus atramentarius)*, der mit Alkohol Unwohlsein auslöst, sollten Sie meiden.

Craterellus cornucopioides
Herbsttrompete
Die süßlich-erdige Herbsttrompete aromatisiert schon in kleinen Mengen Suppen, Eintöpfe und Schmorgerichte. Das Schwarz des Pilzes färbt beim Garen nicht aus.

Flammulina velutipes
Enokitake
Diese Pilze werden in China gezüchtet; hier gibt es sie in asiatischen Feinkostläden. Sie riechen nach weißem Pfeffer und Zitrone. Man kann sie roh oder in Brühe gekocht servieren.

Hydnum repandum
Semmelstoppelpilz
Jüngere Exemplare schmecken nach Brunnenkresse und eignen sich roh gut für Salate. Reifere Pilze werden manchmal etwas bitter. Man sollte sie daher mit Butter und Kräutern anbraten.

Laccaria amethystea
Amethyst-Lacktrichterling
Diese leuchtend rotvioletten Pilze schmecken zwar nicht sehr kräftig, bilden in Gerichten aus helleren Pilzen jedoch einen hübschen, interessanten Farbklecks.

Lactarius deliciosus
Edelreizker
Der Pilz wird wegen seiner safrangelben Farbe und festen Konsistenz sehr geschätzt, hat aber nicht allzu viel Eigengeschmack. Bei reifen Pilzen befinden sich oft Larven im Stiel oder im Hut.

Laetiporus sulphureus
Schwefelporling
Geschmack und Konsistenz dieses Pilzes weisen eine frappierende Ähnlichkeit mit dem Fleisch von Brathuhn auf. Solange die Pilze frisch, feucht und duftend sind, können sie

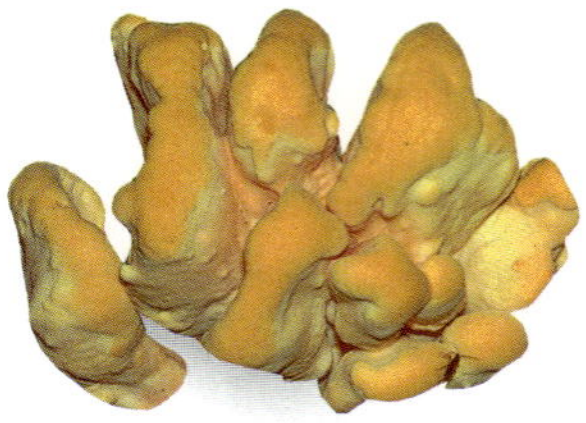

Laetiporus sulphureus
Schwefelporling

Leccinum versipelle
Birken-Rotkappe

Marasmius oreades
Nelkenschwindling

Langermannia gigantea
Riesenbovist

Macrolepiota procera
Parasolpilz
(Riesenschirmling)

Lentinus edodes
Shiitake

Lepista nuda
Violetter Rötelritterling

Lepista saeva
Lilastiel-Rötelritterling

Morchella esculenta/elata
Speise-/Spitzmorchel

bei vielen Hähnchengerichten ohne weiteres das Fleisch ersetzen.

Langermannia gigantea
Riesenbovist
Beim Aufschneiden strömt ein junges Exemplar ein sanftes, fleischiges Aroma aus, das dem des Steinpilzes ähnelt. Ältere Exemplare, die sich beim Anschneiden gelb färben, sollten nicht mehr verzehrt werden.

Leccinum versipelle
Birken-Rotkappe
Der Pilz hat einen braun gesprenkelten Stiel und einen gelbbraun-orangenen Hut, der später ausbleicht. Beim Kochen wird der Pilz weich. Er eignet sich für Suppen und Schmortöpfe.

Lentinus edodes
Shiitake
Shiitake-Pilze werden in Fernost auf Stämmen des mit Eichen verwandten Shii-Baumes gezüchtet. Sie haben ein kräftiges, rindfleischähnliches Aroma, das beim Garen nicht verlorengeht.

Lepista nuda und *Lepista saeva*
Violetter Rötelritterling und Lilastiel-Rötelritterling
Die Pilze verströmen einen intensiven Kieferduft und passen gut zu Wild, gerösteten Nüssen und Käse.

Macrolepiota procera
Parasolpilz
Der Hut des Pilzes sitzt auf einem langen, ungenießbar zähen Stiel. Der Hut selbst hat einen wildartigen, intensiven Geschmack, der mit der Reife zunimmt. Am besten mit frischen Kräutern in Butter schwenken.

Marasmius oreades
Nelkenschwindling
Dieser recht verbreitete Pilz taucht als einer der ersten im Frühjahr auf und schmeckt delikat. Frisch oder getrocknet verströmt er ein Eichenaroma, das sich am besten in Butter angebraten entfaltet. Den Pilz darf man nicht mit dem tödlich giftigen Rinnigbereiften Trichterling *(Clitocybe rivulosa)* verwechseln.

Morchella esculenta, vulgaris, elata
Morcheln
Morcheln sind die interessantesten Frühjahrspilze. Frisch und getrocknet werden sie für ihren tabakartigen intensiven Geruch nach Schwefel und Eichenholz gelobt. Dieser verträgt sich hervorragend mit Eiern, Rindfleisch und Wild. Ein Schuß Madeira bringt das Aroma gut zur Geltung.

Pleurotus ostreatus
Austernseitling
Sowohl Wildformen wie auch Zuchtpilze haben kaum Eigengeschmack. Jüngere Exemplare sind noch am

Pleurotus ostreatus
Austernseitling

Pleurotus citrinopileatus
Gelber Austernseitling

Suillus luteus
Butterröhrling

Tuber magnatum
Weiße Trüffel

Russula cyanoxantha
Frauentäubling

Sparassis crispa
Krause Glucke

Tuber aestivum
Sommertrüffel

schmackhaftesten und mit kräftigeren Pilzen gute Topffüller.

Pleurotus citrinopileatus
Gelber Austernseitling
Diese grellgelbe Sorte ist ein reiner Zuchtpilz für die Supermärkte und schmeckt nach fast nichts. Die Farbe verblaßt beim Kochen.

Russula cyanoxantha
Frauentäubling
Der Frauentäubling ist ein hervorragender Speisepilz. Er zählt aber zu einer riesigen Familie, deren teils unbekömmliche Mitglieder oft nur schwer voneinander zu unterscheiden sind. Eine exakte Bestimmung ist daher unerläßlich.

Sparassis crispa
Krause Glucke
Dieser Pilz ist eher wegen seiner Konsistenz als wegen seines Geschmacks beliebt. Roh und getrocknet strömt er einen eigenartigen Geruch nach Latex und Ammoniak aus, der jedoch nach kurzer Garzeit verfliegt. Die Festigkeit der Krausen Glucke macht sich vor allem in Mischpilzgerichten angenehm bemerkbar.

Suillus luteus
Butterröhrling
Der Hut des Butterröhrlings ist mit einer klebrigen Glutenschicht überzogen und nimmt bei feuchtem Wetter leicht eine schwammige Konsistenz an. Beim Kochen wird er weich und dient so als gute Grundlage für Suppen und Saucen.

Tuber aestivum
Sommertrüffel
Sie schmeckt zwar etwas weniger intensiv als die Piemonttrüffel, doch birgt sie unter der warzigen schwarzen Oberfläche ein delikates Eichenaroma. Die Sommertrüffel ist etwas fester strukturiert als die Weiße Trüffel und sollte vor dem Blättrigschneiden gründlich geputzt werden. Dem Aroma kommt es zugute, wenn man kurz vor Ende der Garzeit einige Tropfen Trüffelöl hinzufügt.

Tuber magnatum
Weiße oder Piemonttrüffel
Diese seltene, teure Trüffel gedeiht nur an wenigen Orten, überwiegend in Norditalien. Sie hat ein eigenartiges, kraftvolles Aroma. Beim Berühren spürt man, daß die Trüffel eine ähnlich bröckelige Konsistenz besitzt wie frische Hefe. Leider benötigt man speziell abgerichtete Hunde oder Schweine, um Trüffeln aufzuspüren. Sollten Sie das Glück haben, eine Weiße Trüffel zu finden, bürsten Sie sie und hobeln Sie sie einfach roh über ganz schlichte Gerichte. Beim Kochen leidet der Geschmack sehr.

Pilze trocknen

Beim Trocknen oder Dörren intensivieren sich Geschmack und Duft der Pilze. Steinpilze entwickeln ein ausgeprägtes Rindfleischaroma mit angenehm ledrigen Anklängen. Maronenröhrlinge haben ein süßlicheres und weniger komplexes Aroma. Morcheln nehmen beim Dörren schweflige, fleischige, fast rauchige Noten an, Nelkenschwindlinge dagegen werden sanft und süßlich. Die Krause Glucke strömt roh einen starken Geruch nach Latex und Essig aus, der jedoch beim Garen verfliegt. Edelreizker und Pfifferlinge werden fruchtig-üppig, während die Herbsttrompete ein dunkles Waldbodenaroma bekommt.

Gut durchgetrocknet halten sich Pilze in luftdichten Gefäßen den ganzen Winter über und bieten sich für aromatische Suppen, Eintöpfe und Schmorgerichte an.

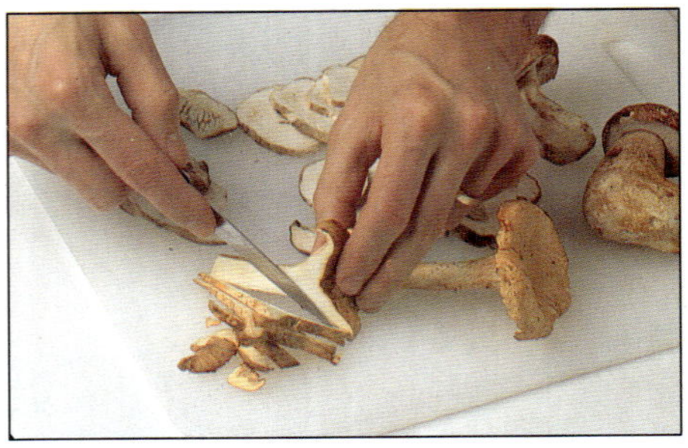

1 Die Pilze werden mit einem feuchten Tuch abgerieben, jedoch möglichst nicht gewaschen. Schadhafte Stellen abschneiden. Pilze blättrig schneiden, um sicherzustellen, daß sie frei von Insekten und Maden sind. Beim Dörren von Pfifferlingen sollten die Stiele kleiner Exemplare entfernt werden, da sie leicht zäh werden.

2 Legen Sie die Pilze auf ein Korbtablett oder Backblech, das mit Zeitungspapier und einer Deckschicht Pergamentpapier belegt ist. Zwei Tage an einen warmen, luftigen Ort stellen. Schneller geht es, wenn man die Pilze zwei Stunden bei 80° C im Umluftbackofen dörrt und die Ofentür einen Spalt offenläßt. Bei wenigen Pilzen reicht es aus, sie auf eine Schnur aufzufädeln.

3 *Rechts:* Wenn die Pilze gut durchgetrocknet sind, füllt man sie nach Art sortiert und beschriftet in luftdicht verschließbare Gefäße, die in dunklen Räumen aufbewahrt werden sollten. Sind die Pilze nicht vollständig trocken, bildet sich Schimmel und die ganze Arbeit war umsonst.

Pilzpulver

Der intensive Geschmack getrockneter Pilze kann in pulverisierter Form zum Würzen von winterlichen Suppen, Eintöpfen und Currygerichten verwendet werden. Der stark nach Bockshornklee riechende Kampfer-Milchling *(Lactarius camphoratus)* sollte stets sparsam eingesetzt werden. Auch der Anisegerling *(Clitocybe odora)* findet als Würzpilz bei süßen wie bei pikanten Gerichten Verwendung. Zum Pulverisieren eignen sich zudem viele Röhrenpilze sowie Wiesen- und Schafchampignons.

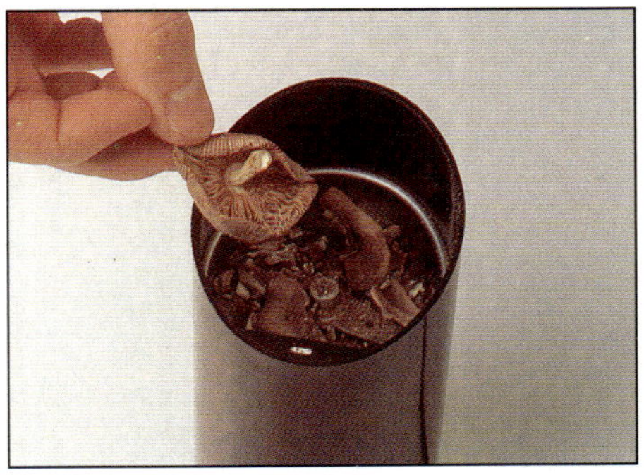

1 Den Innenraum einer elektrischen Kaffeemühle trocken auswischen, die gut durchgedörrten Pilze hineingeben und fein mahlen.

2 Das Pulver in ein luftdicht verschließbares Gefäß füllen, beschriften und dunkel lagern. Sparsam verwenden.

Getrocknete Pilze wässern

Zum Auffrischen legt man die getrockneten Pilze 20 Minuten in lauwarmes Wasser. Durch kochendes Wasser würden sie zäh. Nach dem Abtropfen kann das Wasser für Fonds verwendet werden.

1 Die Pilze in eine Schüssel geben, mit warmem Wasser bedecken und sie dann 20 Minuten ziehen lassen.

Pilze in Salz

Das Einsalzen ist eine uralte Methode zur Haltbarmachung von Pilzen und in osteuropäischen Ländern noch immer häufig anzutreffen. Bei diesem Verfahren wird Bakterienwachstum verhindert, indem man die Pilze schichtweise mit Salz bedeckt. Das Salz zieht die Feuchtigkeit aus den Pilzen und bildet eine Lake. Vor der Verwendung müssen die so gelagerten Pilze in reichlich kaltes Wasser gelegt werden, um ihren Salzgehalt zu verringern. Nach dem Wässern können sie dann mit Rind- und Schweinefleisch oder Kutteln zusammen geschmort werden.

Geeignet für das Einsalzen sind Semmelstoppelpilze, Austernseitlinge, Maronenröhrlinge, der Durchbohrte Leistling, der Edelreizker sowie der Violette und der Lilastiel-Rötelritterling.

Man verwendet drei Teile Salz auf ein Teil Pilze.

1 Die Pilze mit einem feuchten Tuch von Schmutz und Insekten befreien und putzen. Mit einem Edelstahlmesser in dicke Scheiben schneiden. Den Boden eines luftdicht verschließbaren Glases oder Keramiktopfes mit einer Lage Stein- oder Meersalz bedecken und darauf abwechselnd Pilze und Salz schichten, bis das Glas voll ist.

2 Nach 3-4 Stunden sind die Pilze geschrumpft, da das Salz ihnen Feuchtigkeit entzieht. Nun können weitere Schichten aufgefüllt werden. Die Pilze können an einem kühlen Ort bis zu 12 Monate gelagert werden.

Pilze einfrieren

Um Pilze rasch und problemlos haltbar zu machen, kann man sie auch einfrieren. Festere Sorten eignen sich dazu am besten, beispielsweise Shiitake, Rötelritterlinge, Herbsttrompeten, Pfifferlinge sowie junge Wiesenchampignons und Schafegerlinge. Wenn Sie die Pilze zum Auftauen nur kurz in kochendes Wasser tauchen, bleiben Aroma und Geschmack besser erhalten.

1 In einer Kasserolle Salzwasser zum Kochen bringen und ein Blech mit Pergamentpapier auslegen. Pilze putzen, dabei größere in dicke Scheiben schneiden, und ins kochende Wasser geben. Eine Minute ziehen lassen.

2 Gut abtropfen lassen und 30-40 Minuten auf einem mit Papier belegten Blech schockgefrieren. Dann gibt man sie in Plastiktüten und beschriftet diese. Gefrorene Pilze sind bis zu 6 Monate im Gefrierschrank haltbar.

Pilzbutter

Dies ist eine beliebte Zubereitung, um das Aroma von Wildpilzen zu erhalten. Die edelsten Röhrlinge wie Steinpilze und Maronenröhrlinge verbinden sich besonders apart mit der Butter. Sollten Sie einmal frische Trüffeln bekommen, können diese ebenfalls geschält und zerkleinert roh mit Butter vermischt aufbewahrt werden. Auch Morcheln, Pfifferlinge, Edelreizker und Rothütige Kaiserlinge sind dafür sehr gut geeignet. Wildpilzbutter schmeckt wunderbar, wenn man sie auf kurzgebratenem Fleisch oder Fisch schmelzen läßt, sie paßt aber auch hervorragend zu Nudeln, Suppen und Saucen.

450 g Pilze

175 g Butter

15 g frische Schwarze oder Weiße Trüffel, geschält und zerkleinert, oder ggf. 3 Tropfen Trüffelöl.

1 Pilze sorgfältig reinigen. Putzen, blättrig schneiden und hacken. 50 g Butter in einer großen Pfanne zerlassen und die Pilze bei mäßiger Hitze schmoren. Noch 2-3 Minuten im eigenen Saft ziehen und dann abkühlen lassen.

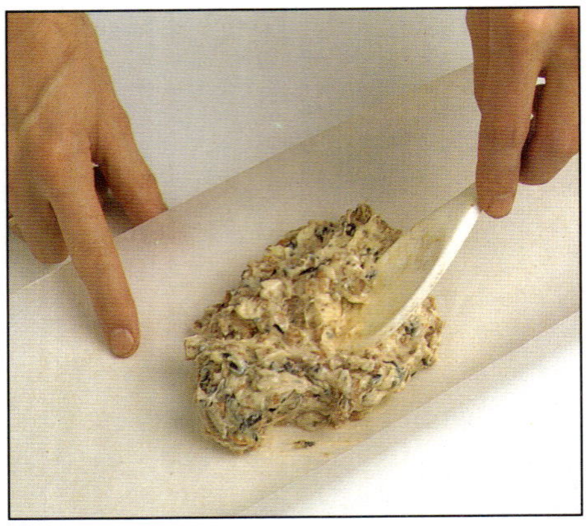

2 Die gekochten Pilze und Trüffeln bzw. das Trüffelöl mit der restlichen Butter vermischen und die Masse auf Pergamentpapier streichen.

3 *Rechts:* Das Pergament zu einer Rolle formen, die Enden zusammendrehen und im Kühlschrank erkalten lassen. Die Butter kann bis zu 10 Tage im Kühlschrank oder bis zu 8 Wochen im Gefrierschrank aufbewahrt werden.

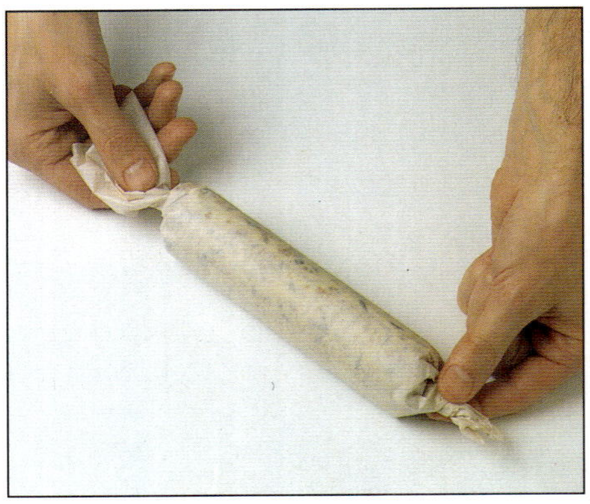

Duxelles

Duxelles, eine bekannte Zubereitung der klassischen französischen Küche, besteht aus feingehackten Pilzen und Schalotten, die mit Wein und Kräutern in Butter gebraten werden, und bildet die Grundlage für viele beliebte Suppen- und Saucenrezepte, Füllungen und Gratins. Der Name leitet sich nach dem Larousse-Wörterbuch von der kleinen Stadt Uxel im Nordosten Frankreichs ab. Das Rezept soll im 17. Jh. vom Leibkoch des Marquis d'Uxelles, La Varenne, erfunden worden sein. Duxelles kann aus Wild- oder Zuchtpilzen hergestellt werden und hält sich im Kühlschrank etwa 10 Tage, in einer Eiswürfelschale tiefgefroren etwa 8 Wochen.

50 g Butter

2 Schalotten, gehackt

450 g Wild- oder Zuchtpilze, geputzt und fein gehackt

1 Zweig Thymian, gehackt

50 ml Weißwein oder Sherry

Selleriesalz

Frisch gemahlener schwarzer Pfeffer

1 Die Butter in einer Pfanne auf kleiner Flamme zerlassen, gehackte Schalotten zugeben und 2-3 Minuten glasig, aber nicht braun werden lassen.

2 *Rechts:* Pilze, Thymian und Wein zugeben und köcheln lassen, bis die Pilze Wasser ziehen. Die Flüssigkeit auf großer Flamme verdampfen lassen. Sobald eine recht trockene Konsistenz erreicht ist, mit Selleriesalz und Pfeffer würzen und sofort weiterverarbeiten. Wird die Duxelles nicht gleich verbraucht, abkühlen lassen und im Kühl- bzw. Gefrierschrank aufbewahren.

Pilzpaste

Pilzpaste basiert auf einer Duxelle, die zu feinem Püree verarbeitet wird. Man benutzt sie vor allem zum Würzen von Suppen und Saucen, doch ein Löffelchen davon wirkt auch bei Rinder- oder Wildschmorgerichten Wunder. Wie die Duxelle kann man Pilzpaste am einfachsten portionsweise in Eiswürfelschalen einfrieren.

1 Eine Duxelle wie im Rezept auf Seite 132 zubereiten. In der Küchenmaschine zu einer glatten Paste pürieren.

2 Abgekühlt in ein luftdichtes Glas füllen. Im Kühlschrank bis 10 Tage, tiefgefroren bis 8 Wochen haltbar.

Pilzextrakt

Feine Speisepilze lassen sich am besten im ganzen oder blättrig geschnitten aufbewahren. Aus gewöhnlicheren Sorten wie Wiesenchampignons, Schafegerlingen oder Parasolpilzen läßt sich auch ein aromatischer dunkler Extrakt herstellen. Die Pilze müssen unbedingt präzise bestimmt werden, denn schon ein einziger Giftpilz darunter hätte fatale Folgen. Für einen Extrakt kann man auch Schopftintlinge und jeden überreifen Röhrling verwenden, sofern er in gutem Zustand und frei von Maden ist. Jede angefaulte Stelle kann später zu Gärprozessen führen. Der Pilzextrakt hält sich im Kühlschrank in einer dicht schließenden Flasche oder einem Schraubdeckelglas 8 bis 10 Wochen. Man kann damit Suppen, Eintöpfen und Wildgerichten ein wunderbares Aroma verleihen.

450 g Wiesenchampignons, Schafegerlinge und Parasolpilze, Schopftintlinge, Birken-Rotkappen, Butterröhrlinge und/oder Herbsttrompeten, geputzt und grob gehackt.

300 ml Wasser

200 ml Rotwein

60 ml dunkle Sojasauce

1 TL Salz

1 Zweig Thymian

1 Alle Zutaten in einen großen Edelstahltopf geben. Zum Sieden bringen und ohne Deckel 45 Minuten köcheln lassen.

2 Den Pilzsud durch ein Sieb abgießen und dabei soviel Flüssigkeit wie möglich auspressen. Diesen Extrakt nochmals zum Sieden bringen und auf die Hälfte einkochen.

3 *Links:* Eine Flasche oder ein Einmachglas durch mehrminütiges Eintauchen in kochendes Wasser sterilisieren und abtropfen lassen. Die Pilzflüssigkeit einfüllen, verschließen und abkühlen lassen. Nach dem Erkalten beschriften und im Kühlschrank aufbewahren. Pilzextrakt kann man auch in einer Eiswürfelschale einfrieren.

Pilze in Essig

Wenn die Pilze ganz mit Essig bedeckt sind, haben Bakterien kaum eine Chance, sich zu vermehren. Den Essig kann man durch Aromatisieren und Verdünnen milder machen. Bei diesem Rezept lege ich Shiitake-Pilze mit orientalischen Aromen ein, es dürfen aber ohne weiteres andere feste Pilze in verschiedenen Geschmacksrichtungen sein. Am besten macht man eingelegte Pilze zum Servieren mit Olivenöl an, das den Essig ergänzt. Als Vorspeise oder zum kalten Buffet reichen.

250 ml Weißweinessig

150 ml Wasser

1 TL Salz

1 rote Chilischote

2 TL Korianderkörner

2 TL Piment (Nelkenpfeffer)

250 g Shiitake-Pilze, ggf. halbiert

1 Weinessig und Wasser in einem Edelstahltopf aufkochen. Salz, Chilischote, Koriander, Piment und Pilze zugeben, 10 Minuten köcheln lassen.

2 Ein 500-ml-Einmachglas mit kochendem Wasser sterilisieren und an der Luft trocknen lassen.

Pilze und Flüssigkeit hineingeben, fest verschließen, beschriften und mindestens 10 Tage durchziehen lassen.

Pfifferlinge in Wodka

Wenn Sie beim Sammeln ein paar Pfifferlinge finden, legen Sie sie doch einmal in Wodka ein! Er ist geschmacksneutral und bringt das aprikosenartige Aroma der Pfifferlinge wundervoll zur Geltung. Gut gekühlt als Aperitif servieren.

375 ml Wodka

75 g junge Pfifferlinge, geputzt

1 Die Pfifferlinge in ein sauberes Einmachglas füllen.

2 Den Wodka aufgießen und bei Zimmertemperatur ziehen lassen. Der Pfifferling-Wodka ist fertig, sobald die Pilze auf den Grund gesunken sind.

Pilze in Öl

Diese Methode eignet sich hervorragend für hochwertige Pilze von fester Konsistenz. Vielleicht scheint Ihnen das Rezept kostspielig, doch das verwendete Öl nimmt das delikate Pilzaroma an und kann später für herrliche Salatsaucen verwendet werden.

250 ml Weißweinessig

150 ml Wasser

1 TL Salz

1 Zweig Thymian

1/2 Lorbeerblatt

ggf. 1 rote Chilischote

450 g gemischte Wildpilze, etwa junge Maronenröhrlinge, Pfifferlinge, Edelreizker und Herbsttrompeten, geputzt und ggf. halbiert

400 ml kaltgepreßtes Olivenöl

1 Essig und Wasser in einem Edelstahltopf zum Köcheln bringen, Salz, Thymian, Lorbeerblatt und ggf. Chilischote zugeben und 15 Minuten ziehen lassen.

2 Die Pilze zugeben und 10 Minuten köcheln lassen. Einmachglas mit kochendem Wasser sterilisieren und an der Luft trocknen lassen. Die gegarten Pilze abgießen, gut abtropfen lassen und in das Glas füllen.

3 *Rechts:* Die Pilze mit Öl bedecken, das Glas verschließen und beschriften. Kühl aufbewahrt halten sich Pilze in Öl bis zu 12 Monate.

Würzpilze in Wodka

Durchbohrte Leistlinge und Austernseitlinge verbinden sich mit Kümmel, Zitrone und Chili zu einem ungewöhnlichen, wärmenden Getränk.

75 g Durchbohrte Leistlinge und Austernseitlinge

1 TL Kümmel

1 Zitrone

1 rote Chilischote

375 ml Wodka

1 Pilze, Kümmel, Zitronenfilets und die Chilischote in ein sauberes Einmachglas oder eine Flasche füllen.

2 Wodka aufgießen und über etwa 2-3 Wochen ziehen lassen, bis die Pilze nach unten sinken. Gut gekühlt als Aperitif servieren.

Frühstück & Brunch

Kedgeree von Austernseitlingen und Pfifferlingen

Eine Horde Langschläfer zum Frühstück zu holen ist mit diesem Rezept ganz einfach. Bei dem würzigen Kedgeree verbindet sich das erdige Aroma der Austernseitlinge und Pfifferlinge mit Eiern, Reis und etwas Curry.

Für 4 Portionen

25 g Butter

1 mittelgroße Zwiebel, gewürfelt

400 g Langkornreis

1 kleine Möhre, fein geschnitten

900 ml Hühner- oder Gemüsebrühe, kochend heiß

1 Prise Safran

225 g Austernseitlinge und Pfifferlinge, geputzt und halbiert

115 g mehligkochende Kartoffeln, geschält und geraspelt

450 ml Milch

1/2 Würfel Hühner-/Gemüsebrühe

1/2 TL Currypaste

2 EL Crème double

4 Eier

4 EL frische Petersilie, gehackt

Tip am Rande
Das Kedgeree läßt sich bis zu zwei Stunden in einer zugedeckten Schüssel warmhalten.

1 Butter in einem großen Topf zerlassen, Zwiebel zugeben und bei schwacher Hitze glasig werden lassen.

2 Die Hälfte der Zwiebeln in einen mittelgroßen Topf geben. Reis, Möhre und Brühe in den großen Topf füllen, Safran zugeben und ohne Deckel 15 Minuten auf kleiner Flamme kochen lassen. Topf vom Feuer nehmen und bedeckt 5 Minuten ziehen lassen.

3 Austernpilze und Pfifferlinge in den Topf mit den Zwiebeln geben und auf kleiner Flamme einige Minuten braten. Kartoffelraspeln, Milch, Brühwürfel und Currypaste zugeben und 15 Minuten lang köcheln lassen, bis die Kartoffeln die Flüssigkeit angedickt haben.

4 In einem anderen Topf Eier 10 Minuten kochen. Mit kaltem Wasser abschrecken, pellen und vierteln.

5 Den Reis auf eine vorgewärmte Servierplatte füllen und die Pilze mit Sauce daraufgeben. Mit Eivierteln und gehackter Petersilie anrichten.

Tip am Rande
Im Handel gibt es mehrere Sorten Langkornreis. Am wenigsten Geschmack haben die ›körnigen‹ Marken, denen ein Teil der Stärke durch Vorgaren entzogen wird. Die Vorstellung, Reis dürfe nicht einmal ansatzweise kleben, läßt sich nicht mit Konsistenz und Geschmack von gutem Reis vereinbaren.

Aprikosen-Pfifferlingmuffins

Wer an einem Pfifferling riecht, denkt sofort an Aprikosen. Dieses Aroma wird bei meinem Rezept noch betont, denn ich kombiniere die Pilze mit Dörraprikosen und Pinienkernen.

Für 12 Portionen

175 g Mehl

2 gestr. TL Backpulver

1/2 TL Salz

1 EL fein gehackte Dörraprikosen

75 g Pfifferlinge, geputzt und gehackt

1 TL frischer Thymian, gehackt

1 Ei

50 g zerlassene Butter

120 ml Milch

25 g Pinienkerne/Mandelblätter

Butter/Öl zum Einfetten der Form

1 Backofen auf 220° C vorheizen. 12 Muffin-Förmchen mit Butter oder Öl einfetten und beiseite stellen.

2 Mehl, Backpulver und Salz in eine Schüssel sieben. Aprikosen, Pilze, Thymian, Ei, Butter und Milch hinzufügen und zu einem dickflüssigen Teig verrühren.

3 Die vorbereiteten Muffin-Förmchen jeweils zu zwei Dritteln mit Teig füllen und die Oberfläche mit Pinienkernen bestreuen. Auf der oberen Schiene 12 Minuten goldgelb backen, stürzen und noch warm servieren. Halbiert und mit Butter bestrichen schmecken sie besonders köstlich.

Pilzpfanne mit Spiegelei

Wenn Sie müde und hungrig vom Pilzsammeln nach Hause kommen, wird dieses üppige Frühstück Ihre Lebensgeister rasch wiederbeleben.

Für 4 Portionen

75 g Gänse- oder Schweineschmalz

350 g roher Speck

450 g Schweinswürstchen

350 g gemischte Wildpilze, entweder helle Sorten (Austernseitling, Parasol-, Semmelstoppel- und Maipilz, Rothütiger Kaiserling, Steinpilz, Pfifferling und Schwefelporling) oder dunkle Sorten (Wiesenchampignon, Schopftintling, Herbsttrompete und Birken-Rotkappe)

1 Zweig Thymian

Salz und frisch gemahlener schwarzer Pfeffer

4 Eier

4 Scheiben Weiß- oder Graubrot

Butter als Brotaufstrich

1 Backofen auf 150° C vorheizen. 25 g Schmalz in einer großen Pfanne zerlassen und darin Speck und Würstchen braten. Auf eine Servierplatte legen und warmstellen.

2 Pilze putzen und blättrig schneiden. In der Pfanne in Schmalz schwenken, dann mit Thymian bestreuen und 2-3 Minuten weiterdünsten. Salzen und pfeffern, in eine Schüssel füllen und zugedeckt warmstellen.

3 Das restliche Schmalz in der Pfanne zerlassen und die Eier darin braten. In der Zwischenzeit das Brot toasten und mit Butter bestreichen. Mit Speck, Würstchen und Pilzen servieren.

Tip am Rande
Wenn Sie helle und dunkle Pilze zusammen verwenden wollen, sollten Sie sie separat zubereiten – so macht das fertige Gericht einen appetitlicheren Eindruck.

Brötchen mit Rühreí und Morcheln

Würzige Morcheln vertragen sich gut mit gehaltvollen Zutaten wie Eiern, Sahne und Madeira. Dieses einfache Frühstücksrezept schmeckt mit frischen oder getrockneten Morcheln.

Für 4 Portionen

150 g frische bzw. 15 g getrocknete Morcheln

25 g Butter

1 Schalotte, fein gewürfelt

60 ml Madeira

4 EL Crème fraîche

4 Brötchen

Für das Rührei

8 Eier

4 EL Crème fraîche

Salz und frisch gemahlener schwarzer Pfeffer

25 g Butter

1 Getrocknete Morcheln 20 Minuten in warmem Wasser stehen lassen, dann abgießen. Butter zerlassen und Schalotten auf kleiner Flamme glasig dünsten. Morcheln zugeben und kurz aufwallen lassen, dann Madeira einrühren und einkochen, bis die Flüssigkeit sirupartig ist. Crème fraîche unterrühren und kurz weiterkochen. In einer Schüssel warmstellen.

2 Die halbierten Brötchen bei mittlerer Hitze unter dem Grill rösten.

Tip am Rande

Madeira bietet mit seinem Eichen-Haselnußaroma ein gutes Gegengewicht zu sehr würzigen Pilzen, man kann aber auch einen halbtrockenen Sherry nehmen.

3 Die Eier in eine Schüssel geben, Crème fraîche hinzufügen, würzen und mit einer Gabel aufschlagen. Die Butter in der Pfanne schmelzen lassen, die Eimasse hineingießen, dabei vorsichtig, aber stetig rühren, bis die Eier zu stocken beginnen. Von der Flamme nehmen und die Eier ohne Hitzezufuhr weiterstocken lassen.

4 Die Brötchen mit Rührei und Morcheln belegen.

Muffins mit Parasolpilzen auf Florentiner Art

Parasolpilze sind wegen ihrer festen Konsistenz und ihres würzigen Aromas geschätzt. Während die Stiele offener Exemplare zäh sind, schmecken bei jungen Pilzen Stiel und Kappe ausgezeichnet.

Für 4 Portionen

400 g junger Blattspinat ohne Stiele

Salz und frisch gemahlener schwarzer Pfeffer

350 g Parasolpilz-Hüte

50 g Butter sowie zusätzlich etwas Butter als Brotaufstrich

1 Knoblauchzehe, zerdrückt

5 Zweige Thymian

200 ml Crème fraîche

Eine Prise geriebene Muskatnuß

4 englische Muffins, aufgeschnitten

1 Spinat waschen und mit einer Prise Salz in einen großen Kochtopf geben. 6-8 Minuten zugedeckt bei gleichbleibender Hitze kochen, dann abtropfen lassen, dabei möglichst viel Flüssigkeit mit einem Löffelrücken herausdrücken. Den Spinat fein hacken.

2 Die Pilze sehr fein hacken, bei kleinen Exemplaren auch die Stiele. Die Butter in einer Pfanne zerlassen und die Pilze mit dem Knoblauch und 1 Zweig Thymian zugeben. 3-4 Minuten dünsten, dann den gehackten Spinat und 150 ml Crème fraîche hinzugeben. Mit Salz, Pfeffer und Muskatnuß würzen. Die Muffins rösten und dann mit etwas Butter bestreichen.

3 Spinat-Pilzmasse auf die Muffins streichen, restliche Crème fraîche auftupfen und mit Thymian garnieren.

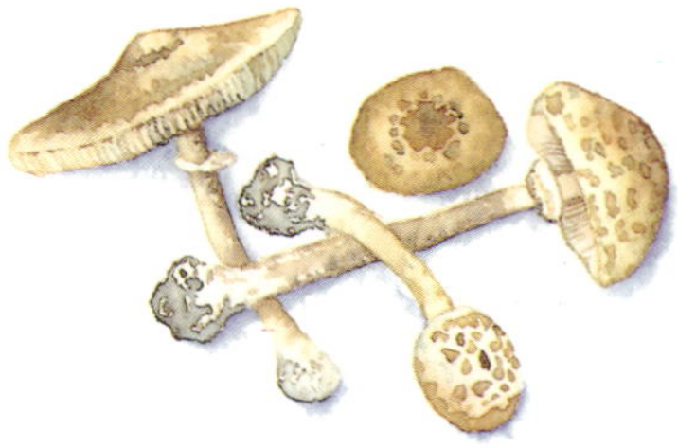

Tip am Rande

Bei Verwendung von TK-Spinat ist nur die Hälfte der angegebenen Menge nötig. Tauen Sie den Spinat auf und drücken Sie ihn aus, bis er nahezu trocken ist.

Pilztoast mit Petersilie, Zitrone und Knoblauch

Wiesenchampignons vertragen sich eigentlich gut mit Knoblauch, doch dominiert das Knoblaucharoma oft allzusehr. Mit Rücksicht auf den Pilz habe ich daher in diesem Rezept den Knoblauch mit viel frischer Petersilie und einer Spur Zitrone abgemildert.

Für 4 Portionen

25 g Butter sowie zusätzliche Butter als Brotaufstrich

1 mittelgroße Zwiebel, gewürfelt

1 Knoblauchzehe, zerdrückt

350 g gemischte Wildpilze, z. B. Wiesenchampignons, Schopftintlinge und Birken-Rotkappen, geputzt und blättrig geschnitten

45 ml trockener Sherry

5 EL frische Petersilie, gehackt

1 EL Zitronensaft

Salz und frisch gemahlener schwarzer Pfeffer

4 Scheiben Weiß- oder Graubrot

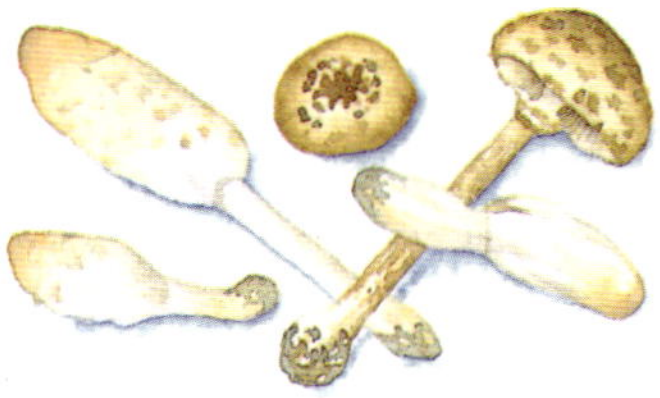

1 Butter in einer großen Pfanne zerlassen und Zwiebelwürfel bei milder Hitze glasig, aber nicht braun dünsten.

2 Knoblauch und Pilze hinzugeben, zugedeckt 3-5 Minuten garen. Sherry angießen und ohne Deckel weiterkochen, bis die Flüssigkeit verdampft ist.

3 Petersilie und Zitronensaft hinzugeben und mit Salz und Pfeffer abschmecken.

4 Das Brot toasten und mit Butter bestreichen. Die Pilze auf das Brot häufen und servieren.

Tip am Rande
Glattblättrige Petersilie schmeckt viel intensiver als die übliche gekrauste Petersilie. Sie bleibt länger frisch, wenn man sie in ein Glas Wasser stellt und mit einer Plastiktüte abdeckt.

Semmelstoppel-pilz-Pfannkuchen mit Schnittlauch-butter

Pfannkuchen sind eine ideale Grundlage für zarte Wildpilze. Helle Sorten wie der pfeffrige Semmelstoppelpilz eignen sich am besten. Kurz in Butter garen und dann in den Teig geben.

Für 12 Pfannkuchen
50 g Butter
250 g Semmelstoppelpilze, gehackt
50 g Semmelstoppelpilze, blättrig geschnitten
Für die Pfannkuchen
175 g Mehl
2 gestr. TL Backpulver
Salz und weißer Pfeffer
2 Eier
200 ml Milch
Für die Schnittlauchbutter
15 g frische Schnittlauchröllchen
115 g weiche Butter
1 TL Zitronensaft

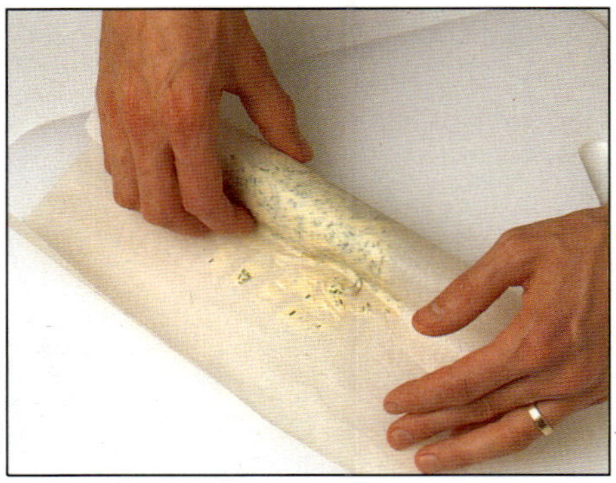

1 Zunächst die Schnittlauchbutter zubereiten. Rühren Sie Schnittlauchröllchen und Zitronensaft unter die Butter. Auf Pergamentpapier (25 x 25 cm) streichen und eine Rolle formen. Einwickeln und eine Stunde im Kühlschrank fest werden lassen.

2 Butter in großer Pfanne schmelzen, gehackte Pilze zugeben und bei mäßiger Hitze anbraten, bis die Pilze weich werden und die austretende Flüssigkeit verdampft ist. Abkühlen lassen. Die blättrig geschnittenen Pilze in etwas Butter dünsten und beiseite stellen.

3 Für den Pfannkuchenteig Mehl mit Backpulver, Salz und Pfeffer in eine Schüssel sieben. Eier mit der Milch verquirlen und mit dem Mehl verrühren. Die gehackten Pilze zugeben.

4 Die restliche Butter in der Pfanne erhitzen, jeweils fünf Pilzscheiben hineinlegen und mit einem Löffel den Teig so daraufgeben, daß Kreise von 5 cm Durchmesser entstehen. Sobald sich Luftblasen an der Oberfläche bilden, die Pfannkuchen wenden und weitere 10-15 Sekunden braten. Heiß mit der in Scheiben geschnittenen Schnittlauchbutter servieren.

Miso-Suppe mit Shiitake-Pilzen

Diese japanische Frühstückssuppe ist ein nahrhafter Start in den neuen Tag. Die Suppe wird mit Shiitake-Pilzen und Miso, japanischer Sojabohnenpaste, gewürzt. Beides bekommt man in Naturkostgeschäften.

Für 4 Portionen

- *3 Shiitake-Pilze, frisch oder getrocknet*
- *1,2 l kochendes Wasser*
- *3 EL leichte Miso-Paste*
- *115 g Tofu (Sojabohnenquark), grob gewürfelt*
- *1 Frühlingszwiebel, nur das Grün, in Ringe geschnitten*

1 Getrocknete Pilze 20 Minuten in warmes Wasser legen und dann abtropfen lassen. In dünne Scheiben schneiden. Das kochende Wasser in einen Kochtopf gießen, Miso hineinrühren, die Pilze zugeben und 5 Minuten köcheln lassen.

2 Den Tofu auf vier vorgewärmte Suppentassen verteilen, mit Brühe auffüllen und mit Frühlingszwiebeln bestreut servieren.

Tip am Rande
Miso ist vergorener Sojabohnenquark und kann je nach Reife der Sojabohnen in Farbe und Intensität unterschiedlich ausfallen.

Pfifferlings-Croissants

Pfifferlinge eignen sich vorzüglich zum Füllen und können mit backfertigem Croissant-Teig in ein köstliches Frühstück verwandelt werden. Die Füllung ist gut vorzubereiten und reicht für viele Croissants.

Für 4 Portionen

- *25 g Butter*
- *115 g frische Pfifferlinge, geputzt und blättrig geschnitten, oder 15 g getrocknete Pfifferlinge, gewässert, abgetropft und zerkleinert*
- *4 EL Crème double*
- *1 EL halbtrockener Sherry/Madeira*
- *Salz und frisch gemahlener Pfeffer*
- *1 Paket backfertige Croissants*
- *1 Ei, verquirlt*

1 Backofen wie auf der Croissant-Packung angegeben vorheizen. Butter in einem Topf schmelzen lassen, Pfifferlinge zugeben und 3-4 Minuten anbraten, ohne daß sie dunkel werden. Sahne und Sherry angießen, Flamme größer stellen und Flüssigkeit einkochen. Würzen und abkühlen lassen.

Tip am Rande
Es können auch andere feste Pilze für die Füllung verwendet werden, etwa Steinpilze, Maronenröhrlinge, Durchbohrte Leistlinge, Morcheln, Edelreizker, Semmelstoppelpilze, Wiesenchampignons, Schafegerlinge, Austernseitlinge und Maipilze.

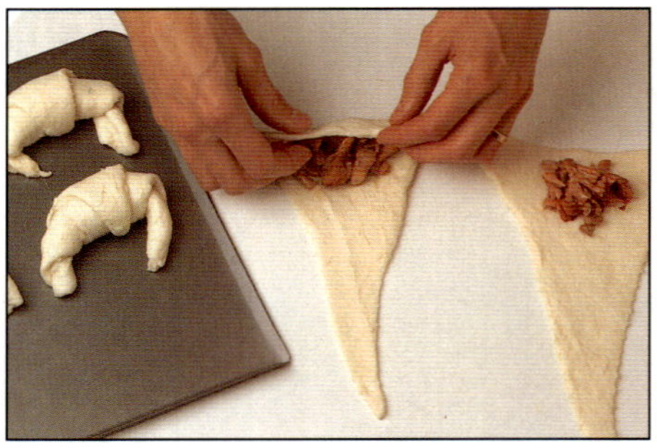

2 Fertigen Croissant-Teig auf einer bemehlten Arbeitsfläche ausbreiten. Auf das breite Ende der Dreiecke jeweils einen Teelöffel der Pilze geben, das spitze Ende mit verquirltem Ei bestreichen und aufrollen.

3 Die Croissants auf ein Backblech legen, nochmals mit Ei bestreichen und nach den Angaben auf der Croissant-Packung backen. Warm servieren.

Pilze in Estragon-Sahnesauce

Wenn Sie einmal nicht so viele Wildpilze finden und trotzdem ein Frühstück für mehrere Personen zaubern wollen, kombinieren Sie Ihre Ausbeute doch einfach mit Zuchtpilzen – z. B. in einer Estragon-Sahnesauce.

Für 4 Portionen

50 g Butter sowie etwas zusätzliche Butter als Brotaufstrich

2 Schalotten, fein gewürfelt

50-225 g Wildpilze, z. B. Maipilze, Rothütige Kaiserlinge, Pfifferlinge, Durchbohrte Leistlinge, Steinpilze, Schwefelporlinge, Parasolpilze oder Semmelstoppelpilze, geputzt und blättrig geschnitten

350 g Crème-Champignons, geputzt und blättrig geschnitten

150 ml Crème double

3 EL frischer Estragon, gehackt

4 Scheiben Weiß- oder Graubrot

1 Die Butter in einer großen Pfanne zerlassen, die Schalotten hineingeben und auf kleiner Flamme glasig, aber nicht braun werden lassen.

Tip am Rande
Im Prinzip kann fast jeder Pilz mit Sahnesauce zubereitet werden, man sollte jedoch daran denken, daß dunkle Sorten die Sauce grau färben können.

2 Die Pilze hinzufügen und bei mittlerer Hitze garen. Sahne und Estragon hinzufügen und die Flüssigkeit auf großer Flamme einkochen lassen, bis sie dick und cremig ist.

3 Das Brot toasten und mit Butter bestreichen. Die Pilze darüber häufeln und sofort servieren.

Edelreizker mit Petersilie, Butter und Pinienkernen

Toastgerichte mit Wildpilzen sind rasch zubereitet und unterstreichen den Eigengeschmack der Pilze. Gebratene Edelreizker mit gehackter Petersilie und gerösteten Pinienkernen schmecken hervorragend.

Für 4 Portionen

25 g Pinienkerne

1 TL Pflanzenöl

50 g Butter sowie zusätzliche Butter als Brotaufstrich

1 Schalotte, fein gewürfelt

350 g Edelreizker, geputzt und blättrig geschnitten

3 EL Crème double

5 EL frische Petersilie, gehackt

Salz und schwarzer Pfeffer

4 Scheiben Weiß- oder Graubrot

1 Die Pinienkerne bei mäßiger Hitze im Öl anbräunen, dabei die Pfanne stetig schwenken. Beiseite stellen.

2 Schalotte in der Hälfte der Butter glasig werden lassen, Pilze und restliche Butter zugeben und dünsten, bis die Pilze weich sind. Sahne unterziehen und einkochen lassen. Die Petersilie unterheben und abschmecken.

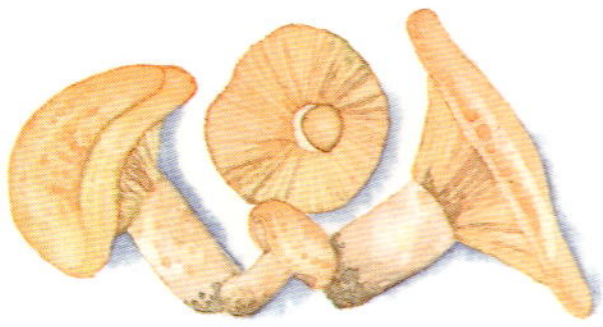

3 Das Brot toasten und mit Butter bestreichen. Die Pilze auf die Brotscheiben geben, Pinienkerne darüberstreuen und servieren.

Tip am Rande
In den hohlen Stielen der Edelreizker verbergen sich oft Insektenlarven. Darauf sollten Sie beim Putzen besonders achten.

Pfifferlings-Hamburger

Zum zweiten Frühstück kann kaum ein Pilzsammler der Aussicht auf ein leckeres Brötchen mit Speck, Ei und Pfifferlingen widerstehen.

Für 4 Portionen

350 g roher Speck

50 g Butter sowie zusätzliche Butter als Brotaufstrich

115 g Pfifferlinge, geputzt und halbiert

60 ml Erdnußöl

4 Eier

4 Hamburger-Brötchen, aufgeschnitten

Salz und frisch gemahlener schwarzer Pfeffer

1 Den Speck in einer großen Pfanne ohne Fettzugabe knusprig braten. Auf einen Teller legen und zugedeckt warmstellen.

Tip am Rande
Die Küchentür einen Spalt offenlassen – der Duft von Speck und Pilzen lockt jeden an den Tisch!

2 Die Hälfte der Butter in der Pfanne zerlassen, die Pfifferlinge zugeben und bei milder Hitze weichdünsten, ohne daß sie Farbe annehmen. Auf einem Teller zugedeckt warmstellen.

3 Die restliche Butter schmelzen lassen, das Öl zugeben und auf mittlere Hitze bringen. Die Eier in die Pfanne schlagen und nach Geschmack braten, eventuell einmal wenden.

4 Die Brötchenhälften rösten und buttern. Die untere Hälfte mit Speck, Pfifferlingen und einem Spiegelei belegen. Die obere Hälfte wieder darauflegen und servieren.

Pilz-Maisbrot mit Speck und Tomaten

Würziges Maisbrot zum Frühstück bietet eine willkommene Abwechslung und ist mit knusprigem Speck und Grilltomaten eine Delikatesse.

Für 4 Portionen
25 g Butter
50 g Schwefelporling, geputzt und fein gehackt
115 g Weizenmehl
115 g Maismehl, fein
2 geh. TL Backpulver
1/2 TL Salz
1/2 TL Zucker
150 ml Milch
2 Eier
75 g Maiskörner (Dose oder TK)
350 g roher Schinken
4 Tomaten, halbiert
Salz und schwarzer Pfeffer
Brunnenkresse zum Garnieren

1 Den Backofen auf 200° C vorheizen. Butter in einer Bratpfanne erhitzen, die Schwefelporlinge hineingeben und 5 Minuten bei milder Hitze dünsten, dann beiseite stellen und abkühlen lassen. Eine 900-ml-Kastenform dünn einfetten und mit Backpapier auslegen.

2 Mehl, Maismehl, Backpulver, Salz und Zucker in eine Schüssel sieben. Milch, Eier, Mais und Pilze zugeben und gut verquirlen.

3 Grill auf mäßige Temperatur vorheizen und in der Zwischenzeit Teig in die Backform füllen. Auf der obersten Schiene im Ofen 25 Minuten backen, dann etwas abkühlen lassen.

Tip am Rande
Für Einzelportionen füllen Sie den Teig in eingefettete Muffin-Förmchen. Die Backzeit beträgt dann 10-12 Minuten bei 220° C.

4 Speck und Tomatenhälften auf ein Blech oder eine Grillpfanne legen und die Tomaten mit Salz und Pfeffer würzen. Beides grillen, bis der Speck goldgelb ist, dabei einmal wenden.

5 Das Maisbrot stürzen und in dicke Scheiben schneiden. Grillspeck und -tomaten dazulegen und mit Brunnenkresse garniert servieren.

Champagnerfrühstück mit Trüffeln

Haben Sie einen Anlaß zu feiern? Dann beginnen Sie den Tag doch mit einem Luxusfrühstück und gönnen Sie sich Trüffelrührei mit Champagner. Frisch sind schwarze oder weiße Trüffeln besonders aromatisch. Trüffeln in Dosen, die viel weniger Geschmack haben, verbessern Sie mit ein bis zwei Tropfen Trüffelöl.

Für 4 Portionen
4 Brötchen
8 Freilandeier
4 EL Crème fraîche
ggf. 3 Tropfen Trüffelöl
Salz und frisch gemahlener schwarzer Pfeffer
1 frische schwarze Trüffel
25 g Butter sowie zusätzliche Butter als Aufstrich
Champagner oder Sekt

Tip am Rande
Damit das Rührei weich und cremig wird, sollte man es frühzeitig vom Herd nehmen. Möglichst jede Portion frisch zubereiten.

1 Grill auf mittlere Hitze vorheizen. Brötchen halbieren und rösten.

2 Eier aufschlagen und in eine Schüssel geben, Crème fraîche und ggf. Trüffelöl hinzufügen, würzen und mit einer Gabel aufschlagen. Die Hälfte der Trüffel zerkleinert zur Eimasse geben.

3 Butter in einer Pfanne zerlassen, die Eimasse hineingießen und mit einem Pfannenheber immer wieder zusammenschieben, bis das Ei zu stocken beginnt.

4 Die Brötchen mit Butter bestreichen und auf Tellern anrichten.

5 Jede Brötchenhälfte mit Rührei belegen und mit gehobelter Trüffel bestreuen. Dazu Champagner reichen.

Tip am Rande
Wenn Sie Trüffelöl verwenden, benutzen Sie nie mehr als einige wenige Tropfen, denn sonst hinterläßt dieses eigentlich sehr delikate und auch ziemlich teure Öl einen bitteren Geschmack.

Vorspeisen, Suppen & Salate

Buchweizenblinis mit Pilzkaviar

Traditionell werden diese kleinen russischen Pfannkuchen mit echtem Kaviar und saurer Sahne serviert, doch das russische Wort für Kaviar (*ikra*) bezeichnet auch fein gehackte Auberginen und Pilze. Pilzkaviar ißt man vor allem im Herbst gern.

Für 4 Portionen

115 g Weizenmehl Type 550

50 g Buchweizenmehl

1/2 TL Salz

300 ml Milch

1 TL Trockenhefe

2 Eier, Eiweiß und Eigelb getrennt

Für den Pilzkaviar:

350 g gemischte Wildpilze, z. B. Wiesenchampignons, Maronenröhrlinge, Austernseitlinge und Maipilze

1 TL Selleriesalz

2 EL Walnußöl

1 EL Zitronensaft

3 EL frische Petersilie, gehackt

Frisch gemahlener schwarzer Pfeffer

200 ml saure Sahne oder Crème fraîche

1 Für den Kaviar die Pilze putzen und hacken, mit dem Selleriesalz vermengen, eine Untertasse darauflegen und beschweren.

2 Etwa eine Stunde stehenlassen, bis sich der Saft am Boden der Schüssel gesammelt hat. Die Pilze gründlich waschen, abtropfen lassen und die Flüssigkeit gut ausdrücken. Die Pilze in die Schüssel zurückgeben und mit Walnußöl, Zitronensaft, Petersilie und einer Prise Pfeffer mischen. Kaltstellen.

3 Die beiden Mehlsorten mit dem Salz in eine große Rührschüssel sieben. Die Milch etwa auf Körpertemperatur erwärmen. Die Hefe hineingeben, unter Rühren auflösen und zum Mehl schütten. Die Eigelb hinzufügen und zu einem glatten Teig verquirlen. Mit einem feuchten Tuch abdecken und an einem warmen Ort gehen lassen.

4 Die Eiweiß in sauberem Gefäß steif schlagen, dann unter den mittlerweile aufgegangenen Teig ziehen.

5 Öl in einer gußeisernen Pfanne mäßig erhitzen. Den Teig eßlöffelweise hineingeben. Sobald sich Blasen auf der Oberfläche bilden, die Küchlein wenden und kurz weiterbraten. Auf jeden Blini einen Klecks Sauerrahm und Pilzkaviar geben und servieren.

Wildpilz-Toast mit Tapenade

Tapenade ist eine sehr würzige Paste aus Oliven, Knoblauch, Anchovis, Kapern und Zitrone. In diesem Fall verwende ich sie als Brotaufstrich für Toast, der mit Wildpilzen und hartgekochten Eiern belegt wird.

Für 4 Portionen

350 g würzige Wildpilze, z. B. Steinpilze, Maronenröhrlinge, Schwefelporlinge, Edelreizker und Pfifferlinge, blättrig geschnitten

50 g Butter

1/2 Zitrone

Salz und schwarzer Pfeffer

4 kleine Eier

1 Baguettebrot

1 kl. Bund Petersilie zum Garnieren

Für die Tapenade

150 g schwarze Oliven, entsteint

1 Knoblauchzehe, abgezogen

5 Anchovisfilets

1 EL Kapern

2 EL Olivenöl

Saft von 1/2 Zitrone

Tip am Rande
Sollten Sie keine Zeit haben, die Tapenade selbst zuzubereiten, kaufen Sie sie einfach im Feinkostgeschäft.

1 Die Pilze 6-8 Minuten bei milder Hitze in Butter andünsten, dann die Flüssigkeit auf großer Flamme verdampfen lassen. Zitronensaft zugeben und abschmecken. In einer Schüssel zugedeckt warmstellen.

2 Alle Zutaten für die Tapenade in der Küchenmaschine zu einer feinen Paste verarbeiten. Die Eier 8 Minuten lang hartkochen.

3 Das Baguette schräg in Scheiben schneiden und auf einer Seite unter dem Backofengrill rösten. Die andere Seite dünn mit Tapenade bestreichen und ebenfalls rösten. Eier abschrecken, pellen und in Viertel schneiden.

4 Auf jede Brotscheibe einen Löffel Pilze setzen, mit einem Eiviertel und etwas Petersilie garnieren.

Zwiebelsuppe mit Morcheln

Die französische Zwiebelsuppe ist berühmt für ihr angenehmes Rindfleischaroma. Wenn auch das klassische Rezept kaum verbessert werden kann, wirken sich würzige Morcheln doch günstig auf den Geschmack aus.

Für 4 Portionen

50 g Butter sowie zusätzliche Butter als Brotaufstrich

1 EL Pflanzenöl

3 mittelgroße Zwiebeln, in Ringe geschnitten

900 ml Rinderbrühe

5 EL Madeira oder Sherry

8 mittelgroße getrocknete Morcheln

4 Scheiben Baguettebrot

75 g Reibkäse (z. B. Gruyère)

2 EL frische Petersilie, gehackt

1 Butter und Öl in einer Pfanne erhitzen, die Zwiebeln darin 10-15 Minuten dunkelbraun werden lassen.

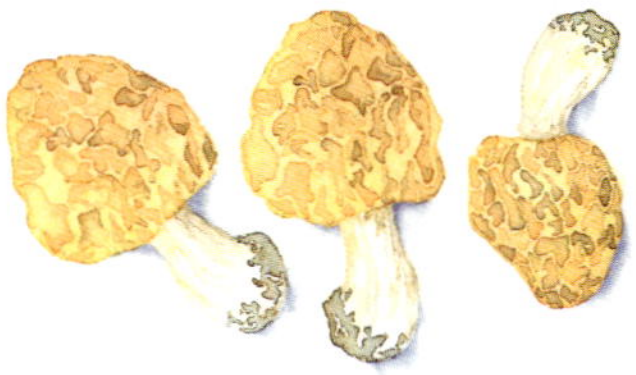

Tip am Rande
Die Suppe wird nur besser, wenn sie eine Weile steht. Im Kühlschrank hält sie sich 5 Tage.

2 Die Zwiebelringe in einen großen Kochtopf schütten, mit Rinderbrühe auffüllen, Madeira und Morcheln zugeben und 20 Minuten köcheln lassen.

3 Die Baguettescheiben im Grill auf mittlerer Temperatur von beiden Seiten rösten. Auf einer Seite mit Butter bestreichen und den Reibkäse darüber häufen. Die Suppe in vier feuerfeste Suppentassen schöpfen, jeweils eine Scheibe Brot mit Käse auf die Oberfläche legen und unter dem Grill braun und knusprig werden lassen. Mit gehackter Petersilie bestreut servieren.

Steinpilzsuppe mit Croûtons

Bei diesem Suppenrezept kommt das Eigenaroma der Steinpilze ganz ausgezeichnet zur Geltung.

Für 4 Portionen

50 g Butter

2 Zwiebeln, fein gewürfelt

1 Knoblauchzehe

225 g frische Steinpilze, blättrig geschnitten, oder 25 g getrocknete Steinpilze

5 EL trockener Weißwein

900 ml Hühnerbrühe

115 g Kartoffeln, gewürfelt

1 Zweig Thymian

1 EL Zitronensaft

Für die Croûtons

3 Scheiben Brot vom Vortag

50 g Butter

3 EL frische Petersilie, fein gehackt

Tip am Rande
Als Variante dieser Suppe kann man Edelreizker in derselben Menge oder die halbe Menge Morcheln verwenden.

1 Zwiebeln mit der Butter in einem großen Topf hellbraun anbraten. Steinpilze mit Knoblauch und Wein andünsten, dann Brühe, Kartoffeln und Thymian zugeben. 45 Minuten köcheln.

2 Die Suppe in der Küchenmaschine leicht anpürieren, so daß die Pilze noch ganz bleiben.

3 Für die Croûtons das Brot in 2,5 cm lange Streifen schneiden. Die Butter in einer großen Pfanne zerlassen, die Brotstücke darin schwenken und goldbraun rösten. Mit der Petersilie vermengen. Die Suppe mit Zitronensaft, Salz und Pfeffer abschmecken und in erwärmte Teller füllen, die Petersiliencroûtons darüberstreuen und servieren.

Tortellini in brodo mit Pfifferlingen

Das süß-pikante Aroma der Pfifferlinge paßt hervorragend zur schlichten Brühe und den mit Spinat und Ricotta gefüllten Tortellini. Als Vorspeise oder leichtes Hauptgericht servieren.

Für 4 Portionen

- *350 g frische oder 175 getrocknete Tortellini mit Spinat-Ricottafüllung*
- *1,2 l Hühnerbrühe*
- *5 EL Sherry*
- *175 g frische (bzw. 15 g getrocknete) Pfifferlinge, geputzt und blättrig geschnitten*
- *Frische Petersilie, gehackt, zum Garnieren*

1 Die Tortellini wie auf der Packung angegeben kochen.

2 Die Hühnerbrühe zum Kochen bringen, Sherry und Pilze hineingeben und 10 Minuten köcheln lassen.

3 Die Tortellini abgießen und in die Brühe geben, in vier vorgewärmte Suppenteller schöpfen und mit gehackter Petersilie bestreuen.

Tip am Rande
Noch leichter und kalorienärmer wird das Rezept, wenn Sie anstelle der Tortellini 120 g Fadennudeln verwenden.

Champignons auf griechische Art

Zuchtpilze werden von Pilzsammlern zwar meist als geschmacksneutral abgetan, doch stellen die braunen Crème-Champignons durchaus einen Fortschritt gegenüber den sonst üblichen weißen Champignons dar.

Für 4 Portionen

- *3 EL Olivenöl*
- *15 Perlzwiebeln, geschält*
- *1/2 Knoblauchzehe, zerdrückt*
- *675 g Crème-Champignons oder geschlossene Wiesenchampignons, je nach Größe halbiert oder geviertelt*
- *300 ml Hühnerbrühe, kochend heiß*
- *5 EL Weißwein*
- *2 TL schwarze Pfefferkörner*
- *4 TL Korianderkörner*
- *1 Zweig Thymian*
- *1 kleines Lorbeerblatt*
- *Salz und frisch gemahlener schwarzer Pfeffer*
- *1 EL Weinessig*
- *15 Kirschtomaten*

1 Olivenöl in einer großen Pfanne erhitzen. Die Zwiebeln auf kleiner Flamme bräunen. Knoblauch und Pilze dazugeben, umrühren und bei mäßiger Hitze weiterdünsten, bis die Pilze weich werden und Saft austritt.

Tip am Rande
Das Aroma der Zuchtpilze intensiviert sich, wenn man sie bis zu einer Woche im Kühlschrank aufbewahrt. Um Perlzwiebeln zu schälen, brüht man sie mit Kochwasser. So wird die Schale weich.

2 Pilze in einen Topf umschütten, Brühe, Wein, Pfeffer, Koriander, Thymian und Lorbeer hinzufügen und mit einer Lage Pergamentpapier abdecken. 15 Minuten köcheln lassen. Mit Essig und Gewürzen abschmecken.

3 Die Kirschtomaten mit kochendem Wasser überbrühen, abziehen und zur Zwiebel-Pilzmischung geben. Auf Zimmertemperatur abkühlen lassen und mit Bauernbrot servieren.

Salat von frischen Steinpilzen mit Walnußdressing

Bei diesem köstlichen Salat mit Eigelb-Walnußdressing tritt das Aroma der frischen Steinpilze oder Maronenröhrlinge ganz in den Vordergrund. Am besten eignen sich kleine Pilze.

Für 4 Portionen

350 g frische Steinpilze oder Maronenröhrlinge

175 g gemischter Blattsalat, z. B. Endivie, junger Spinat und Frisée

Salz und frisch gemahlener schwarzer Pfeffer

50 g Walnußstücke, geröstet

50 g frischer Parmesan am Stück

Für das Dressing

2 Eigelb

1 TL Dijon-Senf

5 EL Erdnußöl

3 EL Walnußöl

2 EL Zitronensaft

2 EL frische Petersilie, gehackt

1 Prise feiner Kristallzucker

1 Die Eigelb zusammen mit Senf, Erdnuß- und Walnußöl, Zitronensaft, Petersilie und Zucker in ein Schraubdeckelglas geben und gut schütteln.

2 Die Pilze in dünne Scheiben schneiden.

3 Die Pilze in eine große Salatschüssel füllen und mit dem Dressing vermengen. 10-15 Minuten durchziehen lassen.

4 Den Salat waschen und trocknen, dann mit den Pilzen vermengen.

5 Den Salat auf vier große Teller verteilen, würzen und mit den gerösteten Walnüssen und frisch abgehobelten Parmesanspänen bestreuen.

Tip am Rande
Zu festlichen Gelegenheiten kann man dem Salat mit ein paar Tropfen Trüffelöl ein wunderbares Waldaroma verleihen.

Tip am Rande
Da das Dressing mit rohem Eigelb zubereitet wird, achten Sie darauf, daß die Eier unbedingt tagesfrisch sind. Schwangere, Kleinkinder und Senioren sollten kein rohes Eigelb essen. Wenn Sie keine ganz frischen Eier bekommen, können Sie das Dressing auch ohne Eigelb oder mit dem Eigelb gekochter Eier zubereiten.

Suppe von Schopftintlingen und Parasolpilzen

Die Grundlage für diese Suppe bilden die Schopftintlinge, die Parasolpilze liefern die Würze.

Für 4 Portionen

50 g Butter

4 Schalotten, gewürfelt

225 g Schopftintlinge (geschlossene Köpfe), geputzt und gehackt

1 Knoblauchzehe, zerdrückt

900 ml Hühnerbrühe, kochend heiß

175 g Parasolpilze (Hüte und junge Stiele), geputzt und gehackt

4 EL saure Sahne

2 EL Zitronensaft

Salz und schwarzer Pfeffer

3 EL frische Petersilie, gehackt

1 Die Hälfte der Butter in einem Topf schmelzen und die Schalottenwürfel bei kleiner Flamme glasig schmoren.

2 Die Schopftintlinge hinzugeben und bei mäßiger Hitze dünsten, bis die Pilze weich werden und Saft austritt.

3 Die Hühnerbrühe angießen, wieder zum Kochen bringen und 15 Minuten köcheln lassen. Pürieren und in den Topf zurückgießen.

4 Die restliche Butter in einer Pfanne schmelzen, die Parasolpilze hineinschütten und garen, aber nicht bräunen. Zur Suppe geben und eine Minute mitkochen.

5 Die Sahne in die Suppe rühren, Zitronensaft angießen und abschmecken. In vier vorgewärmte Suppenteller füllen und mit Petersilie bestreuen. Mit frischem Brot servieren.

Tip am Rande
Verwenden Sie vorzugsweise Schopftintlinge mit geschlossenen, ganz hellen Köpfen. Sobald sie anfangen, schwarz zu werden, sind sie zwar immer noch eßbar, färben jedoch die Suppe dunkler.

Artischocken mit Pilzfüllung

Dieses köstliche Gemüse eignet sich ausgezeichnet als Vorspeise, in diesem Fall mit einer Füllung aus verschiedenen Zucht- und Wildpilzen.

Für 4 Personen

4 große runde Artischocken

1 Zitrone, in Scheiben geschnitten

25 g Butter

2 Schalotten oder 1 kleine Zwiebel, gewürfelt

225 g gemischte Pilze, z. B. Steinpilze, Maronenröhrlinge, Pfifferlinge, Edelreizker, Austernseitlinge, Maipilze, Rothütige Kaiserlinge und Wiesenchampignons, geputzt und zerkleinert

1 EL frischer Thymian, gehackt

Für die Holländische Sauce

175 g Butter

2 Eigelb

Saft von 1/2 Zitrone

Salz und schwarzer Pfeffer

1 Einen großen Topf voll Wasser zum Kochen bringen. Das obere Drittel der Artischocken abschneiden und die äußeren Blätter abnehmen. Die Stiele abbrechen und den Stielansatz auf etwa 1/2 cm abschneiden. Damit der Artischockenboden nicht schwarz wird, legt man eine Zitronenscheibe darauf und befestigt sie mit Küchengarn. 25 Minuten kochen lassen.

2 Für die Pilzfüllung die Schalotten auf kleiner Flamme in der Butter glasig werden lassen. Pilze und Thymian zugeben und zugedeckt garen lassen, bis Saft austritt. Nun auf großer Flamme die Flüssigkeit einkochen. Warmstellen.

3 Die Artischocken abschütten und unter kaltem Wasser abkühlen (sie sind gar, wenn man mit einem Küchenmesser leicht in den Boden stechen kann). Die Zitronenscheiben entfernen und die Artischocken kopfunter abtropfen lassen. Die kleinen Blättchen in der Mitte der Artischocken herausziehen und das Heu auskratzen.

4 Für die Sauce die Butter schmelzen lassen, dabei ggf. abschäumen. Die Eigelb in eine Glasschüssel schlagen, 1 TL Wasser dazugeben und auf einem 2,5 cm hoch mit kochend heißem Wasser gefüllten Topf mit dem Schneebesen schaumig rühren. Wenn die Masse dick wird, vom Herd nehmen. Die Butter sehr langsam hinzutröpfeln, dabei kontinuierlich weiterrühren. Zitronensaft hinzufügen, abschmecken.

5 Ein Drittel der Sauce mit der Pilzmischung vermengen und die Artischocken damit füllen. Zusammen mit der restlichen Sauce lauwarm servieren.

Spinat-Pilzsoufflé

Wildpilze lassen sich bei diesem Rezept hervorragend mit Eiern und Spinat kombinieren. Praktisch alle Pilzmischungen sind denkbar, wobei die festeren Sorten natürlich eine herzhaftere Bißfestigkeit ergeben.

Tip am Rande
Die Soufflémasse kann bis zu 12 Stunden im voraus zubereitet und nochmals erwärmt werden, bevor man den Eischnee unterzieht.

Für 4 Portionen
225 g frischer Spinat, gewaschen, oder 115 g gehackter TK-Spinat
50 g Butter sowie etwas zusätzliche Butter zum Einfetten der Form
1 Knoblauchzehe, zerdrückt
175 g gemischte Wildpilze, z. B. Steinpilze, Maronenröhrlinge, Edelreizker, Austernseitlinge, Wiesenchampignons und Rothütige Kaiserlinge
200 ml Milch
3 EL Mehl
6 Eier, Eiweiß und Eigelb getrennt
Salz und frisch gemahlener schwarzer Pfeffer
Eine Prise gemahlene Muskatnuß
25 g frisch geriebener Parmesan

1 Den Backofen auf 190° C vorheizen. Den Spinat bei mittlerer Hitze 3-4 Minuten dämpfen, abkühlen und abtropfen lassen, dabei die Flüssigkeit mit einem Löffel herausdrücken. Fein hacken. TK-Spinat auftauen und ebenfalls gut ausdrücken.

2 Knoblauch und Pilze bei milder Hitze in der Butter anschwitzen, dann die Flüssigkeit einkochen. Die trockenen Pilze mit dem Spinat vermengen und zugedeckt warmstellen.

3 3 EL der Milch in eine Schüssel geben, den Rest zum Kochen bringen. Mehl und Eigelb mit der kalten Milch gut verquirlen. Die heiße Milch zur Ei-Mehlmischung gießen, das ganze in den Topf zurückschütten und dicklich einkochen lassen. Die Spinat-Pilzmischung hinzufügen und mit Salz, Pfeffer und Muskatnuß abschmecken.

4 Eine 900-ml-Souffléform ausbuttern, vor allem die Seitenwände. Mit etwas Parmesan ausstreuen. Beiseite stellen.

5 Die Eiweiß sehr steif schlagen. Die Spinatmischung nochmals erhitzen, einen Löffel Eischnee unterrühren, dann die Mischung unter den verbliebenen Eischnee heben. In die Souffléform füllen, glattstreichen, mit dem restlichen Käse bestreuen und ca. 25 Minuten backen, bis das Soufflé goldgelb aufgegangen ist.

Elsässer Pilztorte

Das Elsaß ist berühmt für seinen Reichtum an Wildpilzen. Zu dieser pikanten Torte paßt hervorragend ein gut gekühlter Elsässer Riesling.

Für 4 Portionen

350 g ungesüßter Mürbeteig, als TK-Ware aufgetaut

50 g Butter

3 Zwiebeln, in Scheiben geschnitten

350 g gemischte Wildpilze, z. B. Steinpilze, Morcheln, Pfifferlinge, Edelreizker, Austernseitlinge, Wiesenchampignons

Blätter von 1 Zweig Thymian

Salz, schwarzer Pfeffer, Muskatnuß

50 ml Vollmilch

50 ml Sahne (max. 28 % Fett)

1 Ei plus 2 Eigelb

1 Den Backofen auf 190° C vorheizen und eine runde Quiche-Form ausbuttern. Den Teig auf einer bemehlten Arbeitsfläche ausrollen und die Form damit auskleiden. 1 Stunde im Kühlschrank ruhen lassen.

Tip am Rande
Um Zeit zu sparen, kann man schon am Vortag den Boden blindbacken und die Füllung herstellen. Dann weiter mit Punkt 4.

2 Drei Bögen Pergamentpapier auf den Tortenboden legen, mit Bohnen oder dergleichen füllen und 25 Minuten vorbacken. Papier und Belag herausnehmen und den Boden abkühlen lassen.

3 Die Butter in einer Pfanne zerlassen und die Zwiebeln darin 20 Minuten zugedeckt bei schwacher Hitze garen. Pilze und Thymian zugeben und weitere 10 Minuten dünsten. Mit Salz, Pfeffer und Muskatnuß abschmecken.

4 Milch und Sahne mit dem Ei und den Eigelb verquirlen. Die Pilzmischung in den Boden füllen und die Milch-Ei-Masse darübergießen. 15-20 Minuten backen, bis die Torte sich in der Mitte fest anfühlt.

Gefüllte Knoblauchpilze

Für 4 Personen
1 mittelgroße Zwiebel, gewürfelt
75 g Butter
8 mittelgroße Wiesenchampignons
15 g getrocknete Steinpilze, Maronenröhrlinge oder Edelreizker, 20 Minuten gewässert
1 Knoblauchzehe, zerdrückt
75 g frische Brotkrumen
1 Ei
5 EL frische Petersilie, gehackt
1 EL frischer Thymian, gehackt
Salz und frisch gemahlener schwarzer Pfeffer
115 g Parmaschinken oder San Daniele, dünn geschnitten
Frische Petersilie zum Garnieren

Tip am Rande
Die Pilze kann man ofenfertig vorbereiten und dann schnell als Vorspeise fertigbacken.

1 Backofen auf 190° C vorheizen. Die Zwiebeln in der Hälfte der Butter in 6-8 Minuten glasig werden lassen. Die Stiele der Champignons entfernen und die Hüte beiseite legen. Die gewässerten Dörrpilze abtropfen lassen und ebenso wie die Champignonstiele fein hacken. Zusammen mit dem Knoblauch zu den Zwiebeln in die Pfanne geben und weitere 2-3 Minuten dünsten.

2 Die Pilzmischung in eine Schüssel füllen, Brotkrumen, Ei und Kräuter hinzufügen und würzen. Butter schmelzen lassen und die Pilzhüte damit einpinseln. Die Hüte auf ein Blech legen und füllen. 20-25 Minuten backen.

3 Jeden Pilz mit einer Scheibe Schinken belegen und mit Petersilie verziert servieren.

Pilzsalat mit Parmaschinken

Für 4 Portionen
40 g Butter
450 g gemischte Pilze, z. B. Pfifferlinge, Steinpilze, Austernseitlinge, Wiesen- oder Kulturchampignons, geputzt und blättrig geschnitten
4 EL Madeira oder Sherry
Saft von 1/2 Zitrone
1/2 Eichblattsalat
1/2 Friséesalat
2 EL Walnußöl
Für die Pfannkuchenstreifen
3 EL Mehl
5 EL Milch
1 Ei
4 EL frisch geriebener Parmesan
4 EL frisch gehackte Kräuter, z. B. Petersilie, Thymian oder Majoran
Salz und schwarzer Pfeffer
175 g Parmaschinken, dick geschnitten

1 Für die Pfannkuchen Mehl und Milch verquirlen; das Ei hineinschlagen und Käse, Kräuter sowie Gewürze hinzufügen. Den Teig sehr dünn portionsweise in einer Pfanne von beiden Seiten ausbacken.

2 Pfannkuchen abkühlen lassen, aufrollen und in 1 cm breite Streifen schneiden. Den Schinken in ebenso breite Streifen schneiden und mit den Pfannkuchenstreifen vermengen.

3 Die Pilze in der restlichen Butter 6-8 Minuten auf kleiner Flamme anbraten, bis die Flüssigkeit verdampft ist. Madeira und Zitronensaft angießen und abschmecken.

4 Die Salatblätter im Walnußöl wenden und auf vier Tellern anrichten. Schinken- und Pfannkuchenstreifen in die Mitte legen, die Pilze daraufgeben und servieren.

Waldpilz-Dip

Für dieses Rezept eignen sich vor allem Pilze, die beim Kochen weich werden. Festfleischige Pilze geben zusätzlich eine aromatische Note.

Für 4 Portionen

5 EL Olivenöl

1 mittelgroße Zwiebel, gewürfelt

1 Knoblauchzehe, zerdrückt

450 g Auberginen, fein gewürfelt

350 g Schopftintlinge, Birken-Rotkappen und Butterröhrlinge, geputzt und zerkleinert

75 g Pfifferlinge, Frauentäublinge oder Edelreizker, geputzt und zerkleinert

3 EL frisch gehackte Petersilie, Kerbel und Schnittlauch

1 EL Balsamessig

Salz und schwarzer Pfeffer

Zum Dippen

Weißbrot, Toast, Staudensellerie, Möhrenstreifen, Maiskölbchen

1 1 EL Olivenöl in einer schweren Kasserolle bei mäßiger Hitze heiß werden lassen und die Zwiebel darin weich dünsten, jedoch nicht bräunen.

2 Das restliche Öl, den Knoblauch und die Auberginen einrühren und zugedeckt 10 Minuten dünsten. Die Pilze zugeben und ohne Deckel weitere 15 Minuten garen.

3 Kräuter und Essig einrühren und abschmecken. Abkühlen lassen und mit Weißbrotstücken, Toast und dem frischen Gemüse servieren.

Tip am Rande
Im Kühlschrank hält sich der Dip in einem verschlossenen Gefäß bis zu 10 Tage. Nicht einfrieren.

Wildpilzsuppe mit Spinat

Für 4 Portionen

25 g Butter

1 mittelgroße Zwiebel, gewürfelt

350 g gemischte Pilze, z. B. Steinpilze, Maronenröhrlinge, Birken-Rotkappen, Wiesenchampignons, Austernseitlinge und Shiitake-Pilze, geputzt und zerkleinert.

1 Knoblauchzehe, zerdrückt

2 TL gehackter frischer bzw. 1 TL getrockneter Thymian

1,2 l Hühner- oder Gemüsebrühe, kochend heiß

75 g Kartoffeln, fein gewürfelt

400 g frischer Spinat, geputzt, oder 200 g gehackter TK-Spinat, aufgetaut und abgetropft

Salz und schwarzer Pfeffer

Eine Prise geriebene Muskatnuß

4 EL saure Sahne zum Garnieren

Tip am Rande
Sollten Sie keine frischen Wildpilze bekommen, tun es auch 225 g Zuchtchampignons, vermischt mit 10 g getrockneten Steinpilzen oder Edelreizkern.

1 Butter in einer großen Pfanne zerlassen, die Zwiebel hineingeben und 6-8 Minuten glasig dünsten, aber nicht bräunen. Pilze, Knoblauch und Kräuter zugeben und zugedeckt garen, bis der Saft austritt.

2 Die Hälfte der Brühe angießen, Kartoffeln und Spinat zugeben. 10 Minuten köcheln lassen.

3 Die Suppe pürieren und in den Topf zurückgießen. Die restliche Brühe angießen und mit Salz, Pfeffer und etwas Muskatnuß abschmecken. Mit einem Klecks Sahne servieren.

Geflügel & Wild

Pilz-Paella mit Hähnchen

Eine richtig gute Paella besteht aus nur wenigen Zutaten. Hier habe ich Wildpilze mit Hähnchen und Gemüse kombiniert.

Für 4 Portionen

3 EL Olivenöl

1 mittelgroße Zwiebel, gewürfelt

1 kleine Fenchelknolle, in Streifen geschnitten

230 g gemischte Wild- und Zuchtpilze, z. B. Steinpilze, Pfifferlinge, Edelreizker, Semmelstoppelpilze, Maipilze und Austernseitlinge, geputzt und blättrig geschnitten

1 Knoblauchzehe, zerdrückt

2 Hähnchenbrüste aus Freilandhaltung, in mehrere Stücke zerteilt

350 g spanischer Rundkornreis

900 ml Hühnerbrühe, kochend heiß

1 Prise Safranfäden oder -pulver

1 Zweig Thymian

400 g Limabohnen (Dose)

75 g TK-Erbsen

1 Das Olivenöl in einer großen Pfanne erhitzen. Zwiebelwürfel und Fenchel darin bei milder Hitze 3-4 Minuten anschwitzen.

2 Pilze und Knoblauch hinzugeben und dünsten, bis der Saft austritt, dann die Flüssigkeit auf großer Flamme verdampfen lassen. Die Zwiebeln und Pilze zur Seite schieben und die Hähnchenstücke kurz anbraten.

3 Reis einrühren, Brühe angießen, Safran, Thymian, Bohnen und Erbsen zugeben. Aufkochen und 15 Minuten auf kleiner Stufe garen, nicht umrühren.

4 Vom Herd nehmen und die Paella mit einem passend zugeschnittenen, eingefetteten Stück Backpapier abdecken. Ein sauberes Trockentuch über das Papier legen und die Paella noch etwa 5 Minuten im eigenen Saft ziehen lassen. Erst bei Tisch abdecken.

Tip am Rande
Wer die Paella gern rein vegetarisch hätte, kann das Hähnchen weglassen und Gemüsebrühe nehmen. Als Alternative zum Fleisch kann man auch Schwefelporlinge in der Pilzmischung verwenden.

Schwefelporlings-Polenta mit Pilz-Gemüsesauce

Bei diesem Rezept verwendet man statt Geflügel Schwefelporlinge, die Fleischessern wie Vegetariern zusagen werden. Sie ähneln Hähnchenfleisch so sehr, daß viele kaum glauben werden, daß es sich nicht um Geflügel handelt!

Für 4 Portionen

450 g kleine neue Kartoffeln

1,3 l Gemüsebrühe, kochend heiß

180 g junge Möhren, geschält

180 g Kaiserschoten

50 g Butter

75 g Rothütige Kaiserlinge oder Semmelstoppelpilze, geputzt und blättrig geschnitten

5 frische oder getrocknete Herbsttrompeten, gehackt

250 g Polenta oder feines Maismehl

2 Schalotten bzw. 1 kl. Zwiebel, gewürfelt

2 faustgroße Krause Glucken, geputzt und zerteilt bzw. 15 g getrocknete Krause Glucken

120 g Schwefelporling, geputzt und blättrig geschnitten

150 ml Sahne (max. 28 % Fett)

3 Eigelb

2 TL Zitronensaft

Selleriesalz und Cayennepfeffer

Tip am Rande
Wenn Sie das Gericht im voraus zubereiten möchten, können Sie die Polenta und die Sauce vorkochen. Zum Servieren beides erwärmen, die Sauce erst jetzt mit dem Eigelb andicken und abschmecken.

1 Eine Kastenform einfetten und mit Backpapier auslegen. Beiseite stellen. Das kochende Wasser über die Kartoffeln gießen, Salz hinzufügen und 20 Minuten garen. Die Gemüsebrühe zum Kochen bringen, Möhren und Kaiserschoten hineingeben und 3-4 Minuten kochen lassen. Mit einem Schaumlöffel herausheben und warmstellen.

2 2 EL der Butter, Rothütige Kaiserlinge bzw. Semmelstoppelpilze und Herbsttrompeten in die Brühe geben und 5 Minuten köcheln lassen. Die Polenta einrieseln lassen und 2-3 Minuten rühren, bis die Masse dick wird. Die Polenta in die Form schütten und zugedeckt beiseite stellen, bis sie fest ist.

3 Für die Sauce die restliche Butter schmelzen und Schalotten/Zwiebel darin bei milder Hitze weich, aber nicht braun dünsten. Die Krause Glucke in Stücke schneiden, mit den Schwefelporlingen 2-3 Minuten in der Pfanne garen. Sahne angießen, blanchiertes Gemüse zugeben und überschüssige Flüssigkeit verdampfen lassen.

4 Vom Herd nehmen, die Eigelb unterziehen und die Sauce andicken, jedoch nicht mehr kochen lassen. Den Zitronensaft angießen und mit Selleriesalz und einer Prise Cayennepfeffer würzen.

5 Die warme Polenta auf ein Brett stürzen, mit einem feuchten Messer in Scheiben schneiden und auf vier Teller verteilen. Die Pilz-Gemüsesauce darübergeben und mit in Butter geschwenkten neuen Kartoffeln servieren.

Maipilzpastete mit Hähnchen

Der Maipilz oder Georgsritterling ist als einer der ersten Frühlingsboten etwa ab dem 23. April zu finden, dem Fest des hl. Georg. Bei dieser Version des alten Rezeptes verbindet sich sein Aroma sehr gut mit dem Hähnchenfleisch. Sollten Sie keine Maipilze bekommen, können Sie auch eine Mischung aus Maronenröhrlingen, Edelreizkern, Parasolpilzen, Austernseitlingen und jungen Wiesenchampignons verwenden.

Für 4 Portionen

4 EL Pflanzenöl

1 mittelgroße Zwiebel, gewürfelt

1 Stange Staudensellerie, in Stücke geschnitten

1 kleine Möhre, geschält und in feine Streifen geschnitten

3 Hähnchenbrüste, gehäutet, entbeint

450 g Maipilze oder die o.a. Pilze, geputzt und blättrig geschnitten

75 g Mehl

500 ml Hühnerbrühe, kochend heiß

2 TL Dijon-Senf

2 EL Sherry (medium)

2 TL Weinessig

Salz und frisch gemahlener schwarzer Pfeffer

Für den Mürbeteig

280 g Mehl

Eine Prise Selleriesalz

Eine Prise Cayennepfeffer

120 g kalte Butter, gewürfelt

50 g Cheddar, gerieben

150 ml kaltes Wasser

1 verquirltes Ei zum Einpinseln (falls gewünscht)

1 Backofen auf 200° C vorheizen. Das Öl in einem schweren Topf erhitzen und die Zwiebeln, Sellerie und Möhren darin bei milder Hitze anbraten. Die Hähnchenbrüste in mundgerechte Stücke zerschneiden, zum Gemüse geben und kurz dünsten. Die Pilze zugeben und braten, bis der Saft austritt, dann das Mehl einrühren.

2 Den Topf vom Feuer nehmen, nach und nach die Brühe angießen und rühren, bis sich das Mehl vollständig aufgelöst hat. Den Topf wieder auf die Flamme stellen und bei schwacher Hitze unter ständigem Rühren andicken. Senf, Sherry, Essig und Gewürze hinzufügen. Zugedeckt warmstellen.

Tip am Rande
Dieses Rezept kann man vereinfachen, indem man fertigen TK-Blätterteig anstelle des Mürbeteigs verwendet.

3 Für den Teig Mehl, Selleriesalz und Cayennepfeffer in eine Küchenmaschine oder Schüssel sieben, die kalte Butter und die halbe Menge Käse zugeben und die Masse dann vermengen, bis sie wie grobe Brotkrumen aussieht. Das Wasser hinzugießen und kurz verkneten.

4 Den Teig auf einer bemehlten Arbeitsfläche ca. 1,5 cm dick ausrollen. Mit einer glatten Form (Wasserglas) Plätzchen von 5 cm Durchmesser ausstechen.

5 Die Hähnchenmischung in eine 1,2 Liter fassende feuerfeste Form füllen und die Teigplätzchen am Rand auflegen, so daß sie überlappen. Mit verquirltem Ei bestreichen, den restlichen Käse darüberstreuen und 25-30 Minuten backen.

Enteneintopf mit Roten Beeten und Steinpilzen

Für 4 Portionen

50 g Butter
2 Zwiebeln, in Scheiben geschnitten
2 Entenkeulen oder -brüste
1,2 l Hühnerbrühe
180 g Weißkohl, in Streifen geschnitten
680 g rohe Rote Beete, geraspelt
15 g getr. Steinpilze/Maronenröhrlinge
1 Zweig Thymian
400 g Limabohnen (Dose)
2 EL Weinessig
Salz und schwarzer Pfeffer

Zum Garnieren

150 ml saure Sahne
2 EL Meerrettichpaste
4 EL frische Petersilie, gehackt

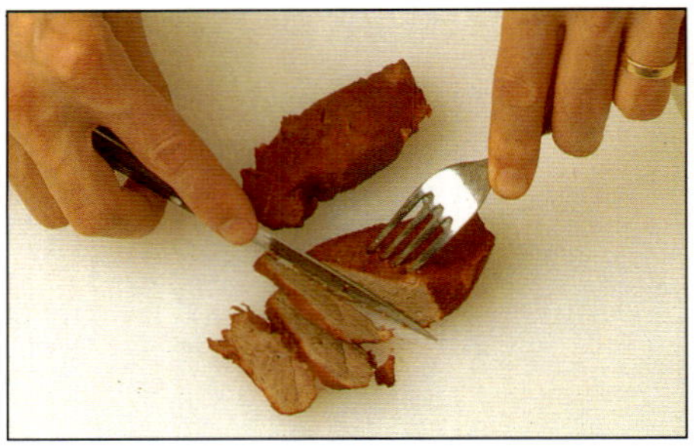

1 Die Butter in einem schweren Kochtopf zerlassen und die Zwiebeln darin hellbraun andünsten. Die Ententeile dazugeben, mit Brühe bedecken und Kohl, Rote Beete, Thymian und Bohnenkerne darübergeben. Zugedeckt 75 Minuten auf kleiner Flamme kochen lassen.

2 Fett abschöpfen. Die Ententeile herausnehmen, in größere Stücke zerteilen und in den Topf zurückgeben. Den Essig angießen und würzen.

3 Saure Sahne und Meerrettich verrühren. Suppe in Teller füllen und etwas Meerrettichsahne in die Mitte geben. Mit Petersilie bestreut servieren.

Hähnchenrolle mit Pfifferlingen

Für 4 Personen

1 mittelgroße Zwiebel, gewürfelt
1 Stange Staudensellerie, in Stücke geschnitten
2 TL frischer Thymian, gehackt
2 EL Pflanzenöl
2 Hühnerbrüste, gehäutet, entbeint
115 g frische Pfifferlinge, blättrig geschnitten, oder 15 g getrocknete Pfifferlinge, 20 Minuten eingeweicht
40 g Mehl
300 ml Hühnerbrühe, kochend heiß
1 TL Dijon-Senf
2 TL Weinessig
Salz und frisch gemahlener Pfeffer

Für den Teig

350 g Mehl
1/2 TL Salz
150 g kalte Butter, in Würfel zerteilt
5 EL kaltes Wasser

1 Zwiebel, Sellerie und Thymian bei geringer Hitze im Öl braten, aber nicht bräunen. Hähnchen in Stücke schneiden, mit den Pilzen in die Pfanne geben und kurz anbraten. Mehl hineinrühren, dann vom Feuer nehmen.

2 Die Hühnerbrühe nach und nach angießen, bis das Mehl sich völlig aufgelöst hat. Wieder auf den Herd stellen, einkochen lassen und dann Senf, Essig und Gewürze hinzufügen. Beiseite stellen und abkühlen lassen.

3 Für den Teig Mehl und Salz sieben und mit der Butter so zwischen den Fingern zerreiben, bis die Masse groben Brotkrumen ähnelt. Das Wasser angießen und kurz verkneten. Den Teig auf einer bemehlten Arbeitsfläche zu einem Rechteck von 25 x 30 cm ausrollen. Einen etwa doppelt so großen Streifen Musselin (oder ein Trockentuch) anfeuchten. Die erkaltete Hähnchenfüllung auf der Teigplatte verteilen und diese mit Hilfe des Tuchs von der Schmalseite her aufrollen. Fest in das Tuch wickeln und die Enden mit einer Schnur zusammenbinden.

4 Die Rolle in kochendes Wasser legen und 90 Minuten auf kleiner Flamme zugedeckt kochen lassen. In Scheiben geschnitten servieren.

Wildkaninchen-Pilzragout

Das würzige Aroma des Wildkaninchens harmoniert mit den Wildpilzen.

Für 4 Portionen

3 EL Olivenöl

12 Perlzwiebeln, gepellt

1 Stange Staudensellerie, in Streifen geschnitten

1 mittelgroße Möhre, in Streifen geschnitten

900 g Wildkaninchen, zerteilt, pariert

Salz und schwarzer Pfeffer

2 EL Mehl

120 g Topinambur, geschält, zerkleinert

500 ml Hühnerbrühe, kochend heiß

75 g frische Herbsttrompeten, geputzt

15 g getrocknete Steinpilze oder Maronenröhrlinge

1 EL grüne Olivenpaste

8 grüne Oliven

1 EL Zitronensaft

1 Olivenöl in einer Pfanne erhitzen und Zwiebeln, Sellerie und Möhren darin 6-8 Minuten leicht anbräunen. Zur Seite stellen. Das Kaninchen würzen und rasch anbraten. Das Mehl einrühren, die Topinambur hinzufügen und vom Herd nehmen.

2 Die Hühnerbrühe nach und nach angießen und rühren, bis sich das Mehl aufgelöst hat.

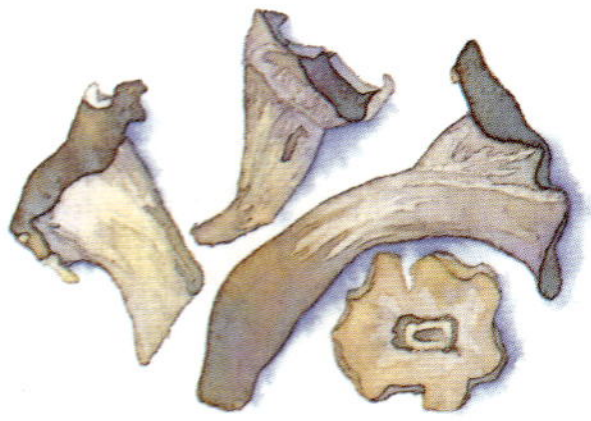

3 Pilze und Olivenpaste hinzufügen und zugedeckt 1 Stunde auf kleiner Flamme köcheln lassen. Oliven und Zitronensaft zufügen und abschmecken. Mit Petersilienkartoffeln servieren.

Tip am Rande
Versuchen Sie beim Parieren möglichst viele Knöchelchen zu entfernen.

Gefüllter Fenchel

Fenchelblätter lassen sich wie kleine Körbchen verwenden. Hier werden sie mit einem cremigen Ragout aus Hähnchen und Austernseitlingen gefüllt, gebacken und auf Reis serviert.

Für 4 Personen

2 große Fenchelknollen

3 Eier

2 EL Butter

1 mittelgroße Zwiebel, gewürfelt

2 Hähnchenbrüste, gehäutet, entbeint

230 g Austernseitlinge, geputzt und gehackt

4 EL Mehl

300 ml Hühnerbrühe, kochend heiß

1 TL Dijon-Senf

2 EL Sherry

Salz und frisch gemahlener Pfeffer

Petersilie zum Garnieren

1 Backofen auf 190° C vorheizen. Stielansatz der Fenchelknollen abschneiden, von jeder vier große Blätter abziehen, den mittleren Teil aufheben. Blätter 3-4 Minuten in Salzwasser blanchieren, abtropfen und abkühlen lassen. Eier 10 Minuten kochen. Pellen.

2 Mittelteile der Knollen fein hacken. Fenchel und Zwiebeln bei milder Hitze 3-4 Minuten in Butter dünsten.

3 Hähnchenbrüste würfeln, mit den Pilzen in die Pfanne geben. Bei mäßiger Hitze zugedeckt 6 Minuten garen, mehrfach umrühren. Das Mehl darüberstäuben und vom Feuer nehmen.

4 Nach und nach die Hühnerbrühe angießen, bis das Mehl sich vollständig aufgelöst hat. Wieder auf die Flamme stellen und unter Rühren andicken lassen. Ein gekochtes Ei hacken, zum Hähnchen geben und mit Senf, Sherry und Gewürzen abschmecken.

5 Den Fenchel in eine Backform legen und füllen. Mit Alufolie abdecken und 20-25 Minuten backen. Auf einem Reisbett mit Eiern und Petersilie garniert servieren.

Perlhuhn mit Sherry und Edelreizkern

Für 4 Portionen
2 junge Perlhühner, dressiert gewogen
Salz und frisch gemahlener Pfeffer
50 g Butter
5 EL trockener Sherry
2 mittelgroße Zwiebeln, in Ringe geschnitten
1 kleine Möhre, geschält und gewürfelt
1/2 Stange Staudensellerie, in Scheiben geschnitten
230 g gemischte Wildpilze, z. B. Edelreizker oder Pfifferlinge, Austernseitlinge, Maipilze, Parasolpilze und Wiesenchampignons, blättrig geschnitten
450 ml Hühnerbrühe, kochend heiß
1 Zweig Thymian
1 Lorbeerblatt
1 EL Zitronensaft

Tip am Rande
Sollten Sie keine frischen Pilze bekommen, können Sie auch 15 g getrocknete Edelreizker oder Steinpilze zusammen mit 75 g Zucht-Austernseitlingen oder Champignons verwenden.

1 Backofen auf 190° C vorheizen. Perlhühner mit Salz und Pfeffer würzen. Die Hälfte der Butter zerlassen, die Hühner hineinlegen und von allen Seiten anbraten. Auf eine Platte legen, den Fond im Bräter erhitzen, mit Sherry ablöschen und zum Kochen bringen, dabei den Bratensatz vom Boden abschaben. Die Flüssigkeit über die Perlhühner gießen und beiseite stellen.

2 Topf auswischen und die restliche Butter darin zerlassen. Zwiebeln, Möhren und Sellerie hineingeben, die Hähnchen darauflegen und zugedeckt 40 Minuten im Backofen garen.

3 Hühnerbrühe angießen, Thymian und Lorbeer hinzufügen. Die Pilze in ein 30 x 30 cm großes Stück Musselin einwickeln und verknoten. Mit in den Topf legen und weitere 40 Minuten backen.

4 Die Perlhühner auf eine Servierplatte legen, Thymian und Lorbeer entfernen und das Tuch mit den Pilzen beiseite legen. Gemüse mit Flüssigkeit pürieren und in den Bräter zurückgießen, die Pilze hineingeben. Mit Salz, Pfeffer und Zitronensaft abschmecken und nochmals erhitzen. Zum Servieren über die Perlhühner gießen oder separat in einer Sauciere reichen.

Schmorfasan mit Steinpilzen, Kastanien und Speck

Da sich Fasanen zu Ende der Jagdsaison nicht mehr zum Braten eignen, ist dieser Schmortopf mit Pilzen und Kastanien eine delikate Alternative. Je Person rechnet man ein halbes Tier.

Für 4 Portionen

2 ausgewachsene Fasanen

Salz und frisch gemahlener Pfeffer

50 g Butter

5 EL Weinbrand

12 Perlzwiebeln, gepellt

1 Stange Staudensellerie, in Stücke geschnitten

50 g roher Speck ohne Schwarte, in Streifen geschnitten

3 EL Mehl

500 ml Hühnerbrühe, kochend heiß

175 g geschälte Kastanien

350 g frische Steinpilze oder Maronenröhrlinge, geputzt und blättrig geschnitten, oder 15 g getrocknete Pilze, 20 Minuten eingeweicht

1 EL Zitronensaft

Brunnenkresse zum Garnieren

1 Backofen auf 170° C vorheizen. Fasanen pfeffern und salzen. Die Hälfte der Butter in einem Bräter zerlassen und Fasanen bei mäßiger Hitze von allen Seiten anbraten. Auf eine Platte legen und Bratfett abgießen. Bräter wieder auf die Flamme stellen und Fond anbräunen. Vorsichtig den Weinbrand angießen und flambieren (die Flammen fallen rasch wieder zusammen). Den Bratensatz mit einem Pfannenheber vom Boden lösen. Die Flüssigkeit über die Fasanen gießen und beiseite stellen.

2 Bräter auswischen und die restliche Butter zerlassen. Zwiebeln, Sellerie und Speck hellbraun anbraten. Mehl einrühren und vom Feuer nehmen.

3 Die Hühnerbrühe nach und nach angießen und rühren, bis das Mehl sich vollständig aufgelöst hat. Kastanien, Pilze, die Fasanen und den Saft zugeben und zum Kochen bringen, dann im Backofen zugedeckt 90 Minuten schmoren.

Tip am Rande
Frische Kastanien zu kochen und zu schälen ist ziemlich umständlich. Leichter geht es mit fertig geschälten Kastanien in Dosen oder Vakuumpackungen.

4 Fasanen und Gemüse auf eine Servierplatte legen. Sauce nochmals aufkochen, mit Zitronensaft und Gewürzen abschmecken. Sauce in eine Sauciere füllen und Fasanen garnieren.

Hühnerfrikassee Försterin Art

Ein Frikassee ist ein leichtes Ragout, meist vom Hähnchen, das zunächst in Butter angebraten wird. Dazu passen verschiedene Saucen, hier sorgen Wildpilze und Speck für ein ausgeprägtes Waldaroma.

Für 4 Portionen

3 Hähnchenbrüste aus Freilandhaltung, grob zerteilt

Salz und schwarzer Pfeffer

50 g Butter

1 EL Pflanzenöl

120 g durchwachsener Speck, gewürfelt

5 EL trockener Sherry oder Weißwein

1 mittelgroße Zwiebel, gewürfelt

350 g gemischte Wildpilze, z. B. Pfifferlinge, Maronenröhrlinge, Herbsttrompeten, Schwefelporlinge, Semmelstoppelpilze, Edelreizker und Wiesenchampignons, blättrig geschnitten

3 EL Mehl

500 ml Hühnerbrühe

2 TL Zitronensaft

4 EL frische Petersilie, gehackt

1 Hähnchenstücke mit Pfeffer würzen. Die Hälfte der Butter mit dem Öl in einer großen Pfanne erhitzen und das Hähnchenfleisch und die Speckwürfel anbraten. Auf eine Platte legen und überschüssiges Fett abgießen.

2 Bratensatz nochmals erhitzen und bräunen lassen. Mit Sherry bzw. Wein ablöschen und mit einem Pfannenheber den Bratensatz vom Boden losschaben. Flüssigkeit über das Fleisch gießen und die Pfanne auswischen.

Tip am Rande
Es lohnt sich, etwas mehr Geld auszugeben, um Hähnchen aus Freilandhaltung zu bekommen. Sie sind nicht nur magerer, sondern auch aromatischer.

3 Zwiebel in der restlichen Butter goldbraun braten. Die Pilze zugeben und unter häufigem Rühren 6-8 Minuten braten, bis der Saft austritt. Das Mehl einrühren und vom Feuer nehmen. Nach und nach die Hühnerbrühe angießen und rühren, bis sich das Mehl vollständig aufgelöst hat.

4 Hähnchenstücke und Speck mit der Sauce vermischen, nochmals erhitzen und unter Rühren andicken. 10-15 Minuten köcheln lassen, dann Zitronensaft, Petersilie und Gewürze zugeben. Mit Reis, Möhren und frischen Maiskölbchen servieren.

Pilzpfanne mit Sherry-Sahnesauce

Was dieses Rezept im Geflügelteil macht? Es enthält zwar kein Hähnchenfleisch, dafür aber Schwefelporlinge, die dem Hühnerfleisch so sehr ähneln, daß man sie durchaus als Ersatz dafür verwenden kann. Ein Gericht für Fleischesser wie für Vegetarier!

Für 4 Portionen

50 g Butter

2 Schalotten oder 1 kleine Zwiebel, gewürfelt

1 Stange Staudensellerie, in Stücke geschnitten

1/2 mittelgroße Möhre, geschält und in Scheiben geschnitten

350 g Schwefelporlinge, gehackt

50 g Mehl

450 ml Hühner- oder Gemüsebrühe

5 EL Sherry

2 EL frischer Estragon, gehackt

5 EL Crème double

2 EL Zitronensaft

Selleriesalz und Cayennepfeffer

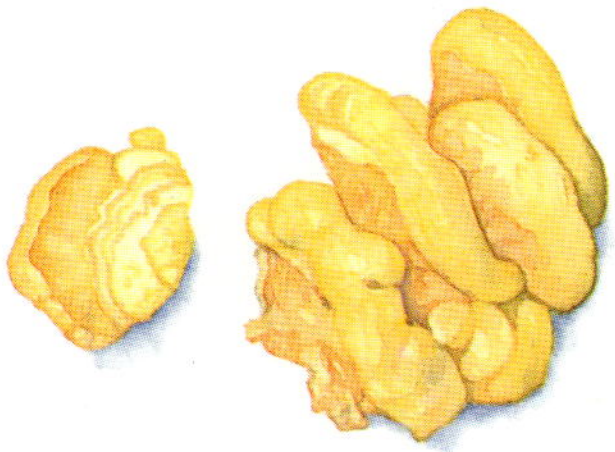

Tip am Rande
Statt zu Nudeln kann man die Pilzpfanne auch als Füllung für eine Pastete verwenden: Einfach in ein Blätterteigkleid einschlagen und 45-50 Minuten bei 190° C im Ofen backen.

1 Die Butter in einer großen Pfanne zerlassen und darin die Schalotten bzw. Zwiebel, Sellerie und Möhre auf kleiner Flamme dünsten, bis sie weich, aber nicht braun sind.

2 Die Schwefelporlinge hinzugeben, warten, bis sie etwas von der Flüssigkeit in der Pfanne aufgesogen haben und dann 3-4 Minuten dünsten. Das Mehl einrühren und vom Feuer nehmen.

3 Die Brühe nach und nach angießen und rühren, bis das Mehl völlig aufgelöst ist. Unter Rühren langsam aufkochen, Sherry und Estragon zufügen und weitere 6-8 Minuten köcheln lassen.

4 Unmittelbar vor dem Servieren Crème double und Zitronensaft unterheben und mit Selleriesalz und Cayennepfeffer abschmecken. Als Beilage sind Bandnudeln geeignet.

Gebratene Wildente mit Morcheln und Madeira

Wildente schmeckt nach Herbst und läßt sich hervorragend mit würzigen Pilzen kombinieren.

Für 4 Portionen

2 Stockenten von je gut 1 kg, dressiert gewogen, pariert

Salz und frisch gemahlener Pfeffer

50 g Butter

5 EL Madeira oder Sherry

1 Zwiebel, in Scheiben geschnitten

1/2 Staudensellerie, in Stücke geschnitten

1 kleine Möhre, gewürfelt

10 große getrocknete Morcheln

230 g Rötelritterlinge, Parasolpilze und Wiesenchampignons, blättrig geschnitten

600 ml Hühnerbrühe, kochend heiß

1 Zweig Thymian

2 TL Weinessig

Petersilie, Möhrenstreifen zum Garnieren

1 Backofen auf 190° C vorheizen. Enten pfeffern und salzen. Hälfte der Butter zerlassen und die Enten von allen Seiten anbraten. Die Enten auf eine Platte legen, den Bratfond erhitzen, mit Madeira bzw. Sherry ablöschen und aufkochen, dabei unter Rühren den Bratensatz lösen. Die Flüssigkeit über die Enten gießen und beiseite stellen.

2 Die restliche Butter in einem Bräter erhitzen und Zwiebeln, Sellerie und Möhren hineingeben. Die Enten darauflegen und 40 Minuten im Ofen backen, den Bratensaft aufbewahren.

3 Die Pilze in ein 46 x 46 cm großes Stück Musselin wickeln und verknoten. Mit Brühe, Bratensaft und Thymian in die Kasserolle geben. Zugedeckt weitere 40 Minuten schmoren.

Tip am Rande
Die gängigste Wildente ist die Stockente. Sie können aber auch Krick- oder Pfeifenten verwenden. Man rechnet eine Pfeifente für zwei Personen, aber eine Krickente je Person.

4 Die Enten auf eine Servierplatte legen, den Thymian entfernen und wegwerfen. Die Pilze beiseite legen. Die Schmorflüssigkeit pürieren und zurück in die Kasserolle schütten. Das Tuch aufreißen und die Pilze in die Sauce rühren. Essig hinzugeben und abschmecken. Nochmals erhitzen. Die Enten mit Petersilie und Möhrenstreifen garnieren. Anschließend mit Röstkartoffeln und der Sauce servieren.

Brathähnchen mit Pilzfüllung

Ein außen knuspriges und innen saftiges Brathähnchen ist eine Delikatesse. Geben Sie ruhig etwas mehr aus, denn ein Hähnchen aus Freilandhaltung paßt ausgezeichnet zum Aroma der Waldpilze.

Für 4 Portionen

2 EL Butter sowie etwas zusätzliche Butter zum Begießen und zum Montieren der Sauce

1 Schalotte, fein gehackt

230 g Wildpilze, z. B. Pfifferlinge, Steinpilze, Maronenröhrlinge, Austernseitlinge, Schwefelporlinge, Edelreizker und Semmelstoppelpilze, geputzt und gehackt

50 g frische Weißbrotkrumen

Salz und frisch gemahlener Pfeffer

2 Eigelb

1 Hähnchen aus Freilandhaltung, ca. 1,5 -2 kg

1/2 Stange Staudensellerie, grob gehackt

1/2 kleine Möhre, grob gehackt

80 g Kartoffeln, geschält und gewürfelt

200 ml Hühnerbrühe, ggf. etwas mehr

2 TL Weinessig

Petersilie zum Garnieren

1 Den Backofen auf 220° C vorheizen. Die Butter in einem Topf zerlassen und die Schalotte darin auf kleiner Flamme glasig, aber nicht braun werden lassen. Die Hälfte der gehackten Pilze zugeben und 2-3 Minuten braten, bis der Saft austritt. Vom Feuer nehmen, die Brotkrumen einrühren, würzen und mit Eigelb binden.

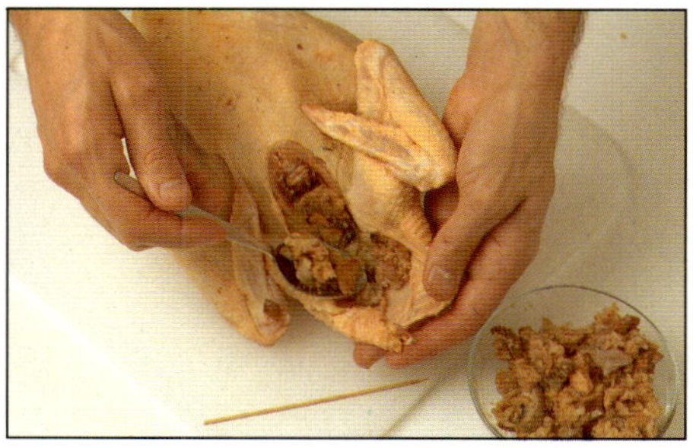

2 Hähnchen durch die Halsöffnung mit der Pilzmischung füllen, Hautlappen mit Zahnstochern feststecken.

3 Das Hähnchen mit etwas Butter einreiben und kräftig würzen. Sellerie, Möhre, Kartoffeln und die restlichen Pilze auf dem Boden des Bräters ausbreiten. Das Hähnchen auf das Gemüse legen, die Hühnerbrühe angießen und 75 Minuten backen.

4 Hähnchen auf ein Tranchierbrett oder eine vorgewärmte Servierplatte legen. Gemüse und Pilze pürieren und in den Topf zurückgießen. Nochmals erhitzen und, falls nötig, mit etwas Hühnerbrühe dünnflüssiger machen. Abschmecken und nachwürzen, dann mit dem Essig und einem Stück Butter aufschlagen. Die Sauce in eine Sauciere gießen und zum Hähnchen reichen, das mit etwas Petersilie verziert wird.

Tip am Rande
Sollten Sie keine frischen Pilze bekommen, nehmen Sie 15 g getrocknete Pilze und wässern Sie sie 20 Minuten vor der Weiterverarbeitung.

Gebratener Truthahn mit Mischpilzen

Ein gebratener Truthahn auf einer festlich gedeckten Tafel ist meist eher ein Augen- als ein Gaumenschmaus. Aromatischer und saftiger wird er mit einer Füllung aus den Pilzen der jeweiligen Jahreszeit. Auch die Sauce erhält durch Mischpilze ihren Pfiff.

Für 6-8 Portionen

Ein Truthahn aus Freilandhaltung von ca. 5 kg, dressiert gewogen

Butter zum Bestreichen

Brunnenkresse zum Garnieren

Für die Pilzfüllung

50 g Butter

1 mittelgroße Zwiebel, gewürfelt

230 g Wildpilze, z. B. Pfifferlinge, Steinpilze, Maronenröhrlinge, Schwefelporlinge, Edelreizker, Rothütige Kaiserlinge und Semmelstoppelpilze, geputzt und gehackt

75 g frische Weißbrotkrumen

120 g Schweinsbratwurst, gehäutet

Ggf. 1 kleine frische Trüffel, in feine Scheiben geschnitten

Ggf. 5 Tropfen Trüffelöl

Salz und frisch gemahlener Pfeffer

Für die Sauce

5 EL Sherry (medium)

400 ml Hühnerbrühe

15 g getrocknete Steinpilze, eingeweicht

4 TL Speisestärke

1 TL Dijon-Senf

1/2 TL Weinessig

Salz und schwarzer Pfeffer

1 Backofen auf 220° C vorheizen. Für die Füllung Butter in einem Topf zerlassen und die Zwiebel bei milder Hitze glasig, aber nicht braun werden lassen. Pilze zugeben und rühren, bis der Saft austritt. Vom Feuer nehmen und Brotkrumen, Wurstbrät und ggf. Trüffel und Trüffelöl zugeben, würzen und gut vermischen.

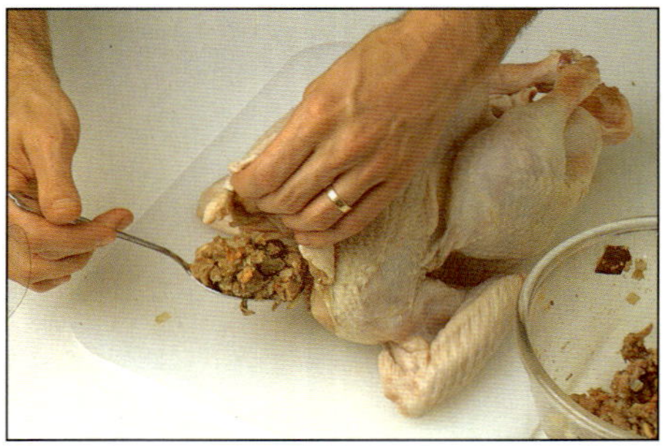

2 Truthahn durch die Halsöffnung mit der Pilzmischung füllen, die Hautlappen darüberklappen und mit einem Zahnstocher feststecken.

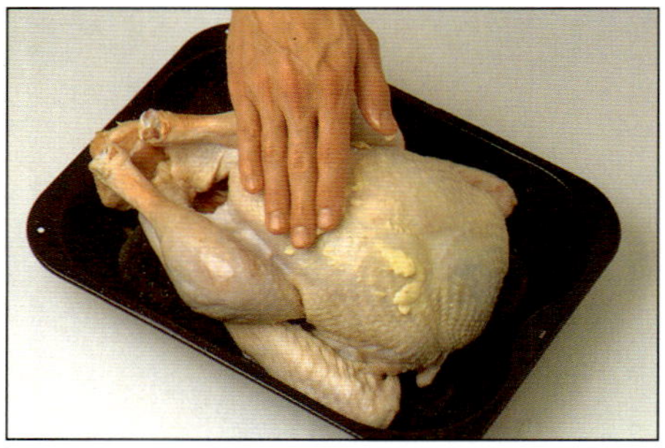

3 Den Truthahn mit Butter bestreichen, in einen großen Bräter legen und 50 Minuten offen backen. Die Temperatur auf 180° C herunterdrehen und weitere 2,5 Stunden braten.

4 Den Truthahn auf ein Tranchierbrett legen, locker mit Alufolie abdecken und warmstellen. Das Fett aus der Pfanne abschöpfen und wegschütten. Den Bratensaft erhitzen und einkochen. Mit Sherry ablöschen und den Bratensatz mit einem Pfannenheber losschaben. Die Hühnerbrühe einrühren.

5 Speisestärke und Senf mit 2 TL Wasser und dem Weinessig verquirlen und den Bratensaft damit andicken. Auf kleiner Flamme einkochen lassen. Mit Salz und Pfeffer abschmecken und mit einem Stück Butter aufschlagen.

6 Den Truthahn mit Brunnenkresse garnieren und die Sauce separat in einer Sauciere servieren.

Tip am Rande
Auch größere Puten können auf die gleiche Weise zubereitet werden. Rechnen Sie 680 g Truthahn pro Person und 20 Minuten Garzeit je 450 g Fleisch.

Rind, Schwein & Lamm

Würstchen im Teigmantel mit Pilzsauce

Der Teigmantel besteht aus einfachem Ausbackteig, der über die halbgaren Würstchen gegossen und im sehr heißen Ofen gebacken wird. Die hohe Temperatur ist Voraussetzung für die luftig-leichte Konsistenz des Teigs. Dazu serviere ich eine Sauce aus dunklen Wiesenchampignons.

Für 4 Portionen
650 g Schweinswürstchen
1 EL Pflanzenöl
Für den Teig
3 Eier
Salz und frisch gemahlener schwarzer Pfeffer
120 g Mehl
300 ml Vollmilch
Für die Pilzsauce
1 mittelgroße Zwiebel, grob gehackt
2 EL Butter
200 g Wiesenchampignons, geputzt und blättrig geschnitten
1 Zweig Thymian, gehackt
450 ml Hühnerbrühe, kochend heiß
1 EL Speisestärke
1 TL Dijon-Senf

Tip am Rande
Wenn Sie genügend Zeit haben, lassen Sie den Teig 30-40 Minuten ruhen, bevor Sie ihn weiterverarbeiten. Dadurch wird der Teigmantel noch lockerer.

1 Den Backofen auf 230° C vorheizen. Die Würste anstechen und auf ein eingefettetes Backblech legen. 10 Minuten backen.

2 Die Eier verschlagen, würzen, das Mehl hineingeben und zu einem glatten Teig verarbeiten. Die Milch nach und nach unterrühren. Den Teig über die Würstchen gießen. 35-40 Minuten backen, bis der Teig aufgegangen ist und eine knusprige Kruste bekommt.

3 Für die Sauce die Zwiebel in der Butter hell anbräunen. Pilze und Thymian zugeben und 3-4 Minuten anbraten, bis der Saft austritt. Die Brühe angießen und köcheln lassen.

4 Die Speisestärke mit 1 EL Wasser und dem Senf verrühren und die Brühe damit andicken. Die Würstchen mit Kartoffelpüree, Brokkoli, Möhren und der Pilzsauce servieren.

Rindergulasch mit dunklen Pilzen und Morcheln

Das ungarische Gulasch verdankt seine Würze und die samtige Konsistenz Zwiebeln und Paprika. In diesem Rezept verleihen zudem dunkle Wiesenchampignons und Morcheln dem Gericht ein köstlich erdiges Aroma.

Für 4 Portionen

900 g Rindfleisch aus dem Bug, gewürfelt

Salz und frisch gemahlener schwarzer Pfeffer

4 EL Pflanzenöl

150 ml Rotwein

4 mittelgroße Zwiebeln, halbiert und in Scheiben geschnitten

450 g Wiesen- bzw. Schafchampignons oder junge Schopftintlinge, geputzt und blättrig geschnitten

3 EL mildes Paprikapulver

600 ml Rinderbrühe

2 EL Tomatenmark

15 g getrocknete Morcheln, 20 Minuten eingeweicht

1 EL Weinessig

1 Den Backofen auf 170° C vorheizen und das Fleisch mit Pfeffer würzen. Die Hälfte des Öls in einer großen Pfanne erhitzen und das Fleisch bei starker Hitze von allen Seiten anbraten. Der austretende Saft muß verdampfen, sonst wird das Fleisch nicht braun und aromatisch. Das gebräunte Fleisch in eine feuerfeste Kasserolle geben und das Fett abgießen. Die Pfanne wieder erhitzen, den Wein hineingeben und den Bratensatz mit einem Pfannenheber lösen. Die Flüssigkeit über das Fleisch gießen und die Pfanne auswischen.

2 Die Zwiebeln im restlichen Öl hellbraun dünsten.

3 Pilze, Paprika, Brühe, Tomatenmark und Morcheln samt Einweichflüssigkeit in die Kasserolle geben. Aufkochen und zugedeckt 90 Minuten im Backofen garen.

Tip am Rande
Man kann für Gulasch auch Schweine- oder Kalbfleisch nehmen, sollte dann allerdings lieber Hühnerbrühe verwenden. Damit das Gericht keine unappetitliche Farbe bekommt, sollten die Tintlinge noch geschlossen sein.

4 Unmittelbar vor dem Servieren den Essig zugeben und abschmecken. Dazu reichen Sie Folienkartoffeln, Wirsing und Möhren.

Steinpilz-Bällchen mit Roquefort-Walnußsauce

Feinschmecker lieben die pikante Geschmacksnote von französischem Roquefort-Käse. Bei diesem Rezept reichere ich Frikadellen mit Steinpilzen an. Die delikate Sauce wird mit Roquefort und Walnüssen zubereitet.

Für 4 Portionen

15 g getrocknete Steinpilze oder Maronenröhrlinge, 20 Minuten eingeweicht

450 g mageres Rinderhack

1 kleine Zwiebel, fein gewürfelt

2 Eigelb

2 TL frischer Thymian, gehackt

Selleriesalz und frisch gemahlener schwarzer Pfeffer

2 EL Olivenöl

Für die Roquefortsauce

200 ml Milch

50 g geröstete Walnüsse

3 Scheiben Weißbrot ohne Rinde

75 g Roquefortkäse

4 EL frische Petersilie, gehackt

1 Die Pilze abtropfen lassen und fein hacken, die Einweichflüssigkeit aufheben. Hackfleisch, Zwiebel, Eigelb, Thymian und Gewürze in eine Schüssel geben, die Pilze zugeben und gründlich mischen. Von der Masse mit feuchten Händen daumengroße Stücke abnehmen und zu Bällchen formen.

2 Für die Sauce die Milch in einem kleinen Topf zum Kochen bringen. Die Walnüsse in der Küchenmaschine sehr fein zerkleinern, das Brot, die Milch und das Pilzwasser zugeben. Käse und Petersilie hinzufügen und zu einer glatten Masse verarbeiten. In eine Schüssel umfüllen und zugedeckt warmstellen.

3 Das Olivenöl in einer großen Pfanne erhitzen. Die Fleischbällchen darin in zwei Portionen jeweils 6-8 Minuten braten. Die Sauce in die Pfanne gießen und vorsichtig erhitzen, jedoch nicht mehr kochen lassen. In eine Schüssel füllen oder direkt auf Bandnudeln servieren.

Altenglischer Pilzpudding

Dieser Pudding ist nichts für Fast Food-Anhänger. Immerhin dauert es rund fünf Stunden, bis das Gericht fertig ist. Doch der Aufwand lohnt!

Für 4 Portionen

450 g Rindfleisch grob gewürfelt

250 g gemischte Pilze, z. B. Pfifferlinge, Steinpilze, Herbsttrompeten, Edelreizker, Rötelritterlinge, Austernseitlinge, Wiesenchampignons und Maipilze sowie 3 getrocknete Morcheln, geputzt und gehackt

1 mittelgroße Zwiebel, gewürfelt

3 EL Mehl

Selleriesalz und schwarzer Pfeffer

3 Spritzer Worcestershire-Sauce

120 ml Rinderbrühe

Für den Teig

220 g Mehl

1/2 TL Salz

6 EL kalte Butter, in Flocken

150 ml kaltes Wasser

1 Für den Teig Mehl und Salz in eine Schüssel sieben und die Butter in Flöckchen hineinschneiden. Wasser zugeben und mit einem Messer grob zu einem Teig verarbeiten. Auf einer bemehlten Arbeitsfläche kurz verkneten.

2 Eine 1,2-l-Puddingform einfetten. Den Teig mit etwas Mehl zu einem Kreis von 25 cm Durchmesser ausrollen, ein Viertel herausschneiden und als Deckel verwahren. Die Form auskleiden und beiseite stellen.

3 Rindfleisch, Pilze, Zwiebeln, Mehl und Gewürze in einer Schüssel vermengen, in die Puddingform füllen, Worcestershire-Sauce und Rinderbrühe zugeben. Die Teigränder überlappend zur Mitte biegen, anfeuchten und den Deckel auflegen.

4 Ein rundes Stück Pergamentpapier auf den Teig legen und die ganze Puddingform in Alufolie einwickeln. Einen Topf 5 cm hoch mit Wasser füllen und erhitzen. Die Form hineinstellen und zugedeckt 2,5 Stunden dämpfen. Dabei aufpassen, daß das Wasser nicht verkocht!

5 Zum Servieren den Pudding auf eine Platte stürzen und als Beilagen Grünkohl, Möhren und Salzkartoffeln reichen.

Lammkoteletts mit Waldpilzsauce

Für 4 Portionen

4 doppelte Lammkoteletts von je 200 g

Salz und frisch gemahlener Pfeffer

2 EL Olivenöl

75 ml Rotwein

225 g gemischte Wild- und Zuchtpilze, z. B. Pfifferlinge, Steinpilze, Maronenröhrlinge, Herbsttrompeten, Edelreizker, Parasolpilze, Austernseitlinge, Rothütige Kaiserlinge, Maipilze oder Wiesenchampignons, geputzt und blättrig geschnitten

1 Knoblauchzehe, zerdrückt

200 ml Hühnerbrühe, kochend heiß

2 TL Speisestärke

1 TL Dijon-Senf

1 TL schwarze Olivenpaste

1 TL Weinessig

2 EL Butter

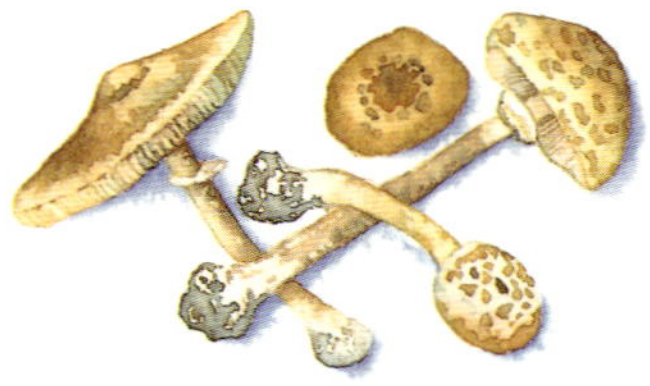

1 Das Lamm mit Pfeffer würzen und mit 1 EL Öl einpinseln. Bei mäßiger Hitze 6-8 Minuten braten (rosa); wer das Fleisch lieber durchgebraten mag, gart es 12-15 Minuten.

Tip am Rande
Das Fleisch sollte man nicht vor der Zubereitung salzen, denn sonst wird es zäh und trocken. Erst nach dem Anbraten würzen, wenn die Poren verschlossen sind.

2 Die Koteletts auf eine Platte legen und zugedeckt warmstellen. Überschüssiges Öl abgießen und den Bratensatz wieder erhitzen und bräunen. Mit Rotwein ablöschen und mit einem Pfannenheber lösen. Die Pilze zugeben, kurz umrühren und die Brühe angießen. 3-4 Minuten köcheln lassen.

3 Speisestärke, Senf und Olivenpaste in einer Tasse mit 1 EL Wasser verquirlen und die Pilze damit andicken. Essig und Butter einrühren und abschmecken. Das Lamm salzen, die Sauce darübergeben und mit Bratkartoffeln, grünen Bohnen und Möhren servieren.

Pfeffersteaks mit Rotwein-Pilzsauce

Für 4 Personen

4 Sirloin- oder Rumpsteaks von je 225 g

1 EL schwarze Pfefferkörner, grob zerstoßen

1 EL Olivenöl

120 ml Rotwein

225 g gemischte Wild- und Zuchtpilze, z. B. Steinpilze, Maronenröhrlinge, Pfifferlinge, Herbsttrompeten, Edelreizker, Rötelritterlinge, Morcheln, Crème- oder Wiesenchampignons, Austernseitlinge, Rothütige Kaiserlinge oder Maipilze, geputzt und blättrig geschnitten

1 Knoblauchzehe, zerdrückt

300 ml Rinderbrühe

1 EL Speisestärke

1 TL Dijon-Senf

1 TL Weinessig

5 EL Crème fraîche

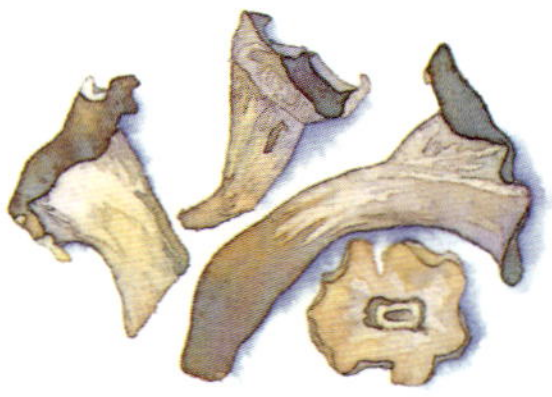

1 Pfanne auf großer Flamme erhitzen. Die Steaks mit schwarzem Pfeffer bestreuen und mit Öl einpinseln.

Tip am Rande
Besonders zart und aromatisch sind Stücke aus dem unteren Teil des Roastbeefs. Rib Eye Steaks sind auch sehr gut, sollten wegen ihrer enormen Größe jedoch jeweils für zwei Personen gereicht werden.

2 Die Steaks 6-8 Minuten (rosa) bzw. 12-15 Minuten (durchgegart) braten, dabei einmal wenden. Auf eine Platte legen und warmstellen.

3 Überschüssiges Fett abgießen, die Pfanne nochmals erhitzen und den Bratensatz mit Wein ablöschen. Pilze und Knoblauch hineingeben und 6-8 Minuten dünsten. Die Brühe angießen.

4 Speisestärke und Senf in einer Tasse mit 1 EL kaltem Wasser verrühren, die Pilze damit andicken. Essig und Crème fraîche zugeben. Die Steaks mit der Sauce überziehen und mit Petersilie bestreut servieren.

Filetspitzen Stroganoff mit Pfifferlingen

Das Gericht, benannt nach einem russischen Diplomaten des 19. Jahrhunderts, Graf Paul Stroganoff, wurde ursprünglich aus Rinderfilet, Wildpilzen und Sahne zubereitet. Mittlerweile gibt es zahllose Varianten. Bei diesem Rezept habe ich versucht, mich dem Original anzunähern.

Für 4 Portionen

450 g Rinderfilet oder Roastbeef, pariert und in Streifen geschnitten

Salz und frisch gemahlener Pfeffer

2 EL Olivenöl

3 EL Weinbrand

2 Schalotten, fein gewürfelt

220 g Pfifferlinge, geputzt und halbiert

150 ml Rinderbrühe

5 EL saure Sahne

1 TL Dijon-Senf

1 süßsaure Gewürzgurke, gehackt

3 EL frische Petersilie, gehackt

1 Die Hälfte des Öls erhitzen, das Fleisch mit Pfeffer würzen und 2 Minuten anbraten. Warmstellen.

Tip am Rande
Wenn Ihnen Rinderfilet zu teuer ist, können Sie auch ein Stück Roastbeef nehmen.

2 Bei mäßiger Hitze den Bratensatz in der Pfanne bräunen. Vorsichtig den Weinbrand angießen und flambieren. Die Flüssigkeit über das Fleisch gießen und zugedeckt warmstellen.

3 Die Schalotten im restlichen Öl hellbraun braten. Die Pilze zugeben und 3-4 Minuten auf kleiner Flamme dünsten.

4 Das Fleisch mit der Brühe zugeben und einige Minuten kochen, dann die saure Sahne, den Senf und die Gewürzgurke unterrühren. Kurz aufkochen, abschmecken und die Petersilie hineinrühren. Zum Servieren auf Butternudeln verteilen, die zuvor mit Mohnsaat bestreut werden.

Schweinetopf mit Topinambur und Herbsttrompeten

Topinambur zeichnen sich durch ein erdiges Aroma aus, das das der Herbsttrompeten sehr schön ergänzt.

Für 4 Portionen

3 EL Pflanzenöl

1 mittelgroße Zwiebel, in Scheiben

1 Stange Staudensellerie, in Stücken

1 mittelgroße Möhre, geschält, halbiert und in Scheiben geschnitten

675 g mageres Schweinefleisch (Filet oder Lende), in Streifen geschnitten

3 EL Mehl

500 ml Hühnerbrühe

75 g Topinambur, geschält und grob gewürfelt

120 g Herbsttrompeten oder Durchbohrte Leistlinge, geputzt

1 EL grüne Olivenpaste

1 EL Zitronensaft

Salz und frisch gemahlener Pfeffer

1 Das Öl in einer schweren Pfanne erhitzen und die Zwiebel, Sellerie und Möhre darin bei milder Hitze 6-8 Minuten weich dünsten.

2 Gemüse zur Seite schieben und das Fleisch anbraten. Das Mehl hineinrühren und vom Feuer nehmen.

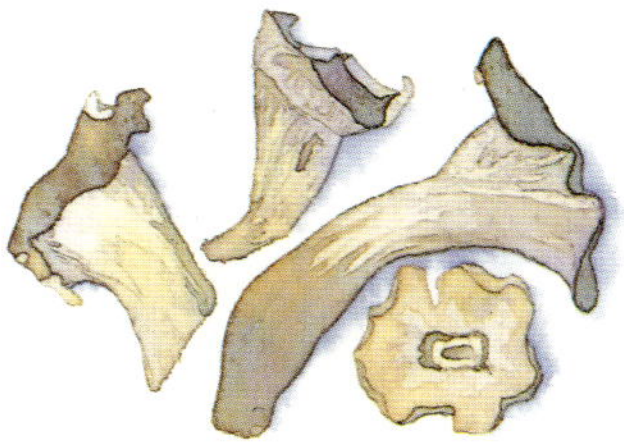

Tip am Rande
Schon ein wenig Topinambur unterstreicht den Eigengeschmack eines jeden Gerichts. Im Übermaß genossen, können die Erdknollen allerdings blähend wirken.

3 Die Brühe nach und nach angießen und dabei rühren, bis sich das Mehl vollständig aufgelöst hat.

4 Topinambur, Pilze und Olivenpaste hinzugeben und aufkochen. Auf ganz kleiner Flamme etwa 1 Stunde zugedeckt köcheln lassen. Den Zitronensaft hinzufügen, abschmecken und mit einer Mischung aus Langkorn- und Wildreis sowie Erbsen servieren.

Blätterteigpastete mit Pilzfüllung

Frische Schweinswürstchen braucht man nicht unbedingt mit der Haut zu essen. Bei dieser Blätterteigpastete verwendet man das ausgelöste Wurstbrät zusammen mit einer dicken Schicht Pilze als herbstliche Füllung.

Für 4 Portionen

50 g Butter

1 Knoblauchzehe, zerdrückt

1 EL frischer Thymian, gehackt

450 g gemischte Wild- und Zuchtpilze, z. B. Steinpilze, Maronenröhrlinge, Pfifferlinge, Herbsttrompeten, Edelreizker, Schwefelporlinge, Austernseitlinge, Wiesenchampignons, Rothütige Kaiserlinge und Maipilze, geputzt und blättrig geschnitten

50 g frische Weißbrotkrumen

5 EL frische Petersilie, gehackt

Salz und frisch gemahlener schwarzer Pfeffer

350 g Blätterteig, TK-Ware aufgetaut

650 g Schweinsbratwürste

1 Ei, mit einer Prise Salz verquirlt

1 Den Backofen auf 180° C vorheizen. Die Butter in einer Pfanne zerlassen und Knoblauch, Thymian und die Pilze auf kleiner Flamme 5-6 Minuten dünsten. Sobald der Saft austritt, die Flamme größer stellen und alle Flüssigkeit verkochen lassen. Brotkrumen und Petersilie unterheben und würzen.

2 Den Blätterteig auf einer bemehlten Arbeitsfläche zu einem Viereck von 36 x 25 cm Kantenlänge ausrollen und auf ein Backblech legen.

3 Die Würste in eine Schüssel mit Wasser legen, anstechen und pellen. Die Hälfte des Wurstbräts in der Mitte der Teigplatte zu einem ca. 13 cm langen Streifen ausstreichen. Darauf die Pilzmischung schichten und mit einer weiteren Lage Wurstfüllung bedecken.

4 Die Seitenränder der Teigplatte mehrmals schräg einschneiden. Die beiden Schmalseiten über die Füllung klappen, den Teig mit dem verquirlten Ei bepinseln und die Streifen abwechselnd übereinanderlegen. 40 Minuten ruhen lassen, mit dem restlichen Ei bepinseln und 1 Stunde backen.

Tip am Rande
Wenn man das Ei mit etwas Salz verquirlt, wird die Oberfläche besonders glänzend.

Lammkebab mit Pfifferling-Mandelsauce

Das zarte Lammfleisch verbindet sich wunderbar mit dem Aprikosenaroma der Pfifferlinge, die hier die Basis der köstlichen Mandelsauce bilden.

Für 4 Portionen

8 Lammkoteletts, pariert
2 EL Butter
250 g Pfifferlinge, geputzt
25 g ganze Mandeln, geschält
50 g Weißbrot ohne Rinde
250 ml Milch
3 EL Olivenöl
1/2 TL feiner Kristallzucker
2 TL Zitronensaft
Salz und Cayennepfeffer

Für die Marinade

3 EL Olivenöl
1 EL Zitronensaft
2 TL Koriander, gemahlen
1/2 Knoblauchzehe, zerdrückt
2 TL flüssiger Honig

1 Zutaten für die Marinade mischen und das Lamm damit übergießen. Mindestens 30 Minuten ziehen lassen.

2 Die Pfifferlinge auf kleiner Flamme 3-4 Minuten in Butter dünsten. Beiseite stellen.

3 Mandeln in der Küchenmaschine fein mahlen. Die Hälfte der Pfifferlinge, Brot, Milch, Öl, Zucker und Zitronensaft zufügen und durchmixen.

4 Den Grill auf mäßige Hitze einstellen. Die Koteletts auf vier Spieße verteilen und von jeder Seite 6-8 Minuten grillen. Die Sauce würzen und auf die Koteletts geben. Die restlichen Pfifferlinge darauflegen. Als Beilagen eignen sich Kartoffeln und Salat.

Tip am Rande
Pfifferling-Mandelsauce paßt auch hervorragend zu Nudeln. Zusätzlich können Sie auch eine Handvoll Pfifferlinge in Butter braten und unter die Pasta heben.

Filet Wellington mit Pilzen

Von diesem Gericht gibt es zwei Varianten. Bei beiden wird ein Stück Rinderfilet in Blätterteig eingebacken. Traditionell hüllt man das Fleisch mit einer Schicht Gänseleberpastete ein, da diese jedoch nicht ganz billig ist, verwenden viele Köche die ebenso köstliche, aber weitaus preiswertere Waldpilz-Duxelles.

Für 4 Portionen

675 g Rinderfilet, gebunden

Frisch gemahlener schwarzer Pfeffer

1 EL Pflanzenöl

350 g Blätterteig, TK-Ware aufgetaut

1 verquirltes Ei zum Einpinseln

Für die Pfannkuchen

50 g Mehl

Eine Prise Salz

150 ml Milch

1 Ei

2 EL frische Petersilie, gehackt

Für die Duxelles

2 EL Butter

2 Schalotten oder 1 kleine Zwiebel, gewürfelt

450 g gemischte Wild- und Zuchtpilze, z. B. Austernseitlinge, Steinpilze, Maronenröhrlinge, Birken-Rotkappen, Schopftintlinge, Pfifferlinge, Edelreizker, Parasolpilze, Rötelritterlinge, Wiesenchampignons oder Maipilze, geputzt und gehackt

50 g frische Weißbrotkrumen

8 EL Crème double

2 Eigelb

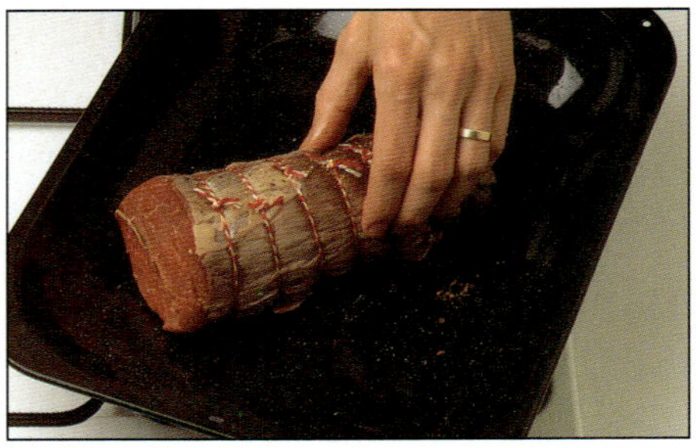

1 Den Backofen auf 220° C vorheizen. Das Rinderfilet mit Pfeffer würzen. Öl in einem Bräter erhitzen und das Fleisch von allen Seiten anbräunen. In den Ofen schieben und 15 Minuten (blutig), 20 Minuten (rosa) bzw. 25 Minuten (durchgebraten) backen. Beiseite stellen und abkühlen lassen. Den Ofen auf 190° C herunterstellen.

2 Für die Pfannkuchen Mehl, Salz, die Hälfte der Milch, das Ei und die Petersilie zu einem glatten Teig verarbeiten, dann den Rest der Milch einrühren. Eine gefettete Pfanne erhitzen und den Boden mit Teig bedecken. Sobald dieser stockt, wenden und die andere Seite auch hellbraun backen. Den restlichen Teig ebenso verarbeiten. Er reicht für drei bis vier Pfannkuchen.

3 Für die Duxelles die Schalotten bzw. Zwiebel in Butter glasig werden lassen. Die Pilze zugeben und braten, bis der Saft austritt, dann auf großer Flamme die Flüssigkeit verkochen lassen. Die Brotkrumen mit Crème double und Eigelb verschlagen. Sobald die Pilze trocken sind, die Brot-Ei-Mischung zugeben und glattrühren. Abkühlen lassen.

Tip am Rande

Filet Wellington kann im voraus zubereitet werden, muß dann aber bei Zimmertemperatur aufbewahrt werden. Wenn das Fleisch aus dem Kühlschrank in den Ofen kommt, wird es in der Backzeit nicht gar. Die Garprobe können Sie auch mit einem Metallspieß machen: Fühlt sich das Metall kalt an, ist das Fleisch noch nicht fertig; fühlt es sich warm an, ist das Fleisch noch blutig. Ist das Spießchen heiß, ist das Fleisch durch.

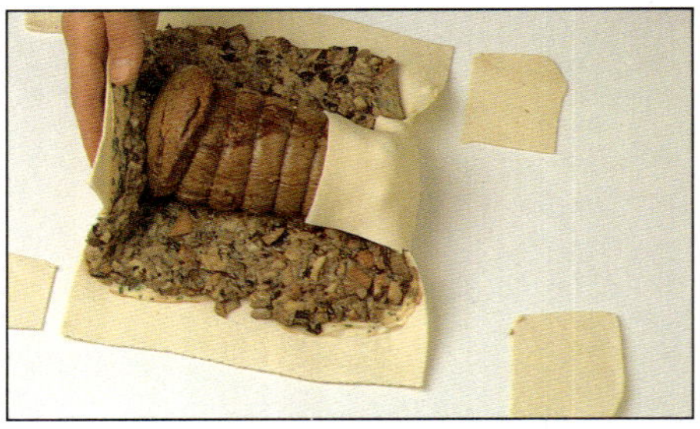

4 Blätterteig auslegen und zu einem Rechteck von 36 x 30 cm Kantenlänge ausrollen. Zwei Pfannkuchen auf die Teigplatte legen und die Duxelles darauf verteilen. Das Fleisch darauflegen, wiederum mit Duxelles bestreichen und mit den übrigen Pfannkuchen abdecken. An den Ecken der Teigplatte vier quadratische Stücke ausschneiden. Die Ränder mit Ei bepinseln und über dem Fleisch zusammenklappen.

5 Den Rücken mit Teigresten verzieren und auf ein Backblech legen; ggf. an einem kühlen Ort aufbewahren.

6 Gleichmäßig mit verquirltem Ei einpinseln und in ca. 40 Minuten goldbraun backen. Zum Prüfen, ob das Fleisch gar ist, verwenden Sie am besten ein Fleischthermometer. Es sollte 52-54° C (blutig), 57° C (rosa) bzw. 71° C (durchgebraten) anzeigen.

Lammkeule mit Wildpilzfüllung

Eine vom Knochen gelöste Lammkeule kann sehr gut mit einer Pilzmischung gefüllt werden. Dadurch wird das Fleisch nicht nur leichter zu tranchieren, sondern auch aromatischer.

Für 4 Portionen

1 Lammkeule von 1,8 kg, entbeint

Salz und frisch gemahlener Pfeffer

Für die Pilzfüllung

2 EL Butter, zusätzlich etwas für die Sauce

1 Schalotte oder kleine Zwiebel

250 g gemischte Wild- und Zuchtpilze, z. B. Pfifferlinge, Steinpilze, Maronenröhrlinge, Herbsttrompeten, Rötelritterlinge, Austernseitlinge, Maipilze und Wiesenchampignons, geputzt und gehackt

2 Knoblauchzehen, zerdrückt

1 Zweig Thymian, gehackt

25 g Weißbrotwürfel ohne Rinde

2 Eigelb

Salz und frisch gemahlener Pfeffer

Für die Pilzsauce

50 ml Rotwein

400 ml Hühnerbrühe, kochend heiß

5 g getrocknete Steinpilze, Maronenröhrlinge oder Edelreizker, 20 Minuten eingeweicht

4 TL Speisestärke

1 TL Dijon-Senf

1/2 TL Weinessig

Ein Stich Butter

Brunnenkresse zum Garnieren

1 Den Backofen auf 200° C vorheizen. Für die Füllung die Butter in einer Pfanne zerlassen und die Zwiebeln glasig werden lassen. Pilze, Knoblauch und Thymian zugeben und unter Rühren dünsten, bis der Saft austritt, dann die Flüssigkeit auf großer Flamme vollständig verdampfen lassen.

2 Die Pilze in eine Schüssel füllen, Brot, Eigelb und Gewürze zugeben und gründlich vermengen. Etwas abkühlen lassen.

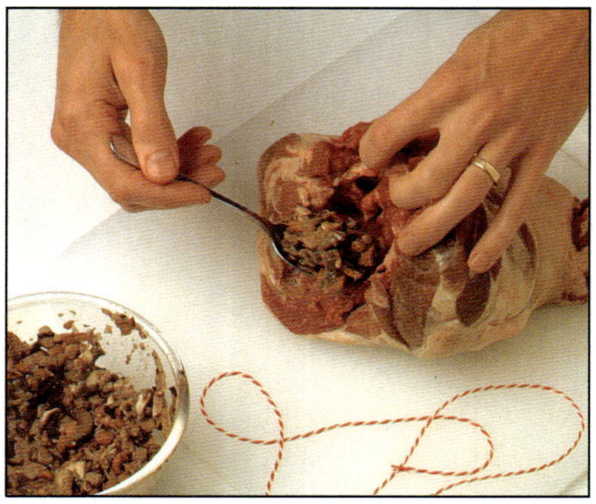

3 Die Lammkeule innen salzen und pfeffern und mit Hilfe eines Löffels oder der Finger füllen. Mit Küchengarn verschnüren, damit die Keule nicht auseinanderfällt.

4 Die Keule in einen Bräter legen und pro 450 g 15 Minuten (blutig) bzw. 20 Minuten (rosa) backen. Eine Keule von 1,8 kg braucht 80 Minuten, bis sie innen rosa ist, durchgegart ist sie nach gut 2,5 Stunden.

5 Die Keule auf eine vorgewärmte Servierplatte legen und zugedeckt warmstellen. Für die Sauce das überschüssige Fett aus dem Bräter abschöpfen und den Bratensatz bei mäßiger Hitze anbräunen. Mit Wein ablöschen; die Hühnerbrühe angießen und die Pilze samt Einweichflüssigkeit zugeben.

6 Speisestärke und Senf in einer Tasse mit 1 EL Wasser verquirlen und die Brühe damit andicken. Den Essig zugeben. Nach Geschmack würzen und mit der Butter aufschlagen. Die Keule mit Brunnenkresse garnieren und mit Röstkartoffeln, Möhren und Brokkoli servieren.

Tip am Rande
Wenn Sie eine frische Keule nehmen, lassen Sie die Knochen schon beim Kauf vom Metzger auslösen.

Fisch & Meeresfrüchte

Risotto mit Meeresfrüchten und Waldpilzen

Rundkornreis wird mit Zwiebeln und Brühe in ein cremiges Risotto verwandelt und mit Schalentieren und Pilzen angereichert.

Für 4 Personen

3 EL Olivenöl

1 mittelgroße Zwiebel, gewürfelt

225 g gemischte Wild- und Zuchtpilze, z. B. Steinpilze, Maronenröhrlinge, Pfifferlinge, Schwefelporlinge, Edelreizker, Herbsttrompeten, Austernseitlinge, Maipilze, Rothütige Kaiserlinge und Trüffeln, geputzt und blättrig geschnitten

450 g Rundkornreis (Arborio oder Carnaroli)

1,2 l Hühner- oder Gemüsebrühe, kochend heiß

150 ml Weißwein

115 g rohe Hummerkrabben, ausgelöst

225 g lebende Miesmuscheln

225 g Venusmuscheln

1 mittelgroßer Kalmar, pariert und in Streifen geschnitten

ggf. 3 Tropfen Trüffelöl

5 EL Petersilie und Kerbel, frisch gehackt

Selleriesalz und Cayennepfeffer

Tip am Rande
Mies- und Venusmuscheln vor dem Kochen abbürsten und mit einem Messer darauf klopfen. Muscheln, die sich daraufhin nicht schließen, wegwerfen. Auch alle Muscheln, die nach dem Kochen geschlossen sind, herausnehmen und nicht verzehren.

1 Das Öl in einer großen Pfanne erhitzen und die Zwiebel darin 6-8 Minuten glasig werden lassen.

2 Die Pilze hinzugeben und braten, bis der Saft austritt. Den Reis einrühren und anbraten.

3 Brühe und Wein angießen. Hummerkrabben, Muscheln und Kalmar zugeben, 15 Minuten köcheln lassen.

4 Nun ggf. das Trüffelöl zugeben, die Kräuter unterheben und zugedeckt 5-10 Minuten ziehen lassen. Mit Selleriesalz und Cayennepfeffer würzen und mit Bauernbrot servieren.

Jakobsmuscheln mit Wildpilzen

Die aus Meer und Wald stammenden Zutaten für dieses Gericht ergänzen sich in einer Sahnesauce bestens.

Für 4 Personen

350 g Blätterteig, TK-Ware aufgetaut

1 verquirltes Ei zum Bestreichen

75 g Butter

12 Jakobsmuscheln, pariert und in dicke Scheiben geschnitten

Salz und frisch gemahlener Pfeffer

2 Schalotten, gewürfelt

1/2 Stange Staudensellerie, in Streifen geschnitten

1/2 mittelgroße Möhre, geschält und in Streifen geschnitten

225 g gemischte Wildpilze, z. B. Pfifferlinge, Schwefelporlinge, Krause Glucke, Austernseitlinge, Rothütige Kaiserlinge und Maipilze, geputzt und blättrig geschnitten

4 EL Noilly Prat oder anderer trockener Wermut

150 ml Crème fraîche

4 Eigelb

1 EL Zitronensaft

Selleriesalz und Cayennepfeffer

1 Den Blätterteig auf einer bemehlten Arbeitsfläche ausrollen, vier ca. 13 cm große Kreise ausschneiden und zu Muschelschalen formen. Mit dem verquirlten Ei bestreichen und mit einem Küchenmesser Linien wie bei einer Muschel einritzen. Auf einem Backblech 1 Stunde kaltstellen. Den Backofen auf 200° C vorheizen.

2 2 EL Butter in einer Pfanne zerlassen und die Jakobsmuscheln knapp 30 Sekunden auf großer Flamme anbraten. Auf einen Teller legen.

3 Die Blätterteigmuscheln in 20-25 Minuten goldgelb backen. Schalotten, Sellerie und Möhren in der restlichen Butter auf kleiner Flamme anschwitzen. Die Pilze hinzugeben und bei mittlerer Temperatur braten, bis der Saft austritt. Den Wermut angießen und die Flüssigkeit auf großer Flamme verkochen lassen.

4 Crème fraîche und die angebratenen Pilze zugeben und köcheln (nicht kochen) lassen. Die Pfanne vom Herd nehmen und die Eigelb unterrühren. Auf kleiner Flamme nochmals erhitzen und kurz aufkochen, bis die Sauce etwas eingedickt ist, dann die Pfanne vom Feuer nehmen. Mit Gewürzen und Zitronensaft abschmecken.

5 Die Blätterteigmuscheln aufschneiden und die unteren Hälften auf Teller legen. Die Füllung hineingeben und die Deckel aufsetzen. Mit Kartoffeln und Salat servieren.

Tip am Rande
Verwenden Sie für Sahnesaucen keine dunklen Pilze.

Venusmuscheln mit Pilzen und Kartoffeln

Für 4 Personen

48 mittlere Venusmuscheln, gewaschen
50 g Butter
1 große Zwiebel, gewürfelt
1 Staudensellerie, in Scheiben
1 mittelgroße Möhre, geschält und in Scheiben geschnitten
225 g gemischte Wildpilze, z. B. Pfifferlinge, Edelreizker, Schwefelporlinge oder Maipilze, blättrig geschnitten
225 g Kartoffeln, geschält, gewürfelt
1,2 l klare Hühner- oder Gemüsebrühe, kochend heiß
1 Zweig Thymian
3 EL gehackte frische Petersilie und 4 Stengel extra
Salz und frisch gemahlener Pfeffer

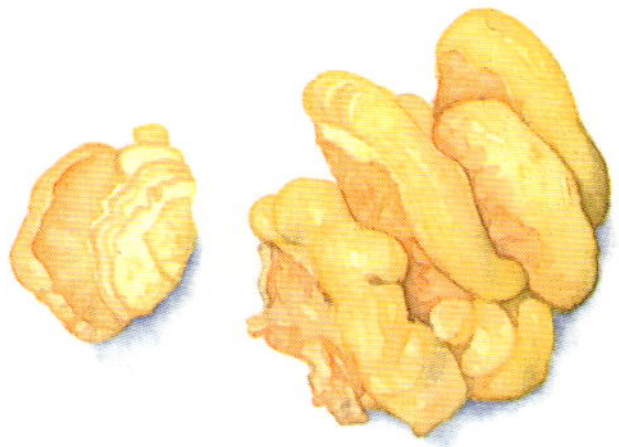

1 Die Muscheln in eine große Edelstahlpfanne geben, 1 cm hoch Wasser angießen und zugedeckt bei mäßiger Hitze 6-8 Minuten dämpfen.

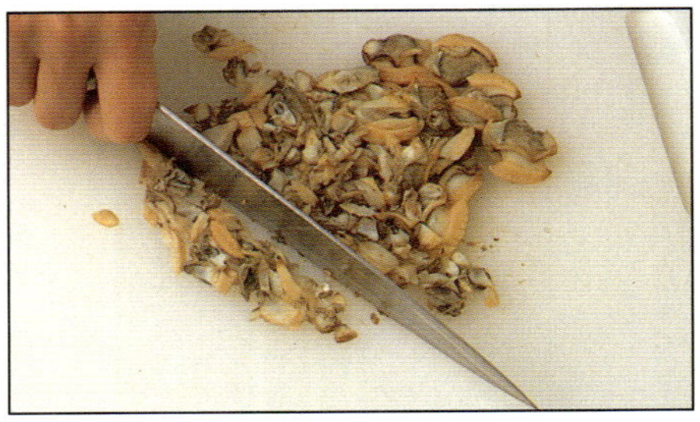

2 Wenn sie offen sind, das Fleisch auslösen und hacken. Kochsud durchseihen und darübergießen.

3 Butter mit Zwiebel, Sellerie und Möhre weich dünsten, aber nicht bräunen. Die Pilze zugeben und 3-4 Minuten dünsten, bis der Saft austritt. Kartoffeln, Muscheln samt Saft sowie Brühe, Thymian und Petersilienstengel hineingeben, aufkochen und 25 Minuten köcheln lassen, bis die Kartoffeln auseinanderfallen. Abschmecken, in Suppenteller schöpfen und mit Petersilie bestreut servieren.

Tip am Rande
Statt Venusmuscheln können Sie gleichviel Miesmuscheln nehmen.

Weinbergschnecken mit Steinpilzen

Für 4 Personen

350 g Blätterteig, TK-Ware aufgetaut
1 verquirltes Ei zum Bestreichen
25 g geriebener Parmesan
50 g Butter
2 Schalotten, fein gewürfelt
50 g Fenchel, fein gehackt
50 g grüne Bohnen, in Stücke zerteilt
115 g frische Steinpilze, blättrig geschnitten, oder 15 g getrocknete Steinpilze, 20 Minuten eingeweicht, gehackt
1 Knoblauchzehe, zerdrückt
5 EL trockener Sherry
150 ml Rindfleischbrühe, kochend heiß
2 TL Speisestärke
1 TL Dijon-Senf
400 g Weinbergschnecken (Dose)
1/2 TL schwarze Olivenpaste
1 TL Balsam- oder Weinessig
Salz und schwarzer Pfeffer
3 EL frische Petersilie, gehackt

1 Blätterteig zu einem Rechteck von 30 cm Kantenlänge ausrollen. Acht Ringe von 10 cm Durchmesser mit gewelltem Rand und vier Kreise von 7,5 cm mit glattem Rand ausstechen. Kreise auf ein Backblech legen, je zwei Ringe darauflegen, mit Ei bepinseln.

2 Reste auf einer mit Parmesan bestreuten Fläche ausrollen, in 2 cm breite Streifen schneiden und zu vier Hörnchenkegeln aufwickeln. Alle Teigstücke 1 Stunde kaltstellen.

3 Backofen auf 200° C vorheizen. Butter in einer Pfanne zerlassen und Schalotten, Fenchel und Bohnen darin auf kleiner Flamme andünsten, bis sie weich, aber nicht braun sind. Steinpilze und Knoblauch zugeben und weitere 6 Minuten garen. Sherry und Brühe angießen und kurz aufkochen. Teig in 25 Minuten knusprig backen.

4 Speisestärke und Senf in einer Tasse mit 1 EL kaltem Wasser verquirlen und damit den Pfanneninhalt andicken. Schnecken und Olivenpaste zugeben, wieder erhitzen und mit Essig und Gewürzen abschmecken.

5 Die Blätterteigförmchen füllen und mit gehackter Petersilie bestreuen. Als Beilagen passen Kartoffelpüree und Wirsing.

Forellenfilets mit Spinat-Pilzsauce

Viele Leute essen Forelle eigentlich gern, scheuen sich aber vor den Gräten. Forellenfilets bieten sich deshalb als Lösung an. Mit einer cremigen Spinat-Pilzsauce angemacht, schmecken sie außerdem köstlich.

Für 4 Personen

4 Regenbogenforellen, filetiert und gehäutet (8 Filets)

Für die Spinat-Pilzsauce

75 g Butter

1/4 mittelgroße Zwiebel, gewürfelt

225 g geschlossene Wiesenchampignons oder Schafegerlinge, gehackt

300 ml Hühnerbrühe, kochend heiß

225 g gehackter Spinat, tiefgefroren

2 TL Speisestärke

150 ml Crème fraîche

Salz und frisch gemahlener schwarzer Pfeffer

geriebene Muskatnuß

1 Für die Sauce 50 g Butter in einer Pfanne zerlassen und die Zwiebeln darin weich braten. Die Pilze zugeben und weiter braten, bis der Saft austritt. Brühe und Spinat hinzufügen und kochen, bis der Spinat vollständig aufgetaut ist.

2 Die Speisestärke mit 1 EL kaltem Wasser verquirlen und die Pilzmischung damit auf kleiner Flamme andicken.

3 Die Masse zu einer glatten Sauce pürieren, die Crème fraîche hineinrühren und mit Salz, Pfeffer und einer Prise Muskatnuß abschmecken. In eine Sauciere füllen und warmstellen.

4 Die restliche Butter in einer großen Pfanne zerlassen. Die Forellenfilets würzen und 6 Minuten braten, dabei einmal wenden. Als Beilage schmecken neue Kartoffeln und junge Möhren. Die Sauce kann man direkt über die Filets geben oder separat reichen.

Tip am Rande
Spinat-Pilzsauce paßt auch gut zu Kabeljau-, Schellfisch und Seezungenfilets.

Lachs in Blätterteig mit Pfifferlingscreme

Der Eigengeschmack von Zuchtlachs wird durch die cremigen Pfifferlinge unterstrichen.

Für 6 Portionen

2 x 350 g TK-Blätterteig, aufgetaut

1 verquirltes Ei zum Bestreichen

2 große Lachsfilets ca. 900 g insgesamt, gehäutet und entgrätet

375 ml trockener Weißwein

1 kleine Möhre

1 kleine Zwiebel, halbiert

1/2 Staudensellerie, in Scheiben

1 Zweig Thymian

Für die Pfifferlingscreme

2 EL Butter

2 Schalotten, gewürfelt

225 g Pfifferlinge oder Edelreizker, geputzt und blättrig geschnitten

75 ml Weißwein

150 ml Crème double

3 EL frischer Kerbel, gehackt

2 EL frische Schnittlauchröllchen

Für die Holländische Sauce

175 g Butter

2 Eigelb

2 TL Zitronensaft

Salz und frisch gemahlener Pfeffer

1 Backofen auf 200° C vorheizen. Den Blätterteig zu einem Rechteck ausrollen, das 10 cm länger und 5 cm breiter ist als die Fischfilets. In Fischform zurechtschneiden, mit dem Teigrädchen verzieren und mit Eigelb bepinseln. Gut 1 Stunde kühlen und danach in 30-35 Minuten goldgelb und knusprig backen. Aus dem Ofen nehmen und waagerecht aufschneiden. Backofentemperatur auf 170° C reduzieren.

2 Für die Pfifferlingscreme Schalotten auf kleiner Flamme in Butter glasig dünsten. Pilze zugeben und braten, bis der Saft austritt. Wein angießen und die Flüssigkeit auf großer Flamme verkochen lassen. Dann Crème double und Kräuter zufügen und aufkochen. Würzen und abgedeckt warmstellen.

3 Lachsfilets in eine tiefe Pfanne legen. Wein, Möhre, Zwiebel, Sellerie und Thymian zugeben und Wasser angießen bis der Fisch bedeckt ist. Langsam zum Kochen bringen. Sobald das Wasser sprudelt, Pfanne vom Herd nehmen, zudecken und den Fisch ohne Hitzezufuhr 30 Minuten ziehen lassen.

4 Für die Sauce die Butter schmelzen, abschäumen und ohne die Milchrückstände in einen kleinen Krug füllen. Die Eigelb mit 1 EL Wasser in eine Glasschüssel geben und diese in einen Topf mit kochendem Wasser stellen. Eigelb dick und schaumig aufschlagen und vom Herd nehmen. Nach und nach unter ständigem Rühren die Butter dazutröpfeln. Mit Zitronensaft und Gewürzen abschmecken.

5 Ein Lachsfilet auf die untere Hälfte des Blätterteigfisches legen, mit der Pfifferlingscreme bestreichen und das zweite Filet darauflegen. Mit der oberen Hälfte des ›Fisches‹ bedecken und im Ofen 10-15 Minuten lang gut durchwärmen lassen. Mit der Sauce servieren.

Herzmuschel-Pilzsuppe mit Blätterteighaube

Das Gericht kann als Suppe oder Fischgang serviert werden. Austernseitlinge, Steinpilze, Herzmuscheln und eine Kräuterbrühe vereinen sich unter einer Blätterteighaube, die beim Backen aufgeht.

Für 4 Personen

350 g Blätterteig, TK-Ware aufgetaut

1 verquirltes Ei zum Bestreichen

3 EL Sesamsaat

Für die Suppe

2 EL Butter

4 Frühlingszwiebeln, geputzt, gehackt

1 Staudensellerie, in Scheiben

1 kleine Möhre, geschält, halbiert und in Scheiben geschnitten

115 g frische junge Steinpilze oder Maronenröhrlinge, blättrig geschnitten

175 g Austernseitlinge

450 ml Vollmilch

275 g Herzmuscheln, abgekocht, ausgelöst

Ggf. 50 g Queller (›Algen‹), geputzt

115 g gekochte Kartoffeln, gewürfelt

4 Zweige Thymian

1 Blätterteig ausrollen und vier Kreise von 18 cm Durchmesser ausstechen. Eine Stunde kaltstellen. Den Backofen auf 190° C vorheizen.

2 Frühlingszwiebeln, Sellerie und Möhren 2-3 Minuten in Butter anbraten. Pilze hinzugeben und braten, bis der Saft austritt. In einen großen Topf umschütten.

3 Milch über die Pilze gießen und zum Kochen bringen. Muscheln, Queller und Kartoffelwürfel hinzufügen.

4 Die Mischung gut erhitzen und dann in vier feuerfeste Suppentassen füllen. In jede Tasse einen Zweig Thymian legen.

5 Die Ränder der Suppentassen mit verquirltem Ei bestreichen, die Teigkreise darauflegen und an den Rändern festdrücken. Mit Ei bepinseln, Sesamsaat darüberstreuen und 35-40 Minuten backen, bis der Teig goldgelb aufgegangen ist.

Tip am Rande
Statt der Steinpilze Zucht- oder Crème-Champignons verwenden.

Thunfisch-Teriyaki mit Shiitake-Pilzen

Teriyaki ist eine süße Sojasauce, in der eigentlich Fleisch mariniert wird. Bei diesem Rezept betont Teriyaki den Eigengeschmack frischer Thunfischsteaks, die mit aromatischen Shiitake-Pilzen angerichtet werden.

Für 4 Personen

4 frische Thunfischsteaks von je 175 g

Salz

150 ml Teriyaki-Sauce

175 g Shiitake-Pilze, blättrig geschnitten

225 g Rettich, geschält

2 große Möhren, geschält

1 Die Thunfischsteaks leicht salzen und 20 Minuten ziehen lassen. Die Teriyaki-Sauce über den Fisch und die Pilze gießen und weitere 20-30 Minuten marinieren, wenn Sie Zeit haben, auch länger.

Tip am Rande
Eine der besten Teriyaki-Saucen ist die von Kikkoman. Sie wird in den meisten Supermärkten angeboten.

2 Den Grill auf mittlere Temperatur vorheizen. Den Fisch aus der Marinade nehmen, diese aufbewahren. Den Thunfisch 8 Minuten grillen, dabei einmal wenden.

3 Die Pilze mit Marinade in einen Edelstahltopf geben und 3-4 Minuten köcheln lassen.

4 Den Rettich und die Möhre in feine Streifen schneiden. Auf jedem Teller je ein Häufchen davon aufschichten und den Fisch dazulegen. Sauce und Pilze über den Fisch geben. Als Beilage eignet sich gekochter Reis.

Seezungenröllchen mit Champignon-füllung

Der mild-aromatische Geschmack von Zucht- oder Crème-Champignons verbindet sich ausgezeichnet mit den zarten Seezungen.

Für 4 Personen

900 g Seezunge, gehäutet und filetiert netto ca. 450 g

5 EL trockener Weißwein

120 ml Wasser

3 EL Crème double

2 TL Speisestärke

2 TL Zitronensaft

Selleriesalz und Cayennepfeffer

Für die Pilzfüllung

50 g Butter, zusätzlich etwas Butter zum Einfetten

1 Schalotte, fein gewürfelt

175 g Zuchtchampignons oder Austernseitlinge, fein gehackt

1 EL frischer Thymian, gehackt

Salz und frisch gemahlener schwarzer Pfeffer

1 Den Backofen auf 190° C vorheizen und eine feuerfeste Form einfetten. Für die Pilzfüllung die Butter in einer Pfanne zerlassen und die Schalotte darin weich braten.

Tip am Rande
Sie können die Röllchen bis zu 8 Stunden im voraus küchenfertig in den Kühlschrank stellen.

2 Pilze und Thymian zugeben und dünsten, bis der Sud verdampft ist. Würzen und abkühlen lassen.

3 Den Fisch mit der Hautseite nach oben zurechtlegen, würzen und mit der Füllung bestreichen. Die Filets aufrollen und in die gebutterte Form legen.

4 Wein und Wasser angießen, mit einem Stück gefettetem Pergamentpapier abdecken und 20 Minuten backen.

5 Den Fisch auf eine vorgewärmte Servierplatte legen und die Kochflüssigkeit in einen kleinen Topf abseihen. Die Crème double hinzufügen und aufkochen.

6 Die Speisestärke mit 1 EL Wasser verquirlen und die Sauce damit andicken. Mit Zitronensaft, Selleriesalz und einer Prise Cayennepfeffer abschmecken. Die Sauce neben die Röllchen gießen und mit neuen Kartoffeln, grünen Bohnen und Möhren servieren.

Getrüffeltes Hummerrisotto

Um das Aroma frischer Trüffeln voll auszuschöpfen, kombiniere ich sie hier mit Hummer in einem sämigen Risotto. Trüffelscheiben und -öl werden erst zu Ende der Garzeit zugegeben, um ihren Geschmack zu wahren.

Für 4 Personen

50 g Butter

1 mittelgroße Zwiebel, gewürfelt

400 g Rundkornreis (Arborio oder Carnaroli)

1 Zweig Thymian

1,2 l Hühnerbrühe

150 ml trockener Weißwein

1 frisch abgekochter Hummer

3 EL Petersilie und Kerbel, gehackt

3-4 Tropfen Trüffelöl

2 hartgekochte Eier, in Scheiben geschnitten

1 frische schwarze oder weiße Trüffel

1 Butter in einem großen Topf zerlassen und die Zwiebel darin glasig, aber nicht braun werden lassen. Den Reis und Thymian hineingeben und gut mit dem Fett vermengen. Brühe und Wein angießen, einmal umrühren und ohne Deckel 15 Minuten kochen lassen.

2 Hummerschwanz abdrehen, an der Innenseite mit einer Küchenschere aufschneiden und das weiße Fleisch herauslösen. Hälfte davon in Scheiben schneiden, den Rest hacken. Scheren mit einem kleinen Hammer öffnen und Fleisch an einem Stück herausholen.

3 Reis vom Feuer nehmen, das gehackte Hummerfleisch, die Kräuter und das Trüffelöl hineinrühren. Zugedeckt 5 Minuten ziehen lassen.

Tip am Rande
Um das Aroma der Trüffel voll auszuschöpfen, legt man sie einige Tage in das Gefäß mit dem Reis oder lagert sie bei Zimmertemperatur zusammen mit rohen Eiern.

4 Auf vorgewärmte Teller verteilen und die Hummer- und Eischeiben darauflegen. Die frische Trüffel darüberhobeln. Sofort servieren.

Cremiger Pilz-Fischauflauf

Ein Fischauflauf ist ein gesundes, herzhaftes Gericht. Bei diesem Rezept wird der Fisch mit ebenso aromatischen wie nahrhaften Pilzen ergänzt.

Für 4 Personen

225 g gemischte Wild- und Zuchtpilze, z. B. Austernseitlinge, Zuchtchampignons, Pfifferlinge oder Maipilze, geputzt und geviertelt

675 g Kabeljau oder Schellfisch, gehäutet und gewürfelt

600 ml Milch, kochend heiß

Für die Kartoffelhaube

900 g mehligkochende Kartoffeln, geschält und geviertelt

2 EL Butter

150 ml Milch

Salz und schwarzer Pfeffer

Gemahlene Muskatnuß

Für die Sauce

50 g Butter

1 mittelgroße Zwiebel, gewürfelt

1/2 Staudensellerie, in Scheiben

50 g Mehl

2 TL Zitronensaft

3 EL frische Petersilie, gehackt

1 Den Backofen auf 200° C vorheizen. Eine feuerfeste Form buttern, die Pilze auf den Boden der Form legen, den Fisch darauf verteilen und mit Salz und Pfeffer würzen. Die kochende Milch darübergießen, zudecken und 20 Minuten backen. Mit einem Schaumlöffel Fisch und Pilze herausheben und in eine 1,5 l fassende Auflaufform füllen. Die Flüssigkeit in einen kleinen Krug gießen und beiseite stellen.

2 Die Kartoffeln mit kaltem Wasser und einer Prise Salz aufsetzen und 20 Minuten kochen. Abgießen und mit Butter und Milch zu Püree verarbeiten. Kräftig würzen.

3 Für die Sauce die Butter in einem Topf zerlassen und die Zwiebeln und den Sellerie darin weich, aber nicht braun werden lassen. Das Mehl einrühren und vom Feuer nehmen.

4 Die Garflüssigkeit der Fisch-Pilzmischung angießen und glattrühren. Erhitzen und unter Rühren eindicken lassen. Zitronensaft und Petersilie zugeben, würzen und über den Fisch in der Auflaufform geben.

5 Mit dem Kartoffelpüree überziehen und weitere 30-40 Minuten backen, bis eine goldbraune Kruste entsteht.

Lachskoteletts mit Estragon-Pilzsauce

Estragon zeichnet sich durch ein leichtes Anisaroma aus, das gut zu Fisch, Sahne und Pilzen paßt. Bei diesem Rezept verwende ich Austernseitlinge, die dem Estragon Platz zur Entfaltung lassen.

Für 4 Personen

50 g Butter

Salz und Cayennepfeffer

4 Lachskoteletts von je 175 g

1 Schalotte, fein gehackt

175 g gemischte Wild- und Zuchtpilze, z. B. Austernpilze, Edelreizker, Maronenröhrlinge oder Krause Glucken, geputzt und blättrig geschnitten

200 ml Hühner- oder Gemüsebrühe

2 TL Speisestärke

1/2 TL Senf

3 EL Crème fraîche

3 EL frischer Estragon, gehackt

1 TL Weißweinessig

1 Die Hälfte der Butter in einer großen Pfanne zerlassen, den Lachs würzen und bei mittlerer Temperatur 8 Minuten braten, dabei einmal wenden. Auf eine Platte legen und bedeckt warmstellen.

2 Die restliche Butter in der Pfanne erhitzen und die Schalotte darin weich, aber nicht braun werden lassen. Die Pilze zugeben und braten, bis der Saft austritt. Die Brühe angießen und 2-3 Minuten köcheln lassen.

3 Speisestärke und Senf in einer Tasse mit 1 EL Wasser verquirlen und die Pilzmischung damit unter Rühren bei mäßiger Hitze andicken. Crème fraîche, Estragon, Essig sowie Salz und Cayennepfeffer untermischen.

4 Die Lachskoteletts mit der Pilzsauce überziehen. Als Beilage passen neue Kartoffeln und grüner Salat.

Tip am Rande
Frischer Estragon wird an den Schnittstellen rasch braun. Daher sollte man ihn erst unmittelbar vor dem Verwenden zerkleinern.

Seezungenfilets ›Bonne Femme‹

Das zarte Aroma dieser Plattfische entfaltet sich am besten mit Wein und einigen köstlichen Pilzen.

Für 4 Personen

120 g Butter

1 Schalotte, fein gewürfelt

150 g Pfifferlinge, Crème- oder Zuchtchampignons, geputzt und blättrig geschnitten

900 g Seezunge, gehäutet und filetiert netto ca. 450 g

Salz und Cayennepfeffer

75 ml trockener Weißwein

200 ml Fisch- oder Hühnerbrühe

1 TL Zitronensaft

900 g Kartoffeln, geschält, gekocht und püriert

1 EL frische Petersilie, gehackt, zum Garnieren

1 Den Backofen auf 170° C vorheizen. Die Schalotte in 2 EL Butter glasig werden lassen. Zusammen mit den Pilzen in eine feuerfeste Form geben und die Fischfilets darauf verteilen. Leicht würzen.

2 Wein und Brühe angießen und mit eingefettetem Pergamentpapier abdecken. 25 Minuten backen.

3 In eine feuerfeste Servierschüssel füllen und warmstellen. Die Flüssigkeit in eine flache Pfanne seihen, Pilz-Schalottenmischung beiseite stellen. Sauce auf großer Flamme einkochen lassen, bis sie eine sirupartige Konsistenz aufweist. Vom Feuer nehmen und die restliche Butter in kleinen Stücken in die Flüssigkeit geben, die Pfanne dabei schwenken (die Sauce darf jetzt nicht mehr kochen). Pilzmischung und Zitronensaft zugeben und würzen.

4 Grill auf mittlere Temperatur vorheizen. Mit einer Spritztülle einen Rand aus Kartoffelpüree rund um die Form aufsetzen, Sauce auf dem Fisch verteilen und unter dem Grill erhitzen.

Kebab von Hummerkrabben und Pilzen

Pikante gegrillte Hummerkrabben passen ausgezeichnet zu Pfifferlingen, Schwefelporlingen und Edelreizkern. Die Pilze müssen blanchiert und mit Öl bestrichen werden, damit sie auf dem Grill nicht verbrennen.

Für 4 Personen

175 g Wildpilze, z. B. Pfifferlinge, Schwefelporlinge, Edelreizker oder Shiitake, geputzt und in Stücke geschnitten

Etwa 3 EL Olivenöl

12 große rohe Hummerkrabben

1 Fenchelknolle, in dicke Scheiben geschnitten

8 Kirschtomaten

Selleriesalz und Cayennepfeffer

1 Grill auf mittlere Temperatur vorheizen. Wasser zum Kochen bringen und die Pilze 30 Sekunden blanchieren. Mit einem Schaumlöffel auf einen Teller legen und mit etwas Öl übergießen.

Tip am Rande
Wenn irgend möglich, versuchen Sie, frische rohe Hummerkrabben zu bekommen: Sie schmecken viel besser als tiefgefrorene.

2 Die Hummerkrabben ebenfalls mit etwas Öl einpinseln und abwechselnd mit Fenchelstücken, Tomaten und Pilzen auf vier Metallspieße stecken.

3 Leicht würzen und 6-8 Minuten grillen, dabei einmal wenden. Auf einem Bett aus Langkorn- und Wildreis zusammen mit einem kleinen grünen Salat servieren.

Pikante Torte mit Meeresfrüchten und Pilzen

Frischer Fisch und delikate Waldpilze treffen sich hier in einer aparten Sahnesauce. Der Tortenboden aus Blätterteig ist einfacher zu backen, als Sie denken.

Für 4 Personen

350 g Blätterteig, TK-Ware aufgetaut

1 verquirltes Ei zum Bestreichen

200 ml trockener Weißwein

200 ml Hühner- oder Gemüsebrühe

350 g gemischte Wild- und Zuchtpilze, z. B. Austernseitlinge, Pfifferlinge, Shiitake, Semmelstopppelpilze, Krause Glucken, Edelreizker oder Maipilze, geputzt und in daumengroße Stücke geschnitten

1 mittelgroßer Kalmar

120 g Seeteufel ohne Mittelgräte, in große Stücke zerteilt

12 lebende Miesmuscheln, gebürstet

225 g Lachsfilet, gehäutet und in mundgerechte Stücke zerteilt

12 große rohe Hummerkrabben, ausgelöst

6 Jakobsmuscheln, halbiert

50 g Butter

2 Schalotten, fein gewürfelt

50 g Mehl

5 EL Crème fraîche

2 TL Zitronensaft

Salz und Cayennepfeffer

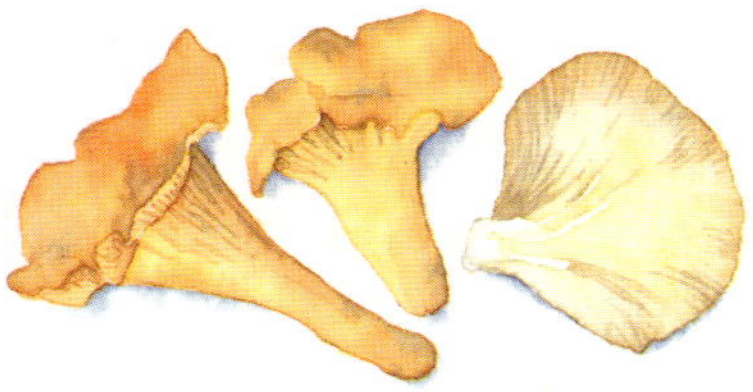

Tip am Rande
Achten Sie bei der Wahl der Pilze darauf, keine dunklen Sorten zu verwenden, da sie die Sauce unansehnlich machen würden.

1 Blätterteig zu einem Rechteck von 30 x 38 cm Kantenlänge ausrollen. Kreis von 23 cm Durchmesser ausschneiden und auf ein Backblech legen. Mit einer Gabel mehrmals einstechen und mit verquirltem Ei bestreichen. Mit einer gewellten Form 20 Kreise von 4 cm ausstechen und überlappend auf den Rand des Bodens legen. Mit Ei bepinseln und 1 Stunde kaltstellen. Backofen auf 200° C vorheizen.

2 Wein und Brühe zum Kochen bringen, die Pilze hineingeben und 3-4 Minuten köcheln lassen. Mit einem Schaumlöffel herausheben und in einer großen Schüssel beiseite stellen.

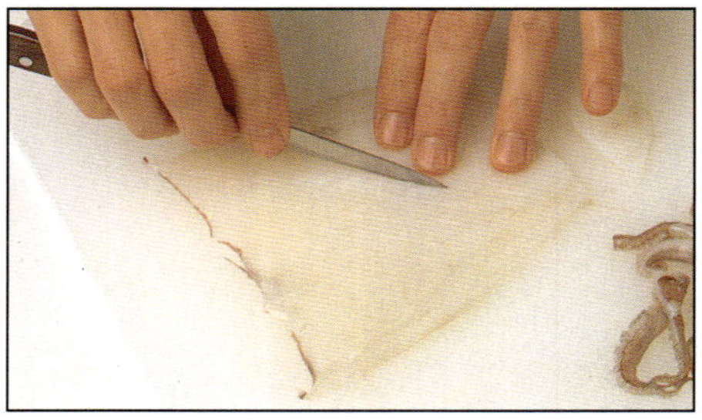

3 Kopf und Fangarme des Kalmars vom Mantel wegziehen, die Tentakel abschneiden und grob hacken. Das Kalkblatt herauslösen, die Seitenflossen abschneiden und beiseite legen. Mantel unter Wasser waschen, dabei die feine Außenhaut ablösen. Den Mantel längs halbieren und die Innenseite mit einem scharfen Messer kreuzweise einritzen. In breite Streifen schneiden.

4 Mit einem Messergriff auf die Muscheln klopfen und alle, die sich nicht schließen, wegwerfen.

5 Wein und Brühe zum Kochen bringen und Kalmar, Seeteufel, Miesmuscheln, Lachs, Hummerkrabben und Jakobsmuscheln darin 6 Minuten kochen. Mit einem Schaumlöffel herausheben und zu den Pilzen geben. Muscheln, die sich beim Kochen nicht geöffnet haben, wegwerfen! Die Kochflüssigkeit durchseihen und ggf. mit Wasser auf 350 ml ergänzen. Teigring in 25-30 Minuten goldgelb backen.

6 Butter zerlassen und Schalotten darin auf kleiner Flamme glasig werden lassen. Mehl einrühren und vom Feuer nehmen. Nach und nach die Brühe angießen und zu einer glatten Sauce verrühren. Nochmals erhitzen und unter Rühren eindicken lassen.

7 Die Crème fraîche zugeben und dann die Muscheln und Meeresfrüchte unterheben. Mit Zitronensaft und Gewürzen abschmecken. Die Mischung in den Blätterteigboden füllen und mit in Butter geschwenkten Petersilienkartoffeln und Frühlingsgemüsen servieren. Die Füllung reicht für eine weitere Torte.

Vegetarische Gerichte

Wildpilzbrioche mit Orangenbutter

Feine Pilze verdienen erstklassige Rezepte wie diese butterzarte Brioche mit würziger Pilzfüllung.

Für 4 Portionen

1 TL Trockenhefe

3 EL Milch, Zimmertemperatur

400 g Mehl Type 550 oder 812

1 TL Salz

1 EL feiner Kristallzucker

3 Eier

Abgeriebene Schale von 1/2 Zitrone

200 g Butter, Zimmertemperatur

Für die Füllung

50 g Butter

2 Schalotten, gewürfelt

350 g gemischte Wild- und Zuchtpilze, z. B. Steinpilze, Maronenröhrlinge, Pfifferlinge, Durchbohrte Leistlinge, Edelreizker, Austernseitlinge und Herbsttrompeten, geputzt und grob gehackt

1 Knoblauchzehe, zerdrückt

5 EL frische Petersilie, gehackt

Salz und frisch gemahlener schwarzer Pfeffer

Für die Orangenbutter

2 EL TK-Orangensaftkonzentrat

175 g Butter, in Würfel geschnitten

Salz und Cayennepfeffer

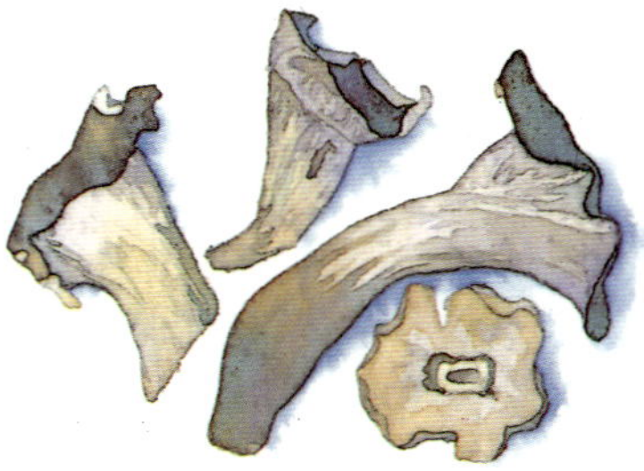

1 Die Hefe in der Milch auflösen, 115 g Mehl hinzufügen und zu Teig verkneten. In eine Schüssel mit warmem Wasser legen. 30 Minuten an einem warmen Ort gehen lassen.

2 Die restlichen 225 g Mehl in eine Küchenmaschine füllen, Salz, Zucker, Eier, Zitronenschale und den inzwischen aufgegangenen Teig hinzufügen und kurz durchrühren. Die Butter in kleinen Stücken hineingeben und die Mischung zu einem seidig-glatten, sehr elastischen Teig verarbeiten. Den Teig in Klarsichtfolie wickeln und 2 Stunden im Kühlschrank fest werden lassen.

3 Die Schalotten in der Butter glasig werden lassen. Pilze und Knoblauch dazugeben und braten, bis der Saft austritt, dann auf großer Flamme einkochen lassen. In eine Schüssel füllen, die Petersilie zugeben und würzen.

4 Eine 900-g-Kastenform fetten und mit Backpapier auslegen. Den Teig zu einem Rechteck von 15 x 30 cm Kantenlänge ausrollen. Die Pilzmischung auf den Teig schütten und einrollen. Die Teigrolle in die Kastenform geben und mit einem feuchten Tuch abdecken. 50 Minuten gehen lassen. Wenn der Teig über den Rand der Form hinaus aufgegangen ist, die Brioche im Ofen bei 190° C 40 Minuten backen.

5 Für die Sauce das Orangensaftkonzentrat in eine feuerfeste Glasschüssel füllen und im Wasserbad erhitzen. Den Topf vom Feuer nehmen und nach und nach die Butter hineinrühren, bis die Masse dick und cremig ist. Abschmecken und zugedeckt warmstellen. Die gebackene Brioche stürzen, in Scheiben schneiden und mit der Orangenbutter und einem grünen Salat servieren.

Tip am Rande
Nehmen Sie sich für dieses Rezept etwas Zeit. Man kann Teig und Füllung auch vorab zubereiten und bis zum Backen kaltstellen.

Pilzomelette

Es geht das Gerücht, echte Enthusiasten unter den Pilzsammlern hätten immer einen Campingkocher, eine Omelettepfanne und ein paar rohe Eier im Gepäck, damit sie direkt vor Ort ein Picknick machen können.

Für 1 Portion

2 EL Butter, zusätzlich etwas Butter zum Braten

115 g gemischte Pilze, z. B. junge Steinpilze, Maronenröhrlinge, Pfifferlinge, Edelreizker, geschlossene Wiesenchampignons, Austernseitlinge, Semmelstoppel- und Maipilze, geputzt und blättrig geschnitten

3 Eier, Zimmertemperatur

Salz und frisch gemahlener schwarzer Pfeffer

1 Die Butter in einer kleinen Pfanne zerlassen und die Pilze darin braten, bis der Saft austritt. Würzen, aus der Pfanne nehmen und beiseite stellen.

2 Die Eier in eine Schüssel schlagen, würzen und mit einer Gabel verquirlen. Die Pfanne auf großer Flamme erhitzen, einen Stich Butter hineingeben und hellbraun werden lassen. Die verschlagenen Eier hineingießen und rasch mit einem Gabelrücken bewegen.

Tip am Rande
Die Zubereitung eines Omelettes sollte von Anfang bis Ende maximal eine Minute dauern. Am besten schmecken frische Eier aus Freilandhaltung, die bei Zimmertemperatur aufbewahrt werden.

3 Wenn die Eier zu zwei Dritteln gestockt sind, die Pilze hinzugeben und das Omelette noch 10-15 Sekunden fertigbraten.

4 Mit der Hand kräftig auf den Pfannengriff schlagen, damit sich das Omelette vom Boden löst, dann zusammenklappen und auf einen Teller gleiten lassen. Mit knusprigem Toast und einem kleinen grünen Salat servieren.

Gefüllte Wiesen-champignons

Die umgedrehten Hüte reifer Wiesenchampignons bieten sich geradezu ideal zum Füllen an, in diesem Fall zubereitet mit Hummus, einer sämigen Paste aus Kichererbsen.

Für 4 Portionen
12 reife Wiesenchampignons
4 EL Olivenöl
2 EL Zitronensaft
Für das Hummus
2 x 400 g-Dosen Kichererbsen
2 EL Tahine
2 Knoblauchzehen, zerdrückt
5 EL Olivenöl
Selleriesalz und Cayennepfeffer
6 EL frische Petersilie, gehackt
2 EL milder Paprika
Gefüllte Oliven zum Garnieren

1 Den Backofen auf 190° C vorheizen. Die Stiele der Champignons am Ansatz abbrechen und für ein anderes Gericht verwenden.

2 Das Olivenöl mit 2 TL Zitronensaft in einer Tasse vermischen und die Innenseite der Pilzhüte damit einpinseln. Auf ein Backblech legen und 25 Minuten backen. Abkühlen lassen.

3 Die Kichererbsen in der Küchenmaschine zerkleinern und mit Tahine, Knoblauch und Olivenöl glattrühren. Gut durchmischen und mit Selleriesalz und Cayennepfeffer würzen.

4 Das Hummus in die Pilzhüte füllen, zu Kegeln formen und eine Seite mit Petersilie, die andere mit mildem Paprika bestreuen. Temperiert mit Oliven dekoriert servieren, dazu Brot und eingelegte Peperoni reichen.

Tip am Rande
Tahine ist eine dicke Sesampaste. Man bekommt sie in orientalischen Lebensmittelgeschäften und großen Supermärkten.

Kartoffelauflauf mit Roten Beeten und Wildpilzen

Die Polen sind Meister im Zubereiten deftiger Hausmannskost und mögen außerdem gern Pilze. Dieses preiswerte Gericht spiegelt die Herbstgenüsse der polnischen Küche.

Für 4 Portionen

2 EL Pflanzenöl

1 mittelgroße Zwiebel, gewürfelt

3 EL Mehl

300 ml Gemüsebrühe

675 g gekochte Rote Beete, geschält und grob geraspelt

5 EL Sahne (max. 28 % Fett)

2 EL Meerrettichpaste

1 TL scharfer Senf

1 EL Weinessig

1 TL Kümmelkörner

2 EL Butter

1 Schalotte, gewürfelt

225 g gemischte Wild- und Zuchtpilze, z. B. Steinpilze, Maronenröhrlinge, Pfifferlinge, Schwefelporlinge, Rötelritterlinge, Nelkenschwindlinge, Parasolpilze, Austernseitlinge, Wiesenchampignons und Maipilze, geputzt und blättrig geschnitten

3 EL frische Petersilie, gehackt

Für den Kartoffelrand

900 g mehligkochende Kartoffeln, geschält

150 ml Milch

1 EL frischer Dill, gehackt

Salz und frisch gemahlener Pfeffer

1 Den Backofen auf 190° C vorheizen. Eine Auflaufform von 23 cm Durchmesser einfetten. Das Öl in einem großen Topf erhitzen und die Zwiebel darin glasig braten. Das Mehl anschwitzen, von der Flamme nehmen und nach und nach mit der Brühe ablöschen.

2 Wieder zum Kochen bringen und unter Rühren eindicken lassen. Rote Beete, Sahne, Meerrettich, Senf, Essig und Kümmel hinzufügen.

3 Die Kartoffeln in Salzwasser aufsetzen und 20 Minuten kochen. Abgießen, stampfen und mit der Milch verrühren. Den Dill unterrühren und mit Salz und Pfeffer abschmecken.

4 Die Kartoffeln in die vorbereitete Form füllen, in die Mitte eine Vertiefung drücken und die Roten Beete hineingeben. Beiseite stellen.

5 Die Butter in einer großen Pfanne zerlassen und die Schalotte darin weich, aber nicht braun werden lassen. Die Pilze zugeben und bei mäßiger Hitze braten, bis der Saft austritt, dann die Flüssigkeit auf großer Flamme verdampfen lassen. Würzen und die Petersilie unterziehen. Die Pilze auf die Roten Beete legen und zugedeckt 30 Minuten backen.

Tip am Rande
Sie können dieses Gericht ohne weiteres vorbereiten und kurz vor dem Servieren backen. Wenn der Auflauf bei Zimmertemperatur in den Ofen kommt, beträgt die Backzeit 50 Minuten.

Schwefelporlings-Saté mit Haselnußsauce

Der Geschmack der Schwefelporlinge kommt in einer aromatischen Haselnußsauce am besten zur Geltung.

Für 4 Portionen

350 g Schwefelporlinge, geputzt und in Würfel geschnitten

75 g Haselnüsse, geröstet

1 Schalotte, geviertelt

50 g Weißbrot ohne Rinde

2 EL Haselnuß- oder Olivenöl

450 ml Gemüsebrühe, kochend heiß

1 Messerspitze gemahlener Zimt

1 TL Honig

Geriebene Schale und Saft von 1/2 Orange

1/2 TL Selleriesalz

1 Messerspitze Cayennepfeffer

1 Die Schwefelporlinge mit kochendem Wasser überbrühen und darin 2-3 Minuten blanchieren. Auf Bambusspießchen stecken und beiseite stellen.

2 Die Haselnüsse in der Küchenmaschine hacken, die Schalotte hinzutun und weitermixen. Brot, Öl, Brühe, Zimt, Honig, Orangenschale und -saft hinzufügen. Alles mixen und mit Selleriesalz und Cayennepfeffer würzen.

3 Die Hälfte der Marinade über die Porlinge gießen und 30-40 Minuten ziehen lassen. Den Grill auf mittlere Temperatur vorheizen und 8 Minuten grillen, dabei einmal wenden.

4 Die Spießchen auf einem Bett aus Kuskus oder Reis mit grünem Salat servieren. Sie schmecken lauwarm ebenso gut wie heiß.

Tip am Rande

Junge Schwefelporlinge eignen sich am besten, da ältere Exemplare häufig etwas zäh werden.

Wirsing mit Pilzen und Graupen

Die festen Wirsingblätter lassen sich hervorragend mit einer würzigen Mischung aus Graupen und Wildpilzen füllen.

Für 4 Portionen
1 Wirsingkohl
50 g Butter
2 mittelgroße Zwiebeln, gewürfelt
1 Stange Staudensellerie, in Scheiben
225 g gemischte Wild- und Zuchtpilze, z. B. junge Steinpilze, Maronenröhrlinge, Schwefelporlinge, Edelreizker, Austernseitlinge, Wiesenchampignons und Rötelritterlinge, geputzt und grob gehackt, oder 5 g getrocknete Steinpilze, Maronenröhrlinge oder Edelreizker, 20 Minuten eingeweicht, und 200 g Crème-Champignons, grob gehackt
175 g Perlgraupen
1 Zweig frischer Thymian
750 ml Wasser
2 EL Mandel- oder Cashewmus
1/2 Gemüse-Brühwürfel
Salz und frisch gemahlener Pfeffer

Tip am Rande
Verschiedene Sorten Nußmus bekommt man in gut sortierten Naturkostläden.

1 Die Butter in einem großen Topf zerlassen und die Zwiebeln und den Sellerie darin 6-8 Minuten anbraten. Die Pilze zugeben und dünsten, bis der Saft austritt, dann Graupen, Thymian, Wasser und Nußmus einrühren. Aufkochen und zugedeckt 30 Minuten köcheln lassen. Den halben Brühwürfel zugeben und weitere 20 Minuten köcheln lassen. Abschmecken.

2 Kohlblätter ablösen und die Stielansätze herausschneiden. 3-4 Minuten in kochendem Salzwasser blanchieren, abgießen und mit kaltem Wasser abschrecken. Abtropfen lassen.

3 Ein 46 x 46 cm großes Stück Musselin oder ein Geschirrtuch über einen Dämpfeinsatz breiten. Die Wirsingblätter überlappend hineinlegen und eine Lage Pilz-Graupenmischung darauf verteilen.

4 Mit einer zweiten Blätterschicht bedecken und wiederum füllen. Diese Schritte mehrmals wiederholen. Das Tuch über Kreuz verknoten. Den Dämpfeinsatz mit dem Wirsing abdecken und in einem Topf, der zweifingerhoch mit Wasser gefüllt ist, 30 Minuten dämpfen. Zum Servieren auf eine vorgewärmte Platte legen und das Tuch unter dem Wirsing wegziehen.

Tip am Rande
Wenn Sie das Gericht vorbereiten möchten, können Sie den Wirsing lange vor dem Dämpfen füllen und zusammensetzen. Damit das Aroma nicht leidet, nehmen Sie dann Steinpilze, Schwefelporlinge und Wiesenchampignons.

VEGETARISCHE GERICHTE

Pilz-Pastete

Eine gute vegetarische Pastete sollte genauso geschmeidig und aromatisch sein wie feine Leberpastete. Dieses Rezept braucht den Vergleich durchaus nicht zu scheuen.

Für 4 Portionen

3 EL Pflanzenöl

1 mittelgroße Zwiebel, gewürfelt

1/2 Stange Staudensellerie, gehackt

350 g gemischte Wild- und Zuchtpilze, z. B. geschlossene Wiesenchampignons, Nelkenschwindlinge, Austernseitlinge. Shiitake, Maronenröhrlinge und Herbsttrompeten, geputzt und blättrig geschnitten

150 g rote Linsen

500 ml Gemüsebrühe oder Wasser

1 Zweig Thymian

50 g Mandel- oder Cashewmus

1 Knoblauchzehe, zerdrückt

25 g Brot ohne Rinde

5 EL Milch

1 EL Zitronensaft

4 Eigelb

Selleriesalz und frisch gemahlener schwarzer Pfeffer

1 Den Backofen auf 180° C vorheizen. Das Öl in einem großen Topf erhitzen, Zwiebel und Sellerie darin hellbraun anrösten. Die Pilze zugeben und 3-4 Minuten dünsten. Einen Löffel voll davon herausnehmen und beiseite stellen.

2 Die Linsen, Brühe und Thymian hinzufügen und ohne Deckel zum Kochen bringen. 20 Minuten köcheln lassen, bis die Linsen zerfallen sind.

3 Mandelmus, Knoblauch, Brot und die Milch in der Küchenmaschine durchmixen und glattrühren.

4 Zitronensaft und Eigelb hinzufügen und mixen. Die Linsenmischung hineingeben und weitermixen. Kräftig würzen. Zum Schluß die beiseite gestellten Pilze unterziehen.

5 Die Masse in eine 1,2 l fassende Pastetenform füllen, diese in einen mit kochendem Wasser halbhoch gefüllten Bräter stellen und zugedeckt etwa 50 Minuten kochen. Vor dem Servieren abkühlen lassen. Mit einem Löffel portionsweise direkt aus der Form servieren.

Tip am Rande

Wenn Sie hauptsächlich Zuchtpilze verwenden, lohnt es sich, 10 g getrocknete Steinpilze oder Pfifferlinge unterzumengen, da sie ein apartes Wildaroma liefern. Vor der Verwendung 20 Minuten in warmem Wasser einweichen. Mandel- oder Cashewmus bekommt man in gut sortierten Naturkostläden.

Japanische Pilze in Zitronen-Walnußbrühe

Die japanischen Enokitake-Pilze sind ebenso aromatisch wie elegant. Bei dieser Zubereitung kommt ihr süßlich-pfeffriger Geschmack gut zur Geltung.

Für 4 Portionen

75 g japanische Somen-Nudeln

1 große Möhre, geschält und in feine Streifen geschnitten

500 ml Dashi-Brühe oder klare Gemüsebrühe

15 g Arame oder Hijiki (getrocknete Meeralgen)

50 g Enokitake-Pilze

1 TL Zitronensaft

2 TL Walnußöl

1 Frühlingszwiebel, nur das Grün, in Ringe geschnitten

1 Nudeln und Möhre 3-4 Minuten in kochendem Salzwasser blanchieren. Abgießen und mit kaltem Wasser abschrecken. Beiseite stellen.

Tip am Rande
Enokitake sind Zuchtpilze, die man in japanischen Lebensmittelgeschäften bekommt. Getrocknete Meeresalgen und Somen-Nudeln findet man auch in vielen Naturkostläden.

2 Dashi bzw. Brühe zum Kochen bringen, die Algen hinzufügen und 2 Minuten kochen. Nudeln, Pilze, Zitronensaft und Öl hinzugeben und kurz erhitzen.

3 Auf vier japanische Suppenschalen verteilen, Frühlingszwiebelringe darüberstreuen und servieren.

Pilze und Gemüse in Haselnußdressing

Die typischen Aromen der Herbstvorboten verbinden sich hier zu einem delikaten Gemüsegericht.

Für 4 Personen

2 EL Pflanzenöl

1 Schalotte, gewürfelt

1 Stange Staudensellerie, in Scheiben geschnitten

225 g gemischte Wild- und Zuchtpilze, z. B. junge Steinpilze, Maronenröhrlinge, Pfifferlinge, Herbsttrompeten, Austernseitlinge, Shiitake und Rothütige Kaiserlinge, geputzt und je nach Größe blättrig geschnitten oder halbiert

Salz und frisch gemahlener Pfeffer

175 g kleine Kartoffeln mit Schale, gebürstet

115 g grüne Bohnen, geputzt und halbiert

115 g junge Möhren, geputzt und geschält

115 g dicke Bohnen

3 EL Haselnußöl

1 EL Erdnußöl

1 EL Zitronensaft

1 TL frischer Thymian, gehackt

50 g Haselnüsse, geröstet und gehackt

1 Schalotte und Sellerie im Pflanzenöl weich, jedoch nicht braun werden lassen. Die Pilze zugeben und bei mäßiger Hitze braten, bis der Saft austritt, dann die Flüssigkeit auf großer Flamme verdampfen lassen. Würzen und beiseite stellen.

2 In verschiedenen Töpfen die Kartoffeln 20 Minuten, die Bohnen und Möhren 6 Minuten und die dicken Bohnen 3 Minuten kochen. Abgießen und abschrecken, dann die harte Außenhaut der Bohnenkerne entfernen.

3 Die Gemüse mit den Pilzen vermischen und mit Hasel- und Erdnußöl anmachen. Zitronensaft und Thymian zugeben, würzen und mit gehackten Haselnüssen bestreuen.

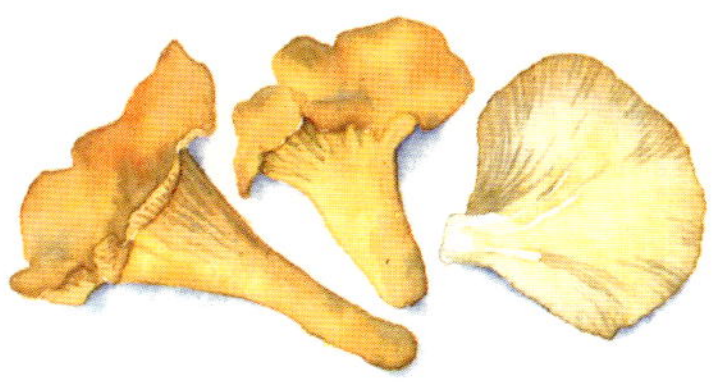

Wildpilzgratin mit Gruyère, neuen Kartoffeln und Walnüssen

Dieses Gratin gehört zu den einfachsten und dabei delikatesten Zubereitungsarten für Pilze. Dieses Rezept basiert auf der Schweizer Tradition, geschmolzenen Almkäse zu neuen Kartoffeln und Cornichons zu essen.

Für 4 Portionen

900 g neue Kartoffeln mit Schale, gebürstet

50 g Butter oder 4 EL Olivenöl

350 g gemischte Wild- und Zuchtpilze, z. B. Austernseitlinge, Shiitake, geschlossene Wiesenchampignons, Steinpilze, Maronenröhrlinge, Pfifferlinge, Durchbohrte Leistlinge, Semmelstoppelpilze, Maipilze und Edelreizker

Salz und frisch gemahlener schwarzer Pfeffer

175 g Gruyère

50 g Walnüsse, gehackt und geröstet

12 mittelgroße Cornichons und gemischte Salatblätter zum Anrichten

1 Die Kartoffeln in Salzwasser aufsetzen und 20 Minuten kochen. Abgießen, einen Stich Butter zugeben und zugedeckt warmstellen.

2 Die Pilze putzen und in feine Scheiben schneiden.

3 Die Pilze in der restlichen Butter bzw. dem Öl braten. Sobald der Saft austritt, die Flüssigkeit auf großer Flamme verdampfen lassen.

4 Den Grill auf mittlere Temperatur vorheizen. Den Käse in dünne Scheiben schneiden und auf die Pilze legen. Unter dem Grill überbacken, bis der Käse zu bräunen beginnt. Mit Walnüssen bestreuen und mit den Butterkartoffeln, Cornichons und grünem Salat anrichten.

Tip am Rande
Wählen Sie eine hübsche feuerfeste Auflaufform, die nach dem Überbacken direkt auf den Tisch gestellt werden kann.

Bauernfrühstück mit Schwefelporlingen

Diese ›Bratkartoffeln‹ können eine Delikatesse sein, werden aber leicht zu fettig, wenn man nicht aufpaßt. Bei diesem einfachen Rezept verwende ich Schwefelporlinge, die Hähnchenfleisch erstaunlich ähnlich sind.

Für 4 Portionen

900 g Kartoffeln, geschält
50 g Butter
2 mittelgroße Zwiebeln, in Scheiben geschnitten
1 Stange Staudensellerie, in Scheiben
1 kleine Möhre, geschält und in kurze Stäbchen geschnitten
225 g Schwefelporlinge, geputzt und blättrig geschnitten
3 EL Sherry (medium)
3 EL frische Petersilie, gehackt
1 EL frische Schnittlauchröllchen
Abgeriebene Schale von 1/2 Zitrone
Salz und frisch gemahlener Pfeffer

1 Die Kartoffeln in Salzwasser aufsetzen und 20 Minuten kochen. Abgießen, abkühlen lassen und in fingerdicke Scheiben schneiden.

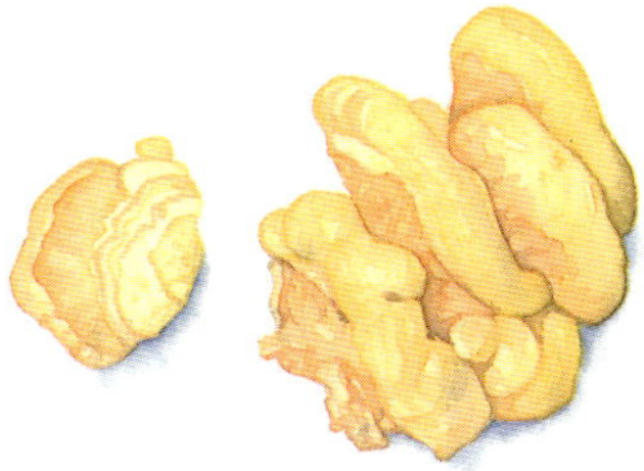

Tip am Rande
Zum Braten eignen sich am besten halbfeste Spätkartoffeln, die beim Garen ein bißchen zerfallen. Dadurch bekommt die Mischung in der Pfanne mehr Zusammenhalt.

2 Die Butter in einer großen Pfanne zerlassen und darin Zwiebeln, Sellerie und Möhre leicht anbräunen.

3 Die Schwefelporlinge und den Sherry dazugeben und solange einkochen lassen, bis alle Flüssigkeit verdampft ist.

4 Kartoffeln, Kräuter, Zitronenschale und Gewürze hinzugeben und kross braten. Mit einem Salat aus Frisée und jungem Spinat servieren.

Pilz-Börek

Türkischer Börek ist eine pikant gefüllte Teigtasche.

Für 4 Portionen

50 g Kuskus

3 EL Olivenöl

1 mittelgroße Zwiebel, gewürfelt

225 g gemischte Pilze, z. B. Steinpilze, Maronenröhrlinge, Pfifferlinge, Austernseitlinge, Wiesenchampignons, Maipilze und Rothütige Kaiserlinge, geputzt und blättrig geschnitten

1 Knoblauchzehe, zerdrückt

4 EL frische Petersilie, gehackt

1 TL frischer Thymian, gehackt

1 hartgekochtes, gepelltes Ei

Salz und frisch gemahlener Pfeffer

Für den Börek-Teig

400 g Mehl

Gut 1/2 Päckchen Backpulver

1 TL Salz

1 Ei, ein weiteres zum Bestreichen

150 g Joghurt natur

150 ml Olivenöl

Abgeriebene Schale von 1/2 Zitrone

Für die Joghurtsauce

200 ml Joghurt natur

3 EL frische Minze, gehackt

1/2 TL feiner Kristallzucker

1 Messerspitze Cayennepfeffer

1 Messerspitze Selleriesalz

Etwas Milch oder Wasser

1 Das Kuskus mit kochendem Wasser knapp bedecken und stehen lassen, bis die Flüssigkeit aufgesogen ist. Die Zwiebel in Öl glasig werden lassen. Pilze und Knoblauch zugeben und braten, bis der Saft austritt, dann bei großer Hitze einkochen. In einer Schüssel mit Petersilie, Thymian und Kuskus gut vermengen. Das hartgekochte Ei hacken und zugeben, würzen und gut mischen.

2 Für den Teig das Mehl mit Backpulver und Salz in eine Schüssel sieben. Mit Ei, Joghurt, Olivenöl und Zitronenschale zu einem festen Teig verarbeiten.

3 Auf bemehlter Fläche zu einem Kreis von 30 cm Durchmesser ausrollen. Die Pilzmischung auf den Teig geben und ganz einschlagen. Kopfüber auf ein Backblech legen. Den Börek leicht flachdrücken, mit verquirltem Ei bepinseln und 25 Minuten backen.

4 Für die Sauce Joghurt mit Minze, Zucker, Cayennepfeffer und Selleriesalz verrühren und die Konsistenz mit etwas Milch oder Wasser regulieren. Den Börek lauwarm servieren.

Reisküchlein mit saurer Sahne und Pilzen

Für 4 Personen

1 Ei

1 EL Mehl

4 EL frisch geriebener Parmesan, Gruyère oder Pecorino

400 g gekochter Langkornreis

Salz und frisch gemahlener Pfeffer

50 g Butter, zusätzlich etwas Butter zum Braten

1 kleine Zwiebel, gewürfelt

175 g gemischte Pilze, z. B. Steinpilze, Maronenröhrlinge, Pfifferlinge, Herbsttrompeten, Rötelritterlinge, Wiesenchampignons und Austernseitlinge, geputzt und blättrig geschnitten

1 Zweig Thymian

2 EL Madeira oder Sherry

150 ml saure Sahne oder Crème fraîche

Ggf. Paprikapulver zum Bestäuben

1 Mit einer Gabel das Ei mit Mehl und Käse verschlagen und den gekochten Reis unterheben.

2 Die Zwiebel in der Hälfte der Butter glasig werden lassen. Pilze und Thymian zugeben und braten, bis der Saft austritt. Madeira oder Sherry angießen und die Flüssigkeit verdampfen lassen, damit der Geschmack intensiver wird. Abschmecken, in eine Schüssel füllen und zugedeckt warmstellen.

3 Jeweils mehrere Reisküchlein in etwas Butter von jeder Seite eine Minute braten. Die Küchlein auf vier vorgewärmten Tellern anrichten und jeweils etwas saure Sahne und einen Löffel der Pilzmischung daraufsetzen. Mit Paprika bestäuben und mit Spargel und jungen Möhren servieren.

Kürbis-Gnocchi in Pfifferlingssahne

Gnocchi sind italienische Kartoffelklößchen, die in diesem Rezept noch mit Kürbis angereichert werden. Die Pfifferlingssauce macht das Gericht cremig und aromatisch.

Für 4 Portionen

450 g mehligkochende Kartoffeln, geschält

450 g Kürbis, geschält und gehackt

2 Eigelb

200 g Mehl, ggf. etwas mehr

1 Prise gemahlenes Piment

1 Messerspitze gemahlener Zimt

Eine Prise gemahlene Muskatnuß

Abgeriebene Schale von 1/2 Orange

Salz und frisch gemahlener schwarzer Pfeffer

Für die Sauce

2 EL Olivenöl

1 Schalotte

175 g frische Pfifferlinge, blättrig geschnitten, oder 15 g getrocknete Pfifferlinge, 20 Minuten eingeweicht

2 TL Mandelmus

150 ml Crème fraîche

Etwas Milch oder Wasser

5 EL frische Petersilie, gehackt

50 g geriebener Parmesan

Tip am Rande
Sie können die Gnocchi bis zu 8 Stunden im voraus zubereiten und formen. Mandelmus bekommen Sie als Fertigprodukt in Naturkostläden.

1 Die Kartoffeln 20 Minuten kochen, abgießen und beiseite stellen. Den Kürbis in Alufolie wickeln und im Ofen 30 Minuten bei 180° C backen. Gut abtropfen lassen und zu den Kartoffeln geben. Beides mit einer Gemüsemühle in eine Schüssel passieren. Mehl, Eigelb, Gewürze und Orangenschale zugeben und gründlich zu einem weichen Teig verarbeiten. Sollte der Teig zu flüssig sein, noch etwas Mehl hineinrühren.

2 Einen großen Topf mit Salzwasser zum Kochen bringen und eine Arbeitsfläche mit Mehl einstäuben. Den Gnocchi-Teig in einen Spritzbeutel mit glatter 1 cm-Tülle füllen und auf die bemehlte Fläche eine Rolle von 15 cm Länge spritzen. In Mehl wälzen und in 2,5 cm breite Stücke zerteilen. Den restlichen Teig ebenso verarbeiten. Jedes Teigstück mit einer Gabel leicht einkerben und 3-4 Minuten im kochenden Wasser garen.

3 In der Zwischenzeit die Sauce zubereiten. Das Öl in einer Pfanne erhitzen und die Schalotte darin glasig werden lassen. Die Pfifferlinge zugeben und kurz braten, dann das Mandelmus einrühren und schmelzen lassen. Die Crème fraîche unterziehen. Kurze Zeit köcheln lassen und ggf. mit Milch bzw. Wasser flüssiger machen. Die Petersilie zugeben und abschmecken.

4 Die Gnocchi mit einem Schaumlöffel aus dem Wasser heben, auf Suppenteller verteilen und die Sauce darübergeben. Mit Parmesan bestreuen.

Kascha mit Steinpilzen, Ziegenkäse, und Walnüssen

Kascha ist eine russische Nationalspeise aus gekochtem Getreide, meist aus Buchweizen mit anderen Getreidesorten kombiniert. Hier verwende ich Kuskus, das den Geschmack von Buchweizen, Ziegenkäse, getrockneten Steinpilzen und gerösteten Walnüssen unterstreicht.

Für 4 Portionen

175 g Kuskus

3 EL Buchweizen

15 g getrocknete Steinpilze oder Maronenröhrlinge

3 Eier

4 EL frische Petersilie, gehackt

2 TL frischer Thymian, gehackt

4 EL Olivenöl

3 EL Walnußöl

175 g bröckeliger Ziegenfrischkäse

50 g Walnüsse, gehackt und geröstet

Salz und frisch gemahlener schwarzer Pfeffer

Tip am Rande
Buchweizen schmeckt vielleicht dem einen oder anderen zu intensiv, dann kann man ihn durch Kuskus ersetzen. Kascha kann auch aus Bulgur oder Hirse zubereitet werden.

1 Kuskus, Buchweizen und Steinpilze in einer Schüssel mit kochendem Wasser überbrühen. 15 Minuten ziehen lassen, dann die Flüssigkeit abseihen.

2 Die Mischung in einer Pfanne bei mäßiger Hitze zusammen mit den Eiern heiß werden lassen, würzen und dabei immer wieder wenden.

3 Petersilie, Thymian, Oliven- und Walnußöl, Ziegenkäse und Walnüsse unterziehen. Mit Salz und Pfeffer abschmecken.

4 Heiß in einer großen Schüssel anrichten und mit Roggenbrot und Salat servieren. Dazu schmeckt ein echtes Pilsener Bier.

GLOSSAR DER FACHBEGRIFFE

Ascomycetes Schlauchpilze, eine Klasse von gemischtgeschlechtlichen (*anisogam gametangiogamen*) Pilzen, bei denen die Sporen durch Befruchtung in *Asci* (Sing. *Ascus*) gebildet werden, z. B. Becherlinge, Morcheln, Lorcheln.

Ascus Schlauchförmiger Behälter einer Klasse von Pilzen, in dem sich die Sporen bilden.

Basidiomycetes Ständerpilze, Klasse von ungeschlechtlichen (*somatogamen*) Pilzen, bei denen die Sporen an Basidien-Zellen gebildet werden, z. B. Röhrlinge, Champignons etc.

Basidie Zellkörper der Basidiomycetes, an denen sich durch Abschnürung die Sporen bilden.

Chlorophyll Blattgrün, befähigt Grünpflanzen zur Assimilation, zur Umwandlung von Wasser und Kohlenstoff in Stärke, fehlt Pilzen.

Fleisch Die innere Substanz des Fruchtkörpers (auch *Trama*), unterscheidet sich in der Struktur oft deutlich von der Oberfläche.

Hexenring Ringförmige Anordnung von Pilzfruchtkörpern, markiert den äußeren Rand eines Myzels, an dem die Fruchtkörper gebildet werden.

Hülle Die Haut, die den jungen Pilzfruchtkörper ganz oder teilweise schützt, siehe auch *Velum*.

Hüllreste Kleine, flockenartige Reste der Hülle auf dem Hut oder dem Stiel eines Pilzes.

Hymenium Sporenproduzierender Teil des Fruchtkörpers, etwa Lamellen, Röhren etc.

Lamellen Sporenbildende Zellstrukturen in Form senkrecht stehender dünner Blättchen.

Milch Weiße Flüssigkeit, die bei Verletzung mancher Pilze austritt.

Mykorrhiza Spezielle Symbiose (Lebensgemeinschaft) zwischen einem Höheren Pilz und einem Baum, unterschieden als *Ektomykorrhiza*, bei der das Myzel die Wurzeln außen umspinnt, und als *Endomykorrhiza*, bei der das Myzel in die Wurzelzellen eindringt und sich im Holz ausbreitet.

Myzel Pilzgeflecht, die in Erde oder Holz lebende eigentliche Pilzpflanze, die die Fruchtkörper ausbildet. Es besteht aus fein verzweigten fädigen Zellen, den *Hyphen*.

Nabel Eng umgrenzte Vertiefung des Huts, meist dunkler gefärbt.

Pilze ohne Chlorophyll wachsende Gruppe von Pflanzen mit wenig zelldifferenziertem Körper (Untergruppe der Thallophyten). Man unterscheidet Niedere Pilze (Schimmelpilze etc.) und Höhere Pilze, die Fruchtkörper ausbilden.

Ring Reste der Teilhülle (siehe *Velum*) am Stiel.

Rhizomorphen Wurzelartig verdickte Myzelstränge, etwa beim Hallimasch

Röhren Zum Boden weisende Zellstrukturen, in denen die Sporen bei Boleten (Röhrlingen) und Porlingen gebildet werden.

Scheide auch *Volva*, knollenartige Umhüllung des Stielansatzes einiger Pilze als Rest des *Velum universale*, etwa der Knollenblätterpilze und der Scheidlinge (*Volvariella*)

Spore Fortpflanzungseinheit der Algen, der Niederen und der Höheren Pilze, nur bei letzteren durch geschlechtliche oder diesen ähnliche Prozesse gebildet. Größe meist nur ein 20tausendstel Millimeter.

Velum Einhüllung des jungen Fruchtkörpers, *Velum partiale* (Teilhülle) umgibt das *Hymenium* (Lamellen, Röhren), *Velum universale* den gesamten Fruchtkörper. Bei einem fädigen Velum spricht man von *Cortina* (Schleier).

Volva Scheide, siehe dort.

Links *Die Herbstrompete,* Craterellus cornucopioides

Links *Der Edelreizker,* Lactarius deliciosus.

Register

Fette Ziffern bezeichnen den Hauptteintrag

G

H

I

J

K

L

REGISTER DER REZEPTE

M

P

R

S

T

V

W

Z

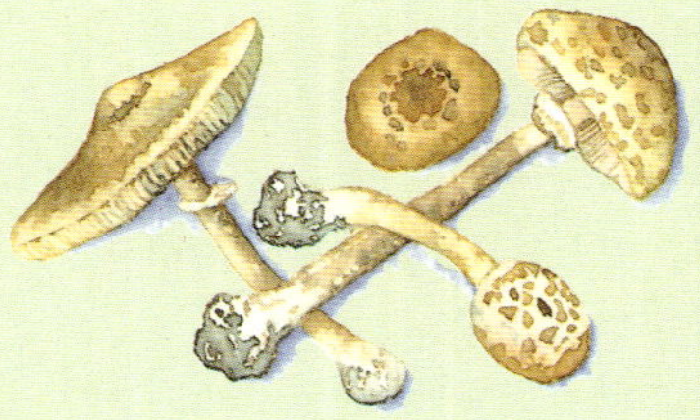

Bibliographie

BRESINSKY, ANDREAS / BESL, HELMUT: Giftpilze. Mit einer Einführung in die Pilzbestimmung, Wiss. Verlagsgesellschaft 1989

DÄHNKE, ROSE M.: 200 Pilze. 180 Pilze für die Küche und ihre häufigsten Doppelgänger, AT Verlag 1982

DERMEK, AUREL: Pilze, Dausien Verlag 1995

DÖRFELT, HEINRICH / GÖRNER, HERBERT: Die Welt der Pilze, Deutsch Verlag 1989

FALKENHAN, HANS H.: Kleine Pilzkunde für Anfänger, Aulis & Deubner Verlag 1983

FLÜCK, MARKUS: Welcher Pilz ist das? Pilze und ihre Baumpartner, Franckh-Kosmos 1995

GARNWEIDNER, EDMUND: GU Naturführer Pilze, Gräfe & Unzer 1994

GERHARDT, EWALD: Handbuch Pilze, BLV 1995

GERHARDT, EWALD: Pilze. Mit Schnellbestimmungssystem, BLV 1994

HALLER,BERTHOLD / PROBST, WILFRIED: Botanische Exkursionen, Bd. 1: Exkursionen im Winterhalbjahr, Gustav Fischer Verlag Stuttgart 1983

Handbuch für Pilzfreunde, Gustav Fischer Verlag Stuttgart, o. J.

HAUSNER GERLINDE: Pilze. Die wichtigsten Speise- und Giftpilze, BLV Naturführer 811, BLV 1994

KAJAN, EWALD: Pilzkundliches Lexikon, Eichhorn Verlag 1988

KOSMOS PILZATLAS. Über 900 einheimische Pilzarten in Farbe, Franckh-Kosmos 1990

LAUX, HANS E.: Eßbare Pilze und ihre giftigen Doppelgänger. 175 Arten in Farbe, Kosmos-Naturführer, Franckh-Kosmos 1991

MÜLLER, EMIL / LÖFFLER, WOLFGANG: Mykologie. Grundriß für Naturwissenschaftler, Thieme Tb, Thieme Verlag Stuttgart 1992

PORTISCH, TRAUDL / PORTISCH, HUGO: Pilzesuchen – ein Vergnügen. Die besten Speisepilze und ihre Doppelgänger. Mit Kochrezepten, Orac Verlag 1994

POTT, ECKART / SIEPE, KLAUS: Pilze, LB-Naturbücherei, Landbuch Verlag 1986

RAUH, WERNER: Unsere Pilze, Winters naturwiss. Tb, Bornträger Verlag 1959

SCHMID, HELMUTH / HELFER, WOLFGANG: Pilze – Wissenswertes aus Mykologie, Geschichte und Mythos, IHW 1995

TRÖGER, REINHARD / HÜBSCH, PETER: Einheimische Großpilze. Bestimmungstafeln für Pilzfreunde, Gustav Fischer Verlag Jena 1990

Pilzkundliche Organisationen

In dringenden Fällen kann man sich an folgende Organisationen wenden:

Deutsche Gesellschaft für Mykologie
Bert-Brecht-Str. 18
Postfach 1119
85386 Eching
Herr Dr. Schmidt

Österreichische Mykologische Gesellschaft
Institut für Botanik der Universität Wien
Rennweg 14
A-1030 Wien
Frau Dr. Krisai-Greilhuber

Verband der schweizerischen Vereine für Pilzkunde
Pelikanweg 5
CH-3075 Muri bei Bern
Herr Dr. Cramer

Unten *Die Herbsttrompete,* Craterellus cornucopioides.

DANKSAGUNG UND BILDNACHWEIS

Der Verlag und die Autoren sprechen folgenden Personen und Firmen herzlichen Dank für ihre Hilfe bei der Produktion dieses Buches aus:
Geoffrey Kibby vom International Institute of Entomology, London;
Andrew Broderick von der Australian Wild Fungi Research Group, School of Horticulture, University of Western Sydney, Hawkesbury, Bourke Street, Richmond NSW 2753 Australia;
Clive Houlder, Pilzsammler und Lieferant spezieller Pilze;
L'aquila Products, 40 Caledonia Road, London, die die Trüffel zur Verfügung stellten;
Valerie Jordan und Ayril Henley für ihre Hilfe bei der Erfassung des Manuskipts;
Mycologue, 35 King Henry's Road, London, die die Messer zur Verfügung stellten;
Patricia Michelson, La Fromagerie, 30 Highbury Park, London N5 2AA, die bei der Zusammenstellung der Zutaten half;
Taste of the Wild, 65 Overstrand Mansions, Prince of Wales Drive, London SW11 4EX, Lieferant der Wildpilze.

Bildnachweis
o = oben, u = unten,
l = links, r = rechts
Heather Angel Seite 103ur
Timothy J. Baroni 111o, 111u
George Dickson 45o, 45u, 118
Geoffrey Kibby 67ol, 70o, 83, 81ol
George McCarthy 2, 6/7, 15u, 17o, 22/23, 24, 28r, 29u, 34, 35u, 47u, 59o, 59u, 61o, 63m, 65u, 73o, 77u, 82or, 82r, 96/97, 98, 106, 107l, 107r, 113u, 246, 281
Gregory Mueller 31u, 61u, 63u, 66/67, 81u, 82l, 93, 115
Oxford Scientific Films (David Thompson) 29o; (G I Bernard) 30, 31o; (Jack Dermid) 105o

Unten *Der Durchbohrte Leistling,* Cantharellus infundibuliformis.